W0053265

BLUMENTHAL · PERFEKTION IM DRACHENFLUG

Uli Blumenthal

PERFEKTION IM DRACHENFLUG

Geschichte · Konstruktion
Sicherheit · Hangsegeln
Thermikfliegen · Streckenflug

Motorbuch Verlag Stuttgart

Einbandgestaltung: Siegfried Horn

Das Titelbild zeigt ›Mit dem Segelflugzeug in der Thermik‹ von Tom Kreyche, das Rückseitenbild ›Landung in der Abendsonne‹ von Heiner Roller.

Als Lektor wirkte mit: Tjard Nixdorf

ISBN 3-87943-949-4

3. Auflage 1991

Ein Unternehmen der Paul Pietsch-Verlage GmbH & Co.

Satz und Druck: studiodruck, 7440 NT-Raidwangen.
Bindung: Großbuchbinderei E. Riethmüller, 7000 Stuttgart.
Printed in Germany.

Inhaltsverzeichnis

FÜR JINDRA
UND MEINE LOFFENAUER FLUGFREUNDE

Vorwort

Wer hat ihn nicht schon geträumt – den Traum vom Fliegen? Die Fähigkeit, schwerelos und ohne aufwendige Hilfsmittel durch den Raum zu gleiten, scheint ein Urtraum der Menschheit zu sein. Lange bevor sich die ersten Menschen in die Lüfte erhoben, beflügelten Mythen und Sagen, wie die vom ägyptischen Wundervogel Phönix oder vom germanischen Schmied Wieland die menschliche Phantasie. Der nächtliche Flugtraum wird in alten Deutungsbüchern beschrieben. Warum bewegt sich der schlafende Mensch so sicher im Traumland des Fliegens, auch ohne diese anscheinend vertraute Fähigkeit jemals ausgeübt zu haben? Entdecken wir im Schlaf eine urzeitliche Möglichkeit wieder? Verfechter der Theorie des ›schon einmal Erlebten‹ fragen sich denn auch, warum wir in unserer Entwicklungsgeschichte nicht schon einmal Vögel gewesen sein sollten. Sind die Träume des menschlichen Gehirns Beweis für eine solche These?

C. G. Jung erweitert diese Sicht, indem er den Flugtraum nicht nur eine ›Reminiszenz der Vergangenheit‹, sondern auch eine ›Erinnerung an die Zukunft‹ nennt, eine unbewußte Vorwegnahme künftiger Möglichkeiten.

Nun, diese Zukunft hat heute schon begonnen – zumindest im Bereich des Drachenfliegens, auch Hängegleiten oder Deltaflug genannt. Das unvermittelte Gefühl, frei zu schweben, ohne Motorenlärm und einengende Kabine, vogelgleich und scheinbar schwerelos das Luftmeer zu erobern – dieses Hochgefühl läßt sich durch ein paar lächerliche Drähte, Rohre und ein buntes Segel über dem Kopf nicht mindern. Man fliegt wirklich und wird nicht geflogen. Diese von Nichtfliegern kaum nachvollziehbare Euphorie hat einen Enthusiasten einmal dazu hingerissen, das Drachenfliegen als bewußtseinserweiternde – und dabei Körper und Geist nicht zerstörende – Droge weiterzuempfehlen.

Im Gegensatz zum Motorflug in den oft tonnenschweren Kolossen und im verwirrenden Paragraphendickicht des Internationalen Luftrechts vermittelt der Deltaflug, mehr noch als der Segelflug, die ursprüngliche Freiheit, von der schon unsere Urväter träumten. Und während noch um die Jahrhundertwende nur einige besessene Pioniere mit riesigem persönlichen und finanziellen Aufwand der Schwerkraft für wenige Augenblicke ein Schnippchen schlagen konnten, so wächst die Zahl der Ikarus-Jünger heute unaufhaltsam: In den USA zählt man schon über 15000, allein in Deutschland sind wir bei etwa 10000 angekommen und weltweit genießen schätzungsweise 100000 Menschen die neue Freiheit. Unfallmeldungen und Sensationsberichte in den Massenmedien rücken den neuen Sport ins Rampenlicht und ins Zwielicht zugleich. Vielleicht liegt es am Ruch des Gefährlichen und Außergewöhnlichen, daß sich Zeitungen, Illustrierte und das Fernsehen gern des Drachenfliegens annehmen. Warum aber werden fast nur die negativen Seiten des Sports, die tödlichen Unfälle oder Landungen in Starkstromleitungen aufgegriffen, ohne über die wirklichen sensationellen Neuerungen im Bereich der Sicherheit zu informieren? Oder warum liest man in Hamburg nichts über den tödlichen Unfall eines Motorradfahrers in den Alpen, wohl aber über den Absturz eines Drachenfliegers 700 km weiter südlich? Die Medien müssen sich verkaufen, und unser Sport wird sich deshalb noch lange mit dem Odium der Supergefährlichkeit herumschlagen müssen.

Ist das Drachenfliegen im Begriff ein Volkssport zu werden? Relativ billige Massenproduktion hochwertiger Rohre und Segelstoffe, wachsende Freizeit und ein (bisher!) verständnisvoller Gesetzgeber könnten mit einem ›Ja‹ antworten lassen, ebenso wie die atemberaubenden Fortschritte im Bereich der Geräte- und Flugtechnik. Auf der anderen Seite jedoch fordert die Sicherheit im Deltasport ein Höchstmaß an Selbstdisziplin sowie an praktischer und theoretischer Ausbildung, auch und besonders nach Erwerb der Lizenzen. Das erforderliche persönliche und zeitliche Engagement wird neben dem Ruf der Gefährlichkeit die Zahl der ›Hoppla-Hopp‹-Flieger in Grenzen halten. Der freie Flug – die Franzosen bezeichnen das Drachenfliegen als ›Vol Libre‹ – wird deshalb nie zum Modesport herunterkommen, zumal er viel zu tief im menschlichen Bewußtsein verwurzelt ist.

Dieses Buch richtet sich mit seinen Informationen an zwei Gruppen. Zum einen an die interessierten, aber skeptischen Laien, von denen man zweierlei hören kann: »Dazu bin ich viel zu alt« und »Ich finde den Drachenflug faszinierend – wenn das ganze nur nicht so gefährlich wäre«.

Nun, übers Alter kann man streiten, obwohl Mister *Rogallo,* der Erfinder der heutigen Flugdrachen, sich als Endsechziger immer noch in die Lüfte schwang und der unvergessene *George Worthington,* der erst mit 55 Jahren den Deltasport entdeckte, als Einundsechzigjähriger alle acht offiziellen Weltrekorde der FAI (Internationaler Luftsportverband) bis 1982 inne hielt. Dies zeigt, daß zum Fliegen zwar eine gute körperliche und geistige Verfassung gehört, daß aber durch den relativ geringen Kraftaufwand ein Fliegen bis ins hohe Alter möglich ist.

Über die Sicherheit, oder besser Unsicherheit des Deltasports scheint man sich dagegen in der öffentlichen Meinung einig zu sein. Wie paßt dies aber zur Entscheidung der Schweizerischen Unfallversicherungsanstalt, die 1980 zum Beispiel den Motocross-Sport, nicht aber das Drachenfliegen als Risikosportart einstuft? Eine Entscheidung wohlgemerkt, von kalkulierenden Kaufleuten und nicht von realitätsblinden Interessenverbänden getroffen! (Die Schweizer Piloten rechtfertigten das in sie gesetzte Vertrauen und produzierten im folgenden Jahr keinen einzigen tödlichen Unfall!) Ohne die möglichen Gefahren des ›Hosenträger-Seglers‹, wie der Drachen schon humor- und liebevoll genannt wurde, herunterzuspielen, können wir sie mit einem Zitat des amerikanischen Konstrukteurs und Piloten *Dave Cronk* auf ihren wirklichen Kern zurückführen: *»Nicht das Drachenfliegen ist gefährlich, sondern einzelne Piloten.«*

Und damit wären wir schon bei der zweiten Gruppe, die dieses Buch insbesondere ansprechen möchte: Die aktiven Flieger. Für Euch wurde dieses Buch in erster

Linie geschrieben. Es soll dabei helfen, höher, weiter und auch sicherer zu fliegen. Und dazu braucht man nun mal theoretische Grundlagen. Allerdings soll hier versucht werden, nur die praxisbezogene Theorie – und diese in möglichst einfacher Form – dem Leser nahezubringen. Wenn also der Herbststurm die Blätter von den Bäumen fegt oder wenn sich an thermikarmen Wintertagen kein Zweig rührt, laßt Euer liebstes Spielzeug ruhig in der Garage. Und vielleicht macht es Euch auch mal nach Feierabend Spaß, in diesem Buch herumzuschmökern. Die Stunden, die Ihr hier investiert, holt Ihr in der Luft bald wieder heraus...

In diesem Sinne wünsche ich viel Vergnügen.

P. S.: Der eine oder andere Leser vermißt in diesem Zusammenhang sicherlich die Themen *›Motorisierter Drachenflug‹*, *›Drachenschlepp‹* und *›Gleitschirmfliegen‹*. Obwohl von diesen Neuerungen künftig noch viel zu erwarten ist, würde ihre Behandlung den Rahmen dieses Buches sprengen.

Im Sommer 1990
Uli Blumenthal

I Ein Traum wird wahr: Von der Geschichte des Drachenflugs

Die Vorläufer

Wie wir wissen, sind weltliche und religiöse Phantasien um den Menschenflug so alt wie die Menschheit selbst. Wann machte sich der Mensch jedoch an die Realisierung seines Traumes?
Vom Architekten *Daedalus* und seinem Sohn *Ikarus,* die der minoischen Gefangenschaft mit durch Wachs zusammengehaltenen Federflügeln entfliehen wollten, sind schon aus dem Altertum detaillierte Darstellungen und Berichte bekannt. *Ovid* hat den Ruhm der beiden in seinen ›Metamorphosen‹ unsterblich gemacht. Der Absturz des Jüngeren, der trotz väterlicher Warnungen der Ekstase des Fliegens verfiel und dem glühenden Sonnenball zu nahe kam, ist für den Drachenflieger eine symbolhafte Warnung. Zwar wissen wir heute, daß mit zunehmender Höhe das Wachs infolge größerer Kälte nicht hätte schmelzen können, aber wieviele Unfälle entstanden schon durch Übermut und Leichtsinn unter Einfluß der ›Droge‹ Fliegen.
Über zahlreiche mehr oder weniger gelungene Flugversuche (auch durch die Chinesen) in Antike und Mittelalter gibt es zahlreiche vage Berichte, die uns hier nicht weiter beschäftigen sollen.

LEONARDO DA VINCI

Interessant wird's erst wieder im Zeitalter der Renaissance, denn das Universalgenie *Leonardo da Vinci* (1452–1519) wollte weniger als Portraitist der ewig lächelnden Mona Lisa, denn als Begründer der Luftfahrt in die Geschichte eingehen. Ein Traum in früher Kindheit hatte ihn besessen von der Idee gemacht, die Lüfte zu erobern. Seine nach langen intensiven Beobachtungen des Vogelflugs geborenen Ideen und Konstruktionen konzentrierten sich schließlich auf einen Flugapparat, dessen Schwingen von einem liegenden Menschen durch Beugen und Strecken der Beine auf- und abbewegt werden sollten: Den **Ornithopter.**
Zwar hätte selbst der beste Athlet das Gerät nicht in die Lüfte gebracht, denn im Vergleich zum Vogel sind wir Menschen in bezug auf das Verhältnis von Muskelkraft und Gewicht geradezu unterentwickelt. Jedoch legen uns die äußere Formge-

bung und die Ähnlichkeit mit den später so erfolgreichen Gleitern Lilienthals nahe, Leonardos Flugmaschine als Vorläufer der heutigen Flugdrachen zu bezeichnen. Übrigens ging Leonardo den selben Irrweg wie Gustav Lilienthal, denn auch dieser plante, seinen Gleiter durch Flügelschläge länger in der Luft zu halten, diesmal allerdings nicht durch Menschenkraft, sondern durch einen zweieinviertel-PS-Kohlensäuregas-Motor angetrieben. Allerdings scheint es mit den heutigen 20–30 kg schweren Geräten nicht mehr unmöglich, zumindest das Gleitverhältnis auf diese Weise zu verbessern.

WEITERE EXPERIMENTE

Jedenfalls war da Vinci seiner Zeit um über 300 Jahre voraus und noch Ende des 18. Jahrhunderts konnte der französische Mathematiker *Lalande* behaupten: *»Es ist nachweisbar unmöglich, daß sich ein Mensch in die Lüfte emporschwingen und gar noch dort verharren kann. Nur Unwissende können also Versuche in dieser Richtung unternehmen...«* Mit dieser Meinung wußte sich Lalande einig mit dem Gros seiner Zeitgenossen; Ausnahmen bildeten nur einige ›Unwissende‹, Spinner und Besessene. Dazu gehörten die tüftelnden Handwerker *Jacob Degen* und *Ludwig Albrecht Berblinger.* Napoléon war auf dem Höhepunkt seiner Machtentfaltung angelangt, als die beiden vor breitem Publikum ihre Flugkünste demonstrierten und sowohl Bewunderung als auch Hohn und Spott der Massen auf sich zogen: Während der Schweizer Degen seine Flügel 1808 mit Hilfe eines kleinen Ballons mehrere Male erfolgreich durch die Lüfte Wiens steuerte und dafür die stolze Summe von 10 000 Reichstalern kassierte, mußte der ›Schneider von Ulm‹ im Jahre 1811 gedemütigt seine Heimatstadt verlassen, nachdem er vor den Augen seines Landesherren ein unfreiwilliges Bad in der Donau genommen hatte.
Bis Mitte jenes Jahrhunderts gibt es eigentlich nichts Außergewöhnliches mehr zu berichten. In den fünfziger Jahren allerdings, soll ein gewisser Greis namens *Sir George Cayley* erfolgreiche Flugversuche durchgeführt haben. Zeit seines Lebens hatte ihn die fixe Idee verfolgt, daß das Fliegen ›schwerer als Luft‹ möglich sei; er ging damit einen anderen Weg als die Gebrüder Montgolfier, die 1783 – der kleine Sir George war gerade 10 Jahre alt – ihren ersten Heißluftballon starteten. Als er 1853 seinen Kutscher zwang, Versuchspilot zu spielen, hatte er an seinem Apparat schon grundlegende Ideen verwirklicht: eine drachenähnliche Grundkonzeption mit gewölbtem Profil und V-förmiger Flügelstellung. Das Monstrum sah schon recht erfolgversprechend aus, ob allerdings ein Flug gelang, ist unbewiesen. In Yorkshire soll sein Apparat 500 m weit gesegelt sein!

DER DURCHBRUCH

Die aufstrebende industrielle Technik und die damit verbundenen materiellen und naturwissenschaftlichen Fortschritte drängten in der zweiten Hälfte des 19. Jahrhunderts immer mehr zur Lösung des Problems. Das bisher nur Geträumte verdichtete sich Schritt für Schritt zur Wirklichkeit.

Abb. 1 a: **Lilienthals Gleiter im Fluge** *(zeitgenöss. Darstellung)*

1882 oder 1883 fliegt der Amerikaner *John Montgomery* mit seinem Segler in San Diego (Kalifornien) nach eigenen Angaben fast 200 Meter weit und 1891 schwingt sich *Otto Lilienthal* zum ersten Mal mit seinem nur 18 kg schweren Eindecker in die Lüfte.

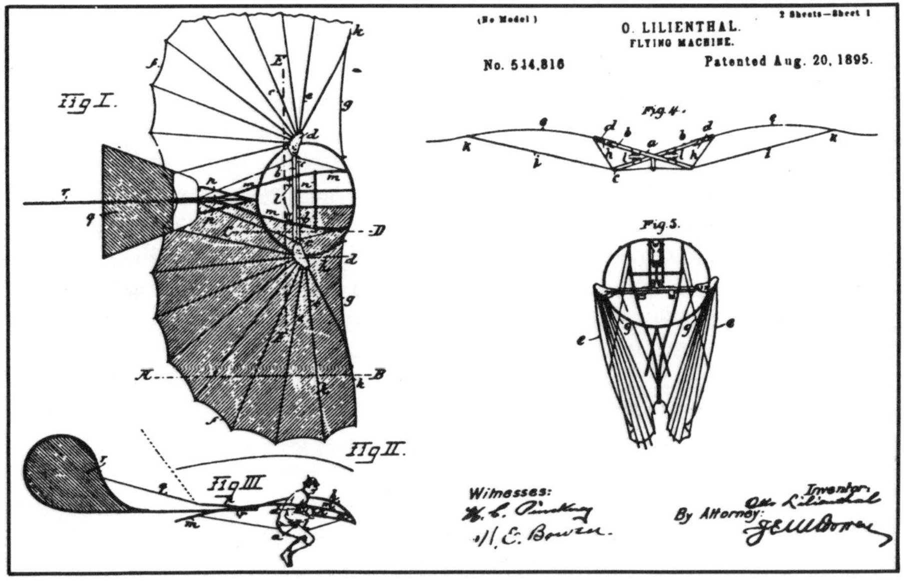

Abb. 1 b: **Lilienthals ›Flugmaschine‹** *(Skizzen aus der Patentschrift von 1895)*

Sein aus Weidenstäben und gewachstem Baumwollstoff hergestellter Gleiter wird zunächst nur durch Gewichtsverlagerung gesteuert und später zum Zwecke der Aufbewahrung sogar faltbar konstruiert. Im Verlaufe seiner Versuche gelingt es Lilienthal, zu seinem Ausgangspunkt zurückzukehren und die Flugstrecke auf 300 m auszudehnen – dies bei einer Starthöhe von etwa 30 m! Über 2000 Versuche hatte der ›Vater der Luftfahrt‹ – seine Untersuchung *›Der Vogelflug als Grundlage der Fliegekunst‹* gehört heute zu den Klassikern der wissenschaftlichen Luftfahrtliteratur – erfolgreich von seinem künstlichen Hügel gestartet, als ihm 1896 sein Gleiter außer Kontrolle gerät und er sich das Genick bricht.
»Opfer müssen gebracht werden«, sagte er am Sterbebett und wir müssen den Pionieren wie ihm, *Montgomery, Chanute* und *Pilcher* unendlich dankbar sein, uns den Weg zum freien Fliegen geebnet zu haben. Ihren Versuchen lag der Gedanke vom einfachen Fluggerät zugrunde, das durch Fußstart in die Luft gebracht – und dort nur durch die Schwerkraft angetrieben wird. Sie sind die eigentlichen Begründer des Drachenfluges (Herr Rogallo möge verzeihen...) und der Luftfahrt im allgemeinen.
Mit dem ersten motorisierten Flug der Gebrüder *Orville* und *Wilbur Wright* im Jahre 1903 – oder hat der Deutsch-Amerikaner *Gustav Weißkopf* schon 1901 dasselbe geschafft?! – nahm die Luftfahrt eine rasante Entwicklung und das Hängegleiten geriet in Vergessenheit. Schon ließen sich die ersten Passagiere befördern und auch das Militär nützte die neuen Möglichkeiten im 1. Weltkrieg für seine Zwecke. Der ›Rote Baron‹ von Richthofen und seine Fliegerkameraden wurden zu den neuen Helden emporstilisiert.

Wiederentdeckung des Hängegleitens

DER SEGELFLUG

Nach dem Völkergemetzel wurde es wieder etwas ruhiger, besonders in Deutschland, wo die motorisierte Luftfahrt mit dem Versailler Vertrag zunächst verboten wurde. Dies bedeutete eine herbe Enttäuschung, war jedoch eine neue Herausforderung zugleich: Man *mußte* wieder zurückkehren zum motorlosen Flug. Und wie man diese Herausforderung annahm! Besonders auf der Wasserkuppe, wo die ›Rhönindianer‹ tüftelten, bastelten und Flugerfahrungen sammelten, machte der Segelflug Riesenfortschritte. Zunächst schraubte man im Hangaufwind die Distanz- und Zeitrekorde immer höher. Als dann *Max Kegel* 1926 einen unfreiwilligen und nervenaufreibenden Gewitterflug nach mehr als 50 km Strecke heil übersteht, ist die alte Theorie vom thermischen Segelflug endlich in der Praxis bewiesen. Wie die Bussarde und Adler versuchen die Piloten nun die aufsteigenden Thermikschlote auszukreisen, um von der erreichten Höhe immer neue und weitere Ziele anzusteuern. Heute, mit Segelflugzeugen, die aus einem Kilometer Höhe 50 km Strecke schaffen, steht der Distanz-Weltrekord *Hans-Werner Grosses* auf über 1460 km und ein Ende der Entwicklung ist nicht in Sicht.

DANKE, MISTER ROGALLO!

Wir sind etwas vom Thema abgekommen, denn wir wollten doch die Geschichte des Drachenfluges verfolgen. Und die ist eng mit dem NASA-Aerodynamiker *Francis Melvin Rogallo* verbunden. Der Amerikaner mit italienischen Vorfahren meldete 1948 einen Deltasegler zum Patent an, der den heutigen Standarddrachen zum Vorbild wurde. Ursprünglich sollte er als Lastensegler Weltraumfahrzeuge aus dem All zur Erde zurückbefördern. Zwar entschied sich die NASA bekanntlicherweise aufgrund technischer Probleme während der Erprobungsphase gegen den Gleiter Rogallos, der Grundstein zum heutigen Deltasport war jedoch gelegt.
Im Jahre 1963 schnappten sich die drei australischen Wasserskifahrer *John Dickenson, Bill Moyes* und *Bill Bennett* das Abfallprodukt der NASA und ließen sich hinter einem Motorboot zu kontrollierten Flügen emportragen. Im Gegensatz zum alten, flachen Schleppdrachen war es mit den ›Rogallos‹ möglich, sich auszuklinken und in gesteuertem Gleitflug sicher auf die Wasseroberfläche zurückzukehren. Zur selben Zeit arbeiteten im fernen Kalifornien einige Enthusiasten an der selben Idee und auch ihre Produkte konnten sich durchaus sehen lassen. So entstanden etwa *Volmer Jensens* heute noch gefragte Hochleistungsgleiter und *Richard Millers* unverwechselbare ›Plastik-Bambus-Hüpfer‹. Es war jedoch alles andere als komfortabel, diese Geräte durch die Luft zu chauffieren, denn die Gewichtsverlagerung erfolgte mittels zweier barrenähnlicher **Parallelstangen** – man mußte also ein guter Turner sein, um wieder heil zur Erde zurückzukehren.

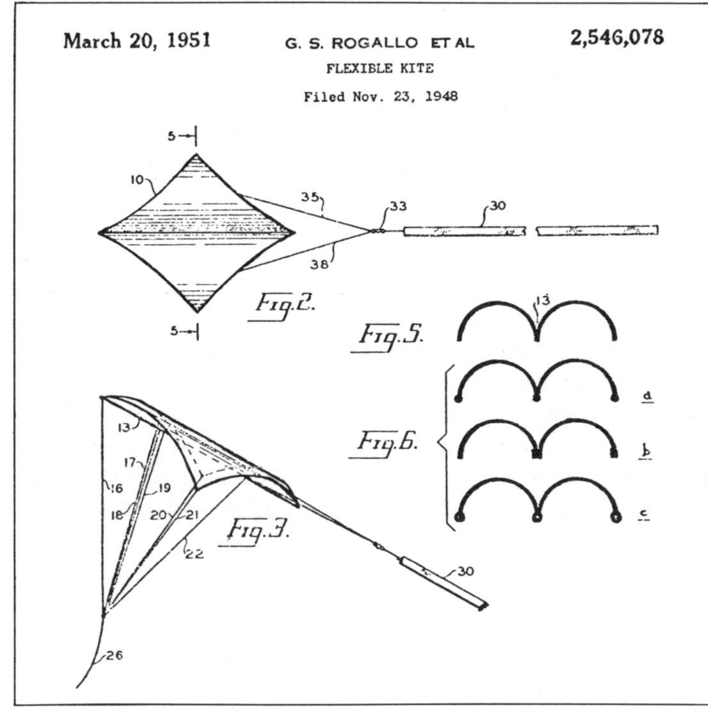

Abb. 2: **Der Deltagleiter des Ehepaares Rogallo** *(Zeichnungen aus dem Jahre 1948; das Patent wurde 1951 erteilt)*

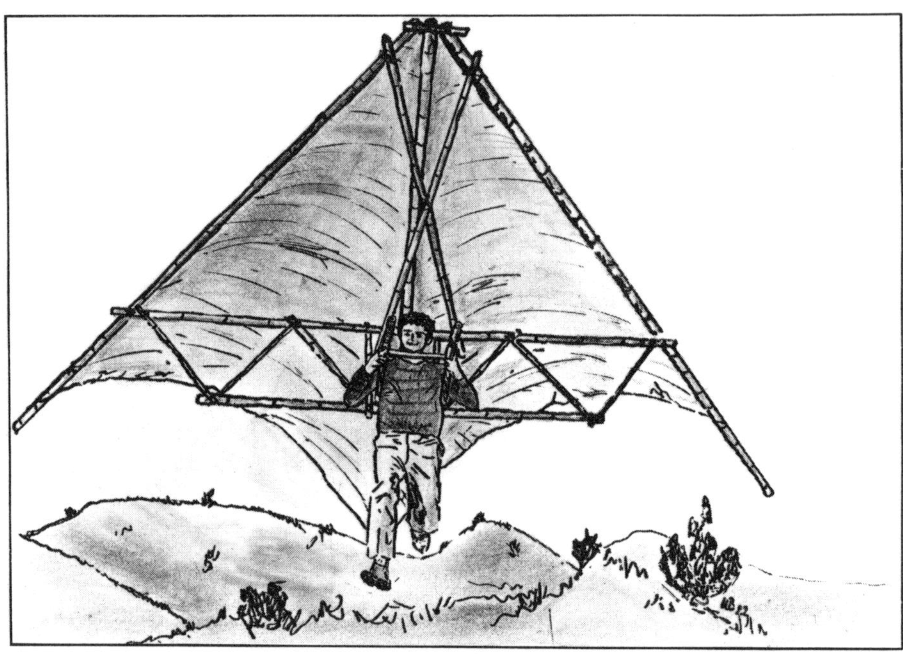

Abb. 3: **Richard Millers ›Plastik-Bambus-Hüpfer‹:** Man beachte die Parallelstangen zur Steuerung.

Als deshalb *Bill Bennett* – er ist übrigens neben seinem damaligen Partner Bill Moyes heute noch einer der anerkanntesten Konstrukteure und Hersteller – im Jahre 1969 mit einem für US-Verhältnisse winzigen Rogallo zu Vorführungen in den USA auftauchte, war die Sensation perfekt: Statt frei in den unhandlichen Parallelstangen zu hängen, steuerte er seinen Drachen sitzend aufgehängt mittels des heute üblichen **Trapezes.**

Die *Synthese zwischen den größeren US-Geräten und den australischen revolutionären Neuerungen ermöglichte einen triumphalen Siegeszug des neuen Sports um die ganze Erdkugel.* Bill Bennetts Flug über die New Yorker Freiheitsstatue am 4. Juli 1969 war nur der spektakuläre Startschuß hierzu.

Der Kalifornier *Dave Kilbourne* wagte noch im selben Jahr den billigen und unproblematischen Fußstart und verhalf dem Drachenfliegen zu neuen, ungeahnten Möglichkeiten. Man schrieb das Jahr 1971, als Dave sich mit seinem selbstgebauten ›Kilbo-Kite‹ über eine Stunde im Hangaufwind des Mission-Peak bei San José (Kalifornien) hielt. Mit Nähmaschine, Schere, Säge und Schraubenschlüssel arbeitete die Konkurrenz verbissen daran, aus ihren Geräten mehr Leistung ›herauszukitzeln‹. Mit Erfolg!

Die Marke Kilbournes hielt gerade 1 Jahr und es wäre müßig, die sich nun überschlagenden Zeitrekorde im einzelnen aufzuzählen. Für die ganz Neugierigen nur soviel: Im Dezember 1979 blieb der Juwelier *Jim Will* in Makapuu auf Hawaii über 24 Std. oben – eine konditionelle Meisterleistung, gewiß, jedoch sportlich weniger interessant und wegen der Übermüdungsgefahr sogar gefährlich.

Bill Bennett überfliegt die Freiheitsstatue (4. Juli 1969). (Bill Bennett)

Im Gegensatz zum Rogallo konnten diese Schleppdrachen nicht im freien, gesteuerten Flug zur Wasseroberfläche zurückkehren. (Hans Dörken)

Bill Bennett, Bridgeport (Texas), 1969

Schleppflug im Doppelsitzer

Aus den Kindertagen des Drachenfluges

Die Rekordsucht setzt ein: Rudy Kishazy fliegt 1973 vom Mont Blanc (4810 m).

Der Film entdeckt den Drachen: Roger Moore als James Bond 007. (alle: Bill Bennett, Delta Wing)

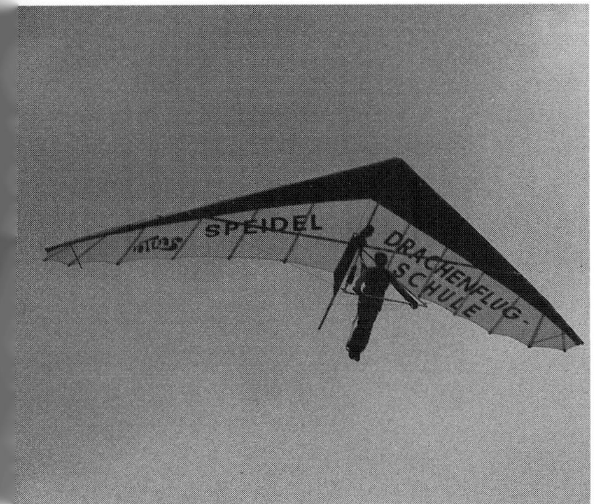

a Mouette ›Atlas‹: Ideales Übergangsgerät (R. Speidel).

›UP-Mosquito‹. Zur Einsparung von Gewicht und Widerstand: Verzicht auf die Querstange. (UP)

›Spot‹: 100 Prozent Doppelsegel und eine über die Pilotenaufhängung aktiv gesteuerte Querstange (Steinbach)

Finterwalder ›Windfex‹: Bergsteigergerät (Thomas Finterwalder)

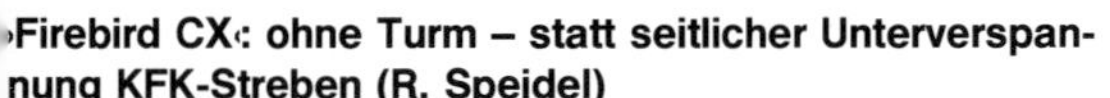

›Firebird CX‹: ohne Turm – statt seitlicher Unterverspannung KFK-Streben (R. Speidel)

Steger ›Concord II‹: Streckengerät aus Österreich (Ernst Pindur)

›Duck‹: Hochleistungsgerät mit leichtem Handling (Wills Wing)

›Fledgling‹: Starrflügler mit ›Winglets‹ (Jörg Stümpflen)

Superorchidee der Gegenwart: Bullet Spektrum (Guggenmos)

Mit einer Spannweite von 12 m und einer Streckung von über 10 an der Grenze des herkömmlichen Drachenbaus

Ikarus ›Sherpa‹: Drachenschlepp mit dem motorisierten UL (Ikarus)

Steinbach-›Spot‹ auf dem Testwagen (Steinbach)

Neben den eher langweiligen Dauerflügen ermöglichten bald auch Wettbewerbe den Vergleich zwischen den Piloten: Als Kössen (Tirol) 1975 zu den ersten – noch inoffiziellen – Weltmeisterschaften rief, kamen schon über 300 Wettkämpfer aus aller Herren Länder. 2 Jahre zuvor, am 15. April 1973, hatte ein Amerikaner mit indianischem Blut in Europa für Furore gesorgt: In seinem Drachen ›stürzte‹ sich *Mike Harker* vor Millionen von TV-Zuschauern die fast 2000 m hohe Südwand der Zugspitze hinab ins österreichische Ehrwald und die Medien überschlugen sich. Die 12minütige Sensation brachte dem sympathischen Mike große Popularität ein und dem Drachenfliegen in Europa rasche Verbreitung.
In Scuols (Engadin) brachte Harker lernwilligen Nachahmern das Fliegen mit den bunten Flügeln bei und überall schossen Drachenflugschulen wie Pilze aus dem Boden. Die Einweisung erfolgte meist nach dem Motto ›Vogel flieg oder stirb‹ und es verwundert, daß hierbei relativ wenig passierte. Diese Entwicklung widerlegte einen der ersten Drachenflieger Europas, den Franzosen *Yannis Thomas,* der noch 1972 ziemlich elitär verkündet hatte:

> »Es wird nie soweit kommen, daß man eine Schule des Deltafliegens eröffnet, denn dieser Sport ist nicht jedermanns Sache. Er erfordert zu starke Konzentration. Schon ein einziger Fehler hat verhängnisvolle Auswirkungen. Immer wieder kommen junge Burschen zu mir und fragen mich, wie sie ihre Flugdrachen bestellen sollen. Ich könnte ihnen genauso gut die Adresse des nächsten Bestattungs-Institutes geben.«

Die Befürchtungen von Thomas können nicht als reine Arroganz abgetan werden, denn die konstruktive und vor allem aerodynamische Stabilität der Rogallos ließen noch stark zu wünschen übrig.
Durch gemeinsame Anstrengungen der Hersteller und der inzwischen gegründeten Verbände haben wir diese Probleme heute weitgehend im Griff, und gründliche Tests tragen wesentlich zur Sicherheit unserer Geräte bei.
Mit zunehmender Erfahrung, sowie immer leistungsfähigeren Gleitern wagten sich die Piloten an neue Grenzen heran. Hatte der fliegende Journalist *Jean-Bernard Desfayes* noch 1975 in seinem Klassiker *›Delta-Fliegen wie ein Vogel‹* bedauernd festgestellt, daß der »reine Thermikflug ein Wunschtraum bleiben wird«, so zogen nun gerade Thermik- und Streckenflüge die Piloten in ihren Bann. Wie im Segelflug der ›goldenen‹ 20er-Jahre setzte im Drachenflug eine revolutionäre Entwicklung ein, deren Leitmotiv ›weg vom Hang, hin zum freien Streckenfliegen‹ lauten könnte. Und es wurden Leistungen erzielt, die man noch vor kurzer Zeit als utopische Hirngespinste belächelt hätte: In der Sierra Nevada (USA) überboten *George Worthington* und mehrere seiner Kollegen die 100-Meilen-Barriere. Auch in Europa schob man die Grenzen immer weiter hinaus: *Ernst Reicholf* überflog in Österreich 1979 zum ersten Mal die 100-km-Marke und 1981 sorgte *Helmut Denz* mit 192 km für neue Maßstäbe. Derzeit liegt der offizielle Weltrekord im freien Streckenflug bei 462 Kilometern; Kevin Christophersen erflog diese Leistung 1989 in den US-Staaten Wyoming und South Dakota. Schon ein Jahr darauf überbot der US-Starpilot Larry Tudor die 300 Meilen-Barriere – das sind (noch inoffizielle) 487 km! Bei den heutigen Geräten, deren Gleitverhältnis von etwa 12 (aus 1 m Höhe fliegen wir 12 m weit) dreimal so gut wie das der ursprünglichen Rogallos ist, und deren Sinkgeschwindigkeit nur noch knapp 1 m/s beträgt (Uralt-Rogallos: ca. 3 m/s), ist das letzte Wort noch nicht gesprochen!

Zu einer Zeit, in der *Paul McCready's* ›Gossamer-Albatross‹, nur durch Menschenkraft angetrieben, den Kanal überquerte und – 70 Jahre nach *Blériot* – den Menschenflug zu neuen phantastischen Ufern führte, sollte das Wörtchen ›unmöglich‹ sparsam verwendet werden. Vermessen wäre es jedoch, vom gewichtsgesteuerten ›freien Flug‹ ähnliche Leistungen zu erwarten wie vom Segelfliegen auf den heutigen ›Superorchideen‹. Ist es nicht ein Wunder, daß wir die erste Generation sein dürfen, die wie die Vögel das Luftmeer erobern kann? Nur der kann dies in seiner vollen Tragweite ermessen, der mit uns dieses Erlebnis teilen darf. Und dieses Erlebnis läßt sich nicht in Höhenmetern, Streckenkilometern oder Gleitzahlen ausdrücken, auch wenn die sportliche Herausforderung ein wichtiges Motiv für die Fliegerei darstellt.

Wir Drachenflieger müssen auf der Hut sein, daß im Kampf um mehr Leistung nicht das ursprüngliche Ziel verlorengeht: Der freie und erschwingliche Flugtraum, den schon unsere Väter träumten und der in unseren Tagen erst in Erfüllung gegangen ist.

Abb. 4: **Der ›Gossamer Condor‹** *(nach einem Foto von R. Grigsby).*
Der erfolgreiche Segelflieger und Aerodynamiker Paul MacCready jr. ermöglichte mit dieser Konstruktion den lange für unmöglich gehaltenen Propellerflug allein durch Muskelkraft. Der Radrennfahrer Bryan Allen errang 1977 mit diesem samt Piloten nur 97,5 kg leichten Kunstwerk von 28 m Spannweite den begehrten und hochdotierten Kremer-Preis. Mit dem Nachfolgemodell, dem ›Gossamer Albatros‹, gelang am 12. Juni 1979 – 70 Jahre nach Blériot – die erste Überquerung des Ärmelkanals mit Muskelkraft. Das mit ca. 16 km/h extrem langsame Flugzeug war mit Mylarfolie bespannt, die inzwischen auch im Drachenbau Einzug gehalten hat.

II Grundlagen der Aerodynamik und Drachenkonstruktion

Warum fliegt unser Drachen?

Obwohl der Anblick immer wieder fasziniert, ja in ungläubiges Staunen versetzt, ist das Drachenfliegen keine Hexerei. Zwar haben wir beim Drachen – aerodynamisch gesehen – eine ›gewölbte Platte‹ vor uns (neuere Doppelsegelgeräte haben schon ein gewisses Vollprofil), die im Gegensatz zum aerodynamisch viel günstigerem Voll- und Starrprofil des Segelflugzeugs schlechtere Leistungen produziert, zwar sind die Vorgänge, die sich beim Drachenflug abspielen sehr komplex und kompliziert, so daß sie zum Teil noch nicht einmal von Fachleuten bis ins letzte Detail geklärt sind, in seinen Grundprinzipien aber verhält sich der flexible Flügel des Drachens in der Luft wie das ebenfalls motorlose Segelflugzeug und dies kann mit den Methoden der **Aerodynamik** – *das ist die Lehre von Bewegungen und Kräften der Gase* – erklärt werden.

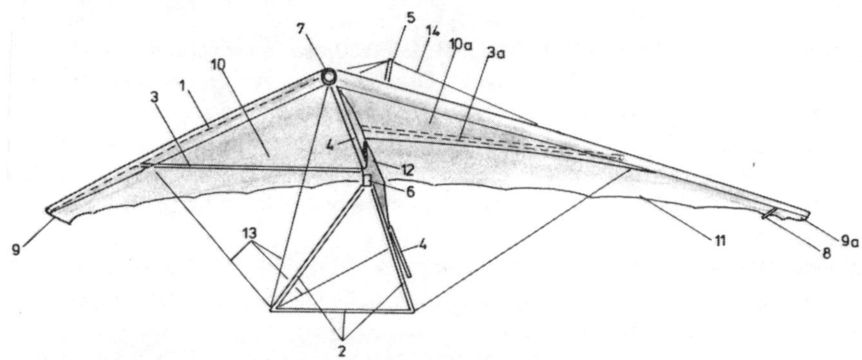

Abb. 5: **Der Drachen und seine wichtigsten Einzelteile**

1 Seitenrohr (rechts)
2 Trapez
3 Querrohr (offen)
3a Querrohr (integriert)
4 Kielrohr
5 Turm
6 Zentralgelenk
7 Nase
8 Swiveltip
9 Wingtip (›Truncated Tip‹)
9a Radialende
10 Segel
10a Doppelsegel
11 Achterliek (hinteres Segelende)
12 Kieltasche
13 Seile der Unterverspannung (Unterrigg)
14 Seile der Oberverspannung (Oberrigg)

Also versuchen wir einmal, anhand von modellhaft vereinfachten Vorstellungen, den bisher so mysteriösen Flug zu beschreiben.

DER AUFTRIEB

Da der Staupunkt des Luftstromes auf der Unterseite und hinter der Vorderkante des Segels liegt, muß die Luft auf der Oberseite infolge des längeren Weges schneller fließen als auf der Unterseite, denn am Flügelende vereinigen sich beide Luftströme wieder. Ein Schweizer Physiker namens *Daniel Bernoulli* fand im 18. Jahrhundert heraus, daß an Stellen größerer Strömungsgeschwindigkeiten der statische Druck geringer wird. Bei unserem Flügelprofil entsteht also auf der Oberseite Unterdruck bzw. Sog und auf der Unterseite Überdruck. Vereint ergeben diese Teilkräfte den nach oben gerichteten *Auftrieb, der sich etwa zu 2/3 aus dem Sog und nur zu 1/3 aus dem Überdruck zusammensetzt.* (Siehe Abbildung 6.)

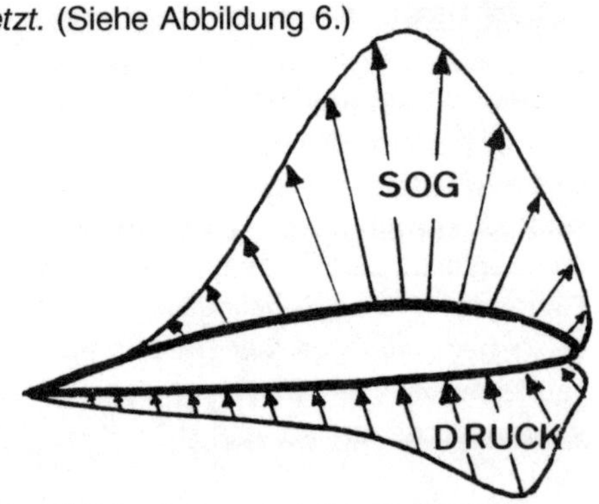

SOG

DRUCK

Abb. 6: **Das Auftriebsschema**
Der Auftrieb setzt sich aus etwa ⅔ Sog und ⅓ Druck zusammen. Aus dem Schema ist außerdem zu ersehen, daß der Auftrieb im ersten Drittel des Flügels am stärksten ist.

Voraussetzung für unsere Überlegung ist natürlich eine ausreichende Strömungsgeschwindigkeit. Diese liegt bei unserem Drachen *ohne den ›Bodeneffekt‹ bei Start und Landung* etwa zwischen 25 km/h und 35 km/h Mindestgeschwindigkeit. Allein entscheidend ist jedoch die Geschwindigkeit des Geräts gegenüber der Luft *(Eigengeschwindigkeit)* nicht gegenüber dem Boden *(Grundgeschwindigkeit)* – die Mißachtung dieser Grundregel bescherte schon manchem Piloten harte und unfreiwillige Landungen.
Wem die Schulbuchweisheiten von Überdruck, Sog und Auftrieb zu theoretisch sind, der nehme 2 Postkarten, biege sie durch, halte die konvexen Seiten gegeneinander und blase kräftig dazwischen.
Was wird passieren?... wider Erwarten: Sie werden *nicht* auseinandergedrückt! Wer falsch ›geraten‹ hat, lese nochmals die obigen Zeilen durch.

DER WIDERSTAND

Jeder von uns hat schon seine Hand aus dem fahrenden Auto gehalten und bemerkt, welche enormen Kräfte die Luft entwickeln kann. Wer seine Hand profilartig wölbte, spürte neben dem Druck nach hinten eine Art Auftrieb. Ähnliches passiert beim Fliegen – neben dem willkommenen Auftrieb entsteht Widerstand. Den *Widerstand* am Drachenprofil *(der mit der Auftriebserzeugung zusammenhängt)* können wir in drei Gruppen unterteilen. Diese sind:

1. Der Formwiderstand (oder Druckwiderstand), *der durch Form, Größe und Stellung des Flügels zur anströmenden Luft verursacht wird.* Am geringsten ist dieser Widerstand natürlich, wenn das Profil sich der Stromlinienform nähert, so daß keine unnötigen Wirbelschleppen entstehen. Außerdem sollte der Anstellwinkel α (das ist der Winkel zwischen anströmender Luft und mittlerer Profilsehne; die Profilsehnen sind Geraden von der Segelhinterkante durch den Mittelpunkt des Vorderkantenradius) so gewählt sein, daß die Strömung möglichst sauber anliegt, das heißt, daß vor allen Dingen an der Oberseite keine allzu großen Turbulenzen entstehen. Für den Drachenflieger ist es demzufolge wichtig, daß sein Segel ›satt‹ liegt und der gewählte Anstellwinkel ein günstiges Verhältnis zwischen Auftrieb und Widerstand gewährleistet.

2. Der Reibungswiderstand, der direkt an der Segeloberfläche produziert wird, wo die Luftgeschwindigkeit von 0 direkt am Segel in der sogenannten *Grenzschicht* auf die Strömungsgeschwindigkeit ansteigt. Je rauher nun das Segel, desto größer wird der Reibungswiderstand. Zwar kann man das Drachensegel nicht polieren wie ein Segelflugzeug – beobachtet aber mal erfahrene Piloten bei der schonenden Behandlung ihres Segels beim Auf- und Abbau. Man braucht ja nicht gleich soweit zu gehen, wie mancher Wettkampfflieger, der wegen der sich dehnenden und rauher werdenden Segel pro Jahr 3 Neugeräte kauft. Wie in letzter Zeit zu beobachten ist, gehen manche Hersteller dazu über, die Profilanströmkante am Seitenrohr mit glatter Kunststoffolie zu verkleiden, um unnötigen Reibungswiderstand zu umgehen. Andere wiederum verwenden ›Mylar‹-Segelstoffe und erhalten so eine relativ glatte Profiloberfläche.

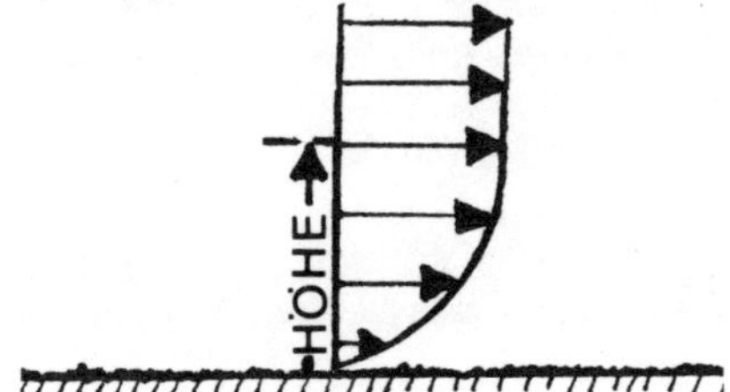

Abb. 7: **Grenzschicht**
In der Grenzschicht wächst die Strömungsgeschwindigkeit der Luft von Null unmittelbar am Flügel bis zur vollen Strömungsgeschwindigkeit an. Je glatter die Oberfläche, desto dünner die Grenzschicht.

3. Der induzierte Widerstand *(Randwiderstand), der durch Druckausgleich besonders an den Flügelenden herbeigeführt (= induziert) wird.* Wie wir uns denken können, versucht die Luft den Unterschied zwischen Sog und Überdruck auszugleichen und es entstehen widerstandsbildende Wirbel.
Vor der Landung gleitet man durch den sogenannten *Bodeneffekt* viel weiter aus, als im Normalflug. Ursache dieses Phänomens ist nichts anderes als die Reduzierung der Wirbelbildung durch den nahen Boden und die zwischen Flügel und Boden zusammengedrückte dichtere Luft. (Siehe Abbildung 8 a und b.)

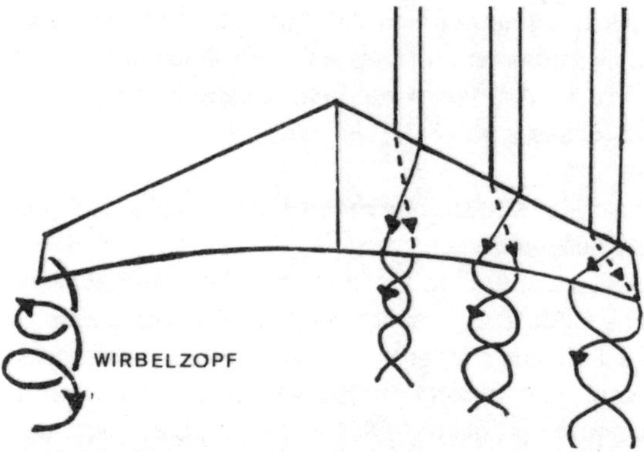

Abb. 8 a: **Induzierter Widerstand**
Von oben: Zu erkennen ist der Ausgleich zwischen dem *Sog* auf der Oberseite (durchgezogene Linien) und dem *Druck* auf der Unterseite (gestrichelte Linien) des Flügels. Durch Druck und Sog wird die Strömung nach außen bzw. innen abgelenkt, wodurch die Wirbelbänder herbeigeführt (induziert) werden. Die Wirbel am äußeren Flügelende (›Wirbelzöpfe‹) sind dabei am kräftigsten ausgebildet. Je ›schlanker‹ ein Flügel, desto weniger induzierter Widerstand wird produziert.

Abb. 8 b: *Von hinten:* Der Druckausgleich findet besonders ausgeprägt an den Flügelenden statt. In Bodennähe wird der Druckausgleich erschwert und der induzierte Widerstand vermindert – in diesem Falle führt der sogenannte ›Bodeneffekt‹ zu einem Ziehen nach rechts.

Aufgrund der günstigeren Druckverteilung und der geringeren Ablenkung der Luftströmung *wird der induzierte Widerstand bei Flügeln mit größerer Streckung geringer. Das heißt: Je breiter der Drachen im Verhältnis zu seiner Tiefe ist, desto kleiner ist der induzierte Widerstand.* Rechnerisch kann man *die Streckung,* auch ***aspect ratio*** genannt, wie folgt ermitteln:

$$\frac{\text{Spannweite}^2}{\text{projezierte Segelfläche}} = \text{Streckung}$$

Ein Drachen von 10 m Spannweite und 20 m² Segelfläche (das ist ziemlich viel!) hat also eine Streckung von 5.

Die Entwicklung zu Geräten mit großer Streckung ist einer der Gründe für die enormen Leistungen der heutigen Drachen. Allerdings sind einem hemmungslosen Fortschritt in diese Richtung drei Grenzen gesetzt: Die Steuerbarkeit des Gerätes, die Belastbarkeit des Materials und die Tatsache, daß bei überhöhter Streckung der Formwiderstand des Geräts die Einsparungen beim induzierten Widerstand wieder zunichte machen würde. Bei Geräten mit etwa 12 m Spannweite haben wir heute schon diese Grenzen fast erreicht. Um den induzierten Widerstand zu reduzieren geht man deshalb auch andere Wege, die wir der Vollständigkeit halber in einer Zeichnung festhalten wollen. (Siehe Abbildung 9 a und b.)

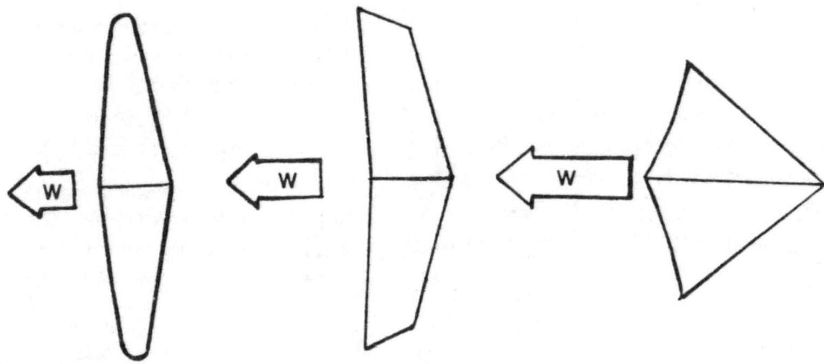

Abb. 9 a: **Flügelform und induzierter Widerstand**
Die Leistungsverbesserungen der modernen Gleiter sind vor allem auch in der Veränderung der Flügelform zu suchen: produzierte ein Gleiter der ersten Generation enorm viel Widerstand, so rückten neuere Gleiter durch eine Vergrößerung der Streckung und eine Annäherung an die Idealform der Ellipse diesem Problem zu Leibe.

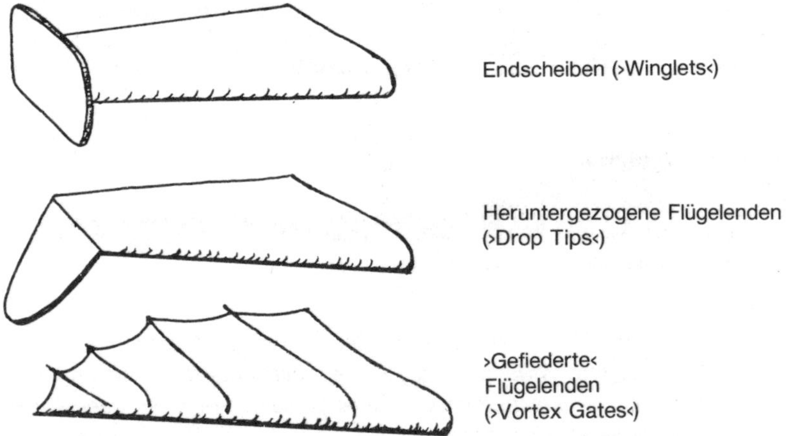

Abb. 9 b: **Konstruktionen zur Verminderung des induzierten Widerstandes**
Bei den langsamen Geschwindigkeiten des Drachens ist es schwierig, den immensen I. W. zu reduzieren. Auch die dargestellten Konstruktionen haben nicht zu deutlichen Fortschritten geführt.

Bisher haben wir uns mit Widerstandsarten befaßt, die am Flügel – sozusagen als Partner des Auftriebs – erschienen. Daneben gibt es aber, wie betrüblich, weiteren Widerstand. *Weil er nicht mit der Auftriebserzeugung zusammenhängt und nur die Leistung schmälert wird er auch* ***›parasitärer‹*** *oder* ***›schädlicher Widerstand‹*** *genannt.* Er kann in zwei Gruppen unterteilt werden: Restwiderstand und Interferenzwiderstand.

4. Der Restwiderstand ist der Widerstand jedes anderen nicht antriebserzeugenden Teiles des Drachens. In erster Linie müssen wir da an den Piloten im Gurtzeug denken, aber auch Querrohr, Turm, Trapez, Verspannung und Instrumente erzeugen diesen Widerstand. Wir Piloten können einiges zur Minimierung dieses Widerstandes beitragen. Es wäre zwar leichtsinnig, selbst am Gerät Veränderungen vorzunehmen. Wir können aber z. B. liegend statt sitzend fliegen und so den Widerstand des Körpers mehr als halbieren. Aus aerodynamischen Gründen – ganz abgesehen von der Bequemlichkeit – wird deshalb der Integralgurt von immer mehr Piloten benützt. Wir können auch bei extremem Gegenwind oder beim Streckenflug im Wettkampf eine möglichst ›windschlüpfige‹ Stellung einnehmen und die Arme nicht weiter auseinanderhalten als unbedingt nötig. Eine andere Möglichkeit, parasitären Widerstand zu vermeiden ist eine sinnvolle Anbringung des Packsakkes am Kielrohr und nicht – wie oft gesehen – quer zur Anströmrichtung am Zentralgelenk (Dünne Packsäcke haben auch in der Kieltasche oder im Gurt Platz).

5. Der ebenfalls noch auftretende **Interferenzwiderstand,** entsteht durch gegenseitige Beeinflussung der verschiedenen Teilwiderstände und sei nur der Vollständigkeit halber erwähnt.
Abbildung 10 gibt uns schließlich einige Aufschlüsse über das Verhältnis zwischen Geschwindigkeit und Gesamtwiderstand, sowie zwischen induziertem und parasitärem Widerstand.

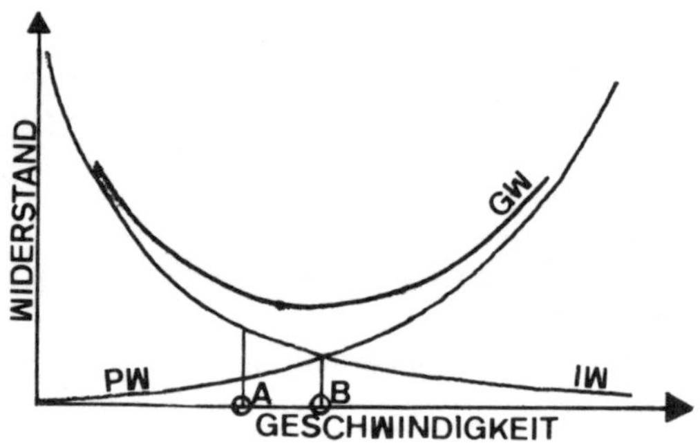

Abb. 10: **Veränderungen des Widerstandes bei verschiedenen Geschwindigkeiten**
Wie in der Abbildung ersichtlich, wächst der schädliche bzw. parasitäre Widerstand (PW) im Quadrat mit der Geschwindigkeit, während der induzierte Widerstand (IW) mit zunehmender Geschwindigkeit drastisch abnimmt. Bei der Geschwindigkeit des geringsten Sinkens (A) beträgt der IW noch etwa das 3fache des PW; bei der Geschwindigkeit des besten Gleitens (B) halten sich IW und PW die Waage – hier finden wir auch den geringsten Gesamtwiderstand (GW).

Spätestens jetzt werden sich einige Leser fragen: »Wozu das Ganze? Fliegen kann ich schließlich auch ohne das Wissen vom Auftrieb und Widerstand.« Dies ist zweifellos richtig und es gibt sogenannte ›Genußflieger‹, die sich einen Dreck um derlei Gedanken scheren. Andere Piloten wiederum, die durchaus auch das Fliegen genießen, stellen den Wert der Theorie ohnehin nicht in Frage, denn sie wollen höher, weiter und länger fliegen, damit sich der große finanzielle und zeitliche Aufwand auch auszahlt. Und diese Piloten wissen auch, daß die Formel

$$\frac{\text{Auftrieb}}{\text{Widerstand}} = \text{Gleitverhältnis}$$

existiert. Da über die Erhöhung des Auftriebs kaum etwas zu machen ist, lautet die Devise: *Kampf dem Widerstand!*

Nehmen wir einmal – etwas vereinfachend – an, unser Drachen produziere einen Auftrieb von 100 kp (in dieser Größenordnung muß die Auftriebskraft etwa liegen, denn der Auftrieb hält ja den Piloten und das übrige Gerät hauptsächlich in der Luft) und einen Widerstand von 12,5 kp; wir hätten also ein Gleitverhältnis von

$$\frac{100\,\text{kp}}{12{,}5\,\text{kp}} = 8$$

das heißt, wir würden von einem 100 m-Hang 800 m weit fliegen. Gelänge es uns, Schritt für Schritt den Widerstand um 2,5 kp zu mindern, so hätten wir bereits ein Gleitverhältnis von

$$\frac{100\,\text{kp}}{10\,\text{kp}} = 10$$

wir würden also schon 1000 m weit fliegen!
Wer zweifelt jetzt noch am Wert dieser ›Gedankenspielereien‹, die im übrigen in Windkanaltests und in der Praxis längst bestätigt wurden.

DIE KRÄFTE IM GLEITFLUG

Vielleicht sind wir durch die bisherigen Überlegungen etwas klüger geworden, aber wir wissen immer noch nicht, warum das Ding fliegt.
Zunächst gibt es einmal eine Kraft, die unseren Flügel in die Richtung der Flugbahn zieht – nennen wir sie ruhig einmal **Vortrieb** (V). Über ihr Entstehen wollen wir uns noch keine Gedanken machen. Daß die Flugbahn sich entgegengesetzt zur anströmenden Luft befindet, bemerkt jeder, dem die Luft beim Flug ins Gesicht bläst. In Abbildung 11a wird dies verdeutlicht. Egal ist dabei, ob der Drachen bei starkem Gegenwind über dem Boden steht, oder bei ruhiger Luft mit entsprechender Grundgeschwindigkeit vorwärts gleitet – die Eigengeschwindigkeit bleibt gleich. Wenn wir uns im **stationären Gleitflug** befinden, das heißt weder beschleunigen noch verlangsamen, muß dem Vortrieb eine gleich große, genau entgegengerichtete Kraft entgegengesetzt werden. Dies ist der schon bekannte **Widerstand** (W). Wäre er kleiner als der Vortrieb, würde unser Flug schneller werden und umgekehrt. Wir verdeutlichen uns dies in Abbildung 11b.

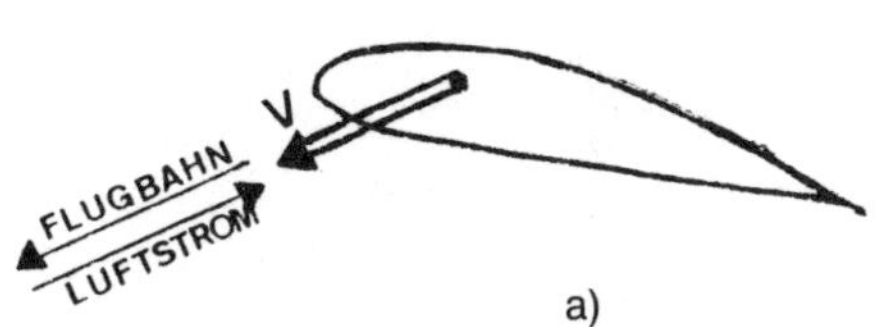

a)

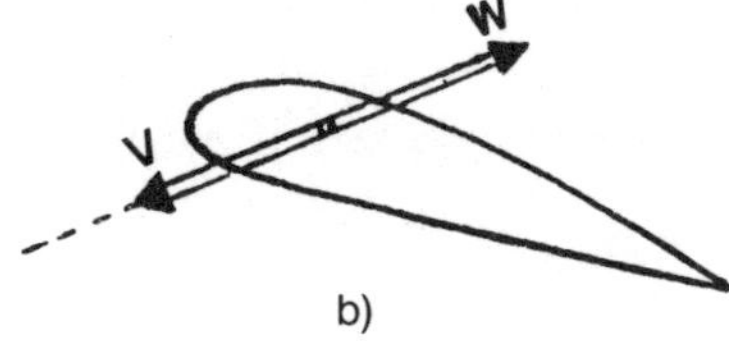

b)

Abb. 11: **Die Kräfte im Gleitflug**

Die Erdanziehungskraft wiederum zieht den Piloten, die Ausrüstung und das Gerät mit der **Gewichtskraft (G)** senkrecht nach unten. Wenn wir dies auf unserer Zeichnung anschauen, muß uns angst und bange werden, denn das ganze würde nun einem ungebremsten Fall gleichen, da Widerstand und Vortrieb sich ja aufheben. Wir brauchen also noch eine vierte Kraft, die dies verhindert und diese Kraft liefert uns ein alter Bekannter, der **Auftrieb** (A). Allerdings wirkt der Auftrieb nicht, wie man annehmen könnte, senkrecht nach oben, sondern im rechten Winkel zur Flugbahn und zur anströmenden Luft. (Vgl. Abbildung 11c und d.)

Kräfte im Gleitflug (Forts.)

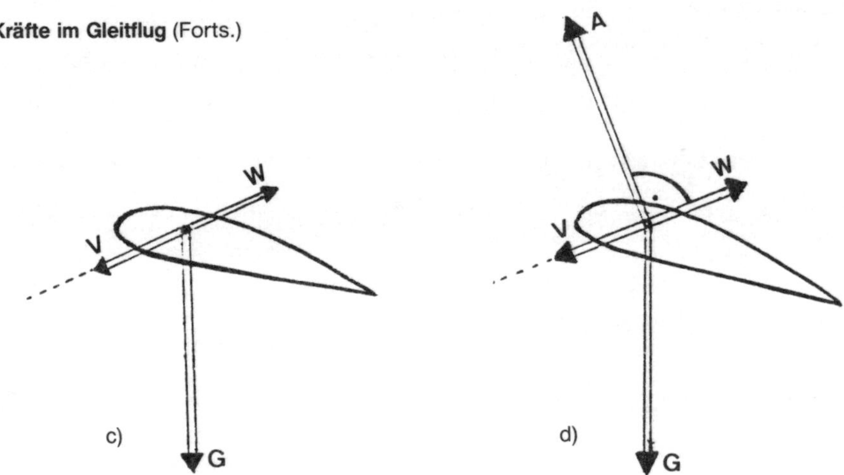

Das Resultat aus Auftrieb und Widerstand ist die **Luftkraft (R),** die senkrecht nach oben wirkt und genauso groß ist, wie die Gewichtskraft (G). Die letztere läßt sich in die Teilkräfte G_V und G_U zerlegen, wobei G_U dem Auftrieb entgegenwirkt und ebenso groß ist wie dieser, während G_V mit dem Vortrieb gleichgesetzt werden kann. Im stationären Gleitflug fliegen wir also mit gleichbleibendem Anstellwinkel und konstanter Geschwindigkeit und haben ein geschlossenes Kräfteparallelogramm vor uns. (Siehe Abbildung 11e.)

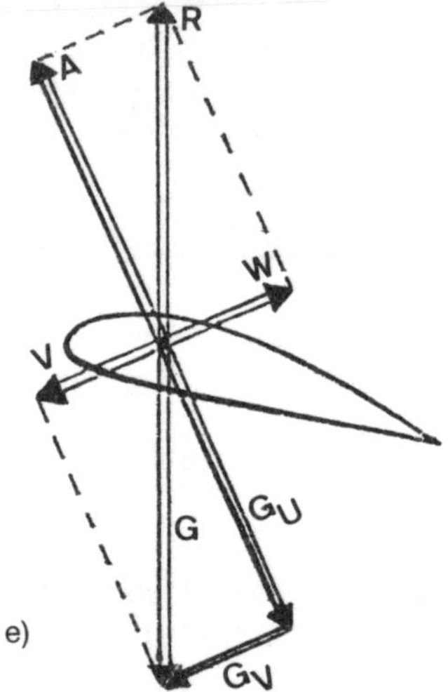

Kräfte im Gleitflug (Forts.)

»So weit, so gut« werden einige jetzt einwenden, »aber wir wissen immer noch nicht, warum wir nach vorne (und etwas nach unten fliegen).« Die Antwort fällt nicht allzu schwer: Wie alle motorlosen Flugobjekte wandelt auch unser Drachen Lage-Energie in Bewegungs-Energie um, einen geringen Teil in Fallbewegung, den größten Teil in Vorwärtsbewegung. Denn nachdem wir seinen ›Schwerkraft-Motor‹ beim Hochtransport mit Höhe ›vollgetankt‹, und ihn mit einem rasanten Start beschleunigt haben, drückt der Drachen mit seinem (und unserem) vollen Gewicht auf die Luft, die nach oben entgegendrückt und nach hinten entweichen kann. In der Schule haben wir den Physik-Lehrsatz *›Aktion = Reaktion‹* lernen müssen. Wenn nun die Luft nach hinten entweicht (Aktion), muß der Drachen nach vorne fliegen (Gegenreaktion).
Diese Gegenreaktion ist der bisher noch nicht geklärte Vortrieb. Ist jetzt alles klar? Natürlich nicht, denn wir wollen ja nicht immer mit derselben Geschwindigkeit durch die Lüfte segeln, auch wenn uns Gas- und Bremspedal fehlen. Wie beschleunigt oder verlangsamt also ein Drachen seine Geschwindigkeit? Schon bei den ersten Hüpfern hat es der Flugschüler gelernt: Durch Drücken und Ziehen des Steuerbügels. Drückt man diesen nämlich vom Körper weg, so vergrößert sich mit dem Anstellwinkel auch der Widerstand (der Drachen zeigt der anströmenden Luft mehr Segelfläche) und der Flügel verlangsamt seine Fahrt. Ab einem gewissen Punkt jedoch darf nicht weiter gedrückt werden, sonst reißt die Strömung ab und der Drachen geht in den fallschirmartigen Sackflug oder *Stall* (= langsamste Fluggeschwindigkeit bei der noch eine Kontrolle des Gerätes möglich ist) über.
Der Stall kann Ausgangspunkt für unkontrollierte Fluglagen sein und muß besonders in Bodennähe vermieden werden. (Siehe Abbildung 12.)

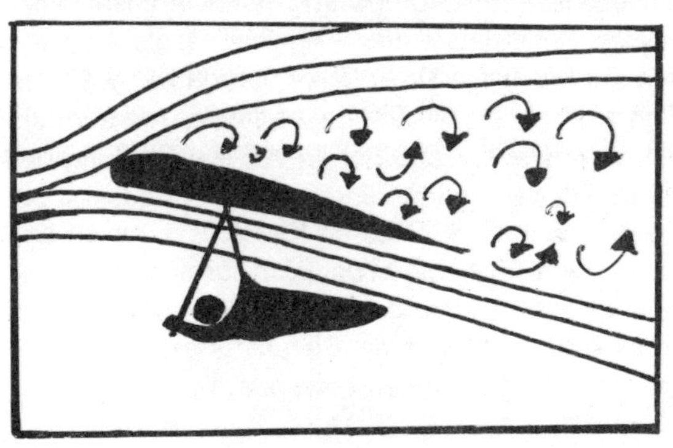

Abb. 12: **Strömungsabriß beim überzogenen Flugzustand (Stall)**
Bei zu großem Anstellwinkel reißt die laminare Strömung am Flügel ab und es entstehen Wirbel sowie Turbulenzen. Der Widerstand nimmt dadurch schlagartig zu und der Auftrieb bricht zusammen.

Beim Ziehen des Steuerbügels treten natürlich die umgekehrten Folgen ein: Der Drachen nimmt Fahrt auf, weil sein Anstellwinkel verkleinert wurde.

Leistung und Sicherheit

FORTSCHRITTE IM DRACHENBAU

Sozusagen als Abfallprodukt der bisherigen aerodynamischen Überlegungen haben wir schon ein wenig über konstruktive Methoden zur Verringerung des induzierten Widerstandes gehört. Vor allem der Widerstand der dickbauchigen knatternden Rogallos der ersten Generation erregte Ärgernis bei den Fliegern, Tüftlern und Konstrukteuren. Zunächst ging man daran, die besonders widerstandsreichen Segelbereiche im letzten Drittel des Flügels herauszuschneiden, und schon war der *›Swallow-Tail‹* (Schwalbenschwanz) geboren.
Doch nicht genug damit. 1974 gelang es dem jungen Konstrukteur *Roy Haggard* mit seiner *›Dragon-Fly‹* (Libelle) gleich vier dicke Fliegen mit einer Klappe zu schlagen: Durch die Vergrößerung von Nasenwinkel und Streckung wurde im Bereich der Anströmkante mehr Auftrieb erzeugt und der induzierte Widerstand wurde verringert. Zudem ermöglichten die abgeschnittenen Flügelenden *(›Truncated Tips‹)* eine straffere Spannung des Segels bzw. weniger Segelüberlapp, was natürlich den Widerstand weiter verringerte und die Flugleistung verbesserte. Durch die feste *Schränkung* (= Verwindung oder Reflex), welche die Truncated Tips an den Flügelenden bildeten, war schließlich nicht nur eine Leistungsverbesserung, sondern auch ein Riesenfortschritt in puncto Sicherheit erreicht: Beim Normalflug – also bei positiven Anstellwinkeln – riß die Strömung aufgrund des geringeren Anstellwinkels im Bereich der Flügelenden dort zuletzt ab und ein seitliches Abschmieren gerade bei Geräten mit großer Streckung wurde erschwert. Bei negativen Anstellwinkeln bildete die feste Schränkung der Flügelenden als eine Art Höhenruder ein aufrichtendes Moment (auch die Ur-Rogallos hatten bei positiven Anstellwinkeln eine sehr große Schränkung, die jedoch bei negativer Anströmung von oben eingedrückt wurde). Der erste wesentliche Schritt zur Bekämpfung des berüchtigten *Flattersturzes* war getan. Mit der ›Dragon-Fly‹ war das erste Gerät der zweiten Generation geboren. Der sogenannte *S-Schlag* im Kielbereich verlieh den Flügeln der zweiten Generation zusätzlich Profil bis etwa zum Turm, während er dahinter zu einer festen Schränkung verhalf (Abbildung 13). Latten gaben dem Segelprofil mehr Festigkeit und *Outrigger* verstärkten die Seitenstangen. Alle diese Errungenschaften waren schon bei der ›Dragon-Fly‹ zu bewundern.

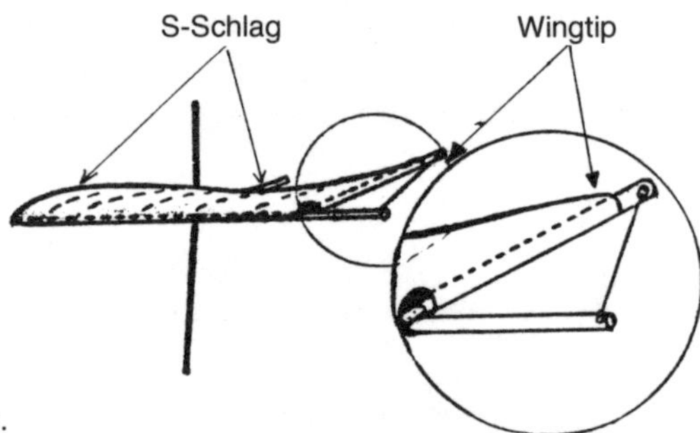

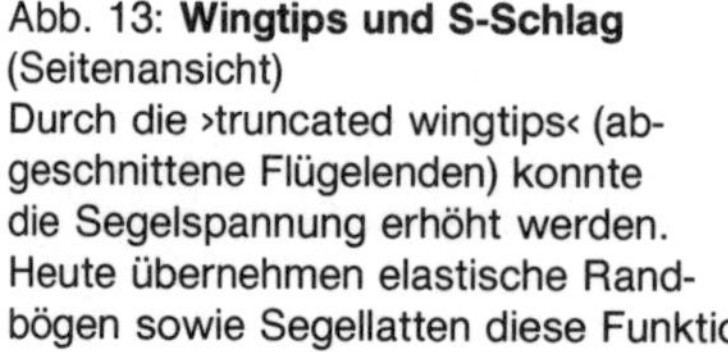

Abb. 13: **Wingtips und S-Schlag** (Seitenansicht)
Durch die ›truncated wingtips‹ (abgeschnittene Flügelenden) konnte die Segelspannung erhöht werden. Heute übernehmen elastische Randbögen sowie Segellatten diese Funktion.

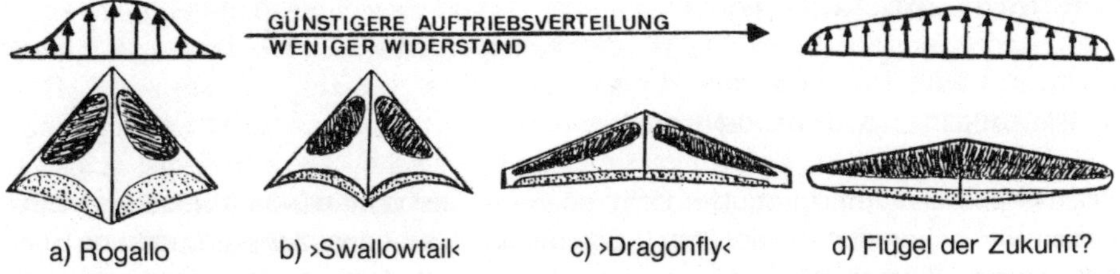

Abb. 14: **Entwicklung im Drachenbau**
Durch Vergrößerung des Nasenwinkels und der Streckung sowie durch eine Verbesserung des Segelschnitts wurden enorme Leistungssteigerungen erzielt. Weitere Fortschritte erfordern neue Konzeptionen: Starrflügler mit aerodynamischer Steuerung könnten den Deltaflug einen Schritt weiter bringen. (Die Zentren des Auftriebs sind dunkel, die Zentren des Widerstandes punktiert.)

Die Entwicklung ist in Abbildung 14 nochmals zu verfolgen, man achte auch auf die Vergrößerung des Nasenwinkels, das heißt die Verkleinerung der Pfeilung.
Bald stellte sich jedoch heraus, daß die starren *Wing-Tips* zu trägem Verhalten beim Kurvenflug führten, da das Segel nicht mehr so flexibel war. Viele Hersteller schwören seither auf *Radial-Enden,* bei denen sich das Segel in bestimmten Grenzen frei bewegen kann. Verbesserte räumliche Segelschnitte, profilierte Latten – meist im flügelinneren Achterliek-Bereich mittels Seilen am Turm fixiert – und vor allem die geniale Idee der ›*Swivel-Tips*‹ verhinderten als Schränkungsstützen das Einfallen des Segels bei negativer Anströmung. Somit war die Flattersturz-Gefahr gebannt.
Zwei weitere ›Fort-Schritte‹ bedeuteten die Einführung von *Kieltasche* und *Doppelsegel.* Seit dem Doppelsegel erst kann man auch beim Drachen von ›Profil‹ sprechen; zudem läßt sich im Doppelsegel die Querstange gut verbergen, was den Restwiderstand natürlich erheblich vermindert. Auch hier hatte Roy Haggard mit dem ›Comet‹ die Nase vorn.
Die *Kieltasche* wiederum war ein glänzender Beitrag von *Bill Moyes* zur Verbesse-

Abb. 15: **Wirkungsweise der Kieltasche**
Durch Gewichtsverlagerung des Piloten kann das Segel auf der kurveninneren Seite ›aufmachen‹, weil die Kieltaschen 5 bis 10 cm auf diese Seite wandert (schwarze Pfeile). Auf der anderen Seite strafft sich das Segel. Hierdurch wird die Kurvenbewegung unterstützt (weißer Pfeil). Die ›schwimmende Querstange‹ funktioniert nach demselben Prinzip.

rung der Steuerbarkeit. Da der Drachen nur durch Gewichtsverlagerung (wir kommen noch später auf dieses Thema zurück) gesteuert wird, muß der Flügel auf der Seite, in deren Richtung man kurven will, stärker belastet werden – der Pilot verschiebt sein Trapez bei der Linkskurve nach rechts und der Drachen fliegt nach links. Durch die höhere Belastung der linken Flügelseite kann das Segel aufgrund der Kieltasche ›aufmachen‹, das heißt es vergrößert dort seinen Tunnel und wirkt wie ein Querruder beim Rollen des Drachens um seine Längsachse. Zudem erzeugt der kurvenäußere straffer gespannte Flügel mehr Auftrieb, was diesen Effekt zusätzlich verstärkt. Das neuerdings propagierte schwimmende Querrohr (eigentlich müßten wir vom ›schwimmenden Kielrohr‹ sprechen) hat im übrigen denselben Effekt und trägt durch Vergrößerung des kurveninneren Tunnels zur besseren Manövrierfähigkeit bei. (Vgl. Abbildung 15.) Heutzutage profitieren die Anfänger- und Intermediate-Geräte von den Vorteilen der Kieltasche, während die Hochleister dank fortgeschrittenem Pilotenkönnen auch ohne Kieltasche steuerbar sind. Hierzu wird allerdings oft eine negative V-Stellung in Kauf genommen (vgl. nächstes Kapitel).

TESTS UND AERODYNAMISCHE STABILITÄT

»Es ist ein göttlicher Zufall, daß vier Stangen und ein Fetzen Segel aerodynamisch so stabil sind.«

Bernd Schmidtler, Drachenbauer

Durch Einführung von Tests bezüglich Materialfestigkeit und aerodynamischer Stabilität in einigen europäischen Ländern (Deutschland, England, Schweiz) und in den USA (HGMA-Test) wurde die Sicherheit der Piloten erheblich gefördert, und es kann nicht oft genug wiederholt werden, nur Geräte mit bestandenem Test zu kaufen. Bei der Auswahl unserer Geräte erhalten wir so wichtige Hinweise im Hinblick auf deren Flugsicherheit. Zum besseren Verständnis sollen in diesem Zusammenhang zwei wichtige Begriffe geklärt werden: Statische und dynamische Stabilität.

Statische Stabilität bedeutet, daß ein Drachen selbständig in einem vorgegebenen Flugzustand verharrt, das heißt gegenüber Störungen, z. B. durch Böen unempfindlich ist. Jeder wird einsehen, daß ein Zuviel an statischer Stabilität nicht im Sinne des Erfinders sein kann, denn die Steuerung des Drachens würde stark verzögert und unsere Kräfte würden dabei überfordert. Ein vernünftiger Kompromiß zwischen statischer Stabilität und Wendigkeit des Drachens ist das Ziel eines jeden Konstrukteurs.

Bei **dynamischer Stabilität** versucht unser Drachen ohne Piloteneinwirkung in seinen ursprünglichen Flugzustand zurückzukehren, das heißt, der Drachen dämpft selbständig auftretende Störungen.
Es wäre angesichts der komplexen und für den Laien schwer durchschaubaren

Vorgänge müßig, tiefer in diese Materie einzudringen. Zwei für die aerodynamische Sicherheit unserer Flügel elementaren Vorgänge sollen jedoch anschließend beleuchtet werden: Die Stabilität um die Längsachse (Rollstabilität) und um die Querachse (Nickstabilität). (Vgl. Abbildung 16.)

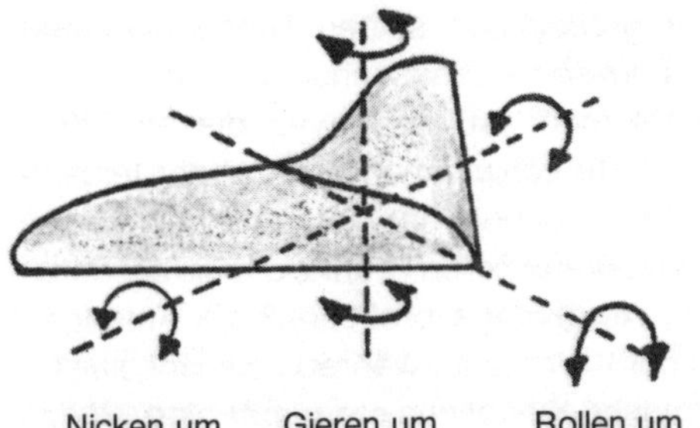

Abb. 16: **Die Bewegungen des Drachens um seine 3 Achsen**

Wollen wir eine Kurve fliegen, so verlagern wir unser Gewicht bekanntlich in die gewünschte Richtung und das Gerät neigt sich um die Längsachse zur Kurveninnenseite. Läßt man nun den Bügel los, so will unser Drachen bei kleinen Neigungswinkeln wieder zurück in die Normalfluglage. Wie das?

Ganz einfach: Der Hersteller gab den Querstangen und somit auch dem Segel eine leichte positive *V-Stellung.* Im Normalflug ist die vertikale Komponente des Auftriebs auf beiden Seiten gleich. Geht man nun freiwillig oder unfreiwillig in die Kurve, so verkleinert sich die vertikale Autriebskomponente des oberen Flügels während sie sich beim unteren bis zur Waagrechten vergrößert. Dadurch entsteht ein Drehmoment um die Längsachse zurück zur Ausgangslage. (Vgl. Abbildung 17.) Eine Paradebeispiel für dynamische Rollstabilität und ein beruhigendes Gefühl zugleich!

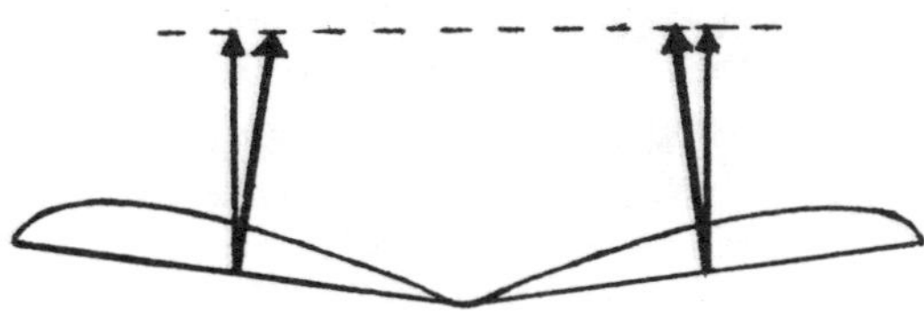

a) Normalflug: Gleichgewicht

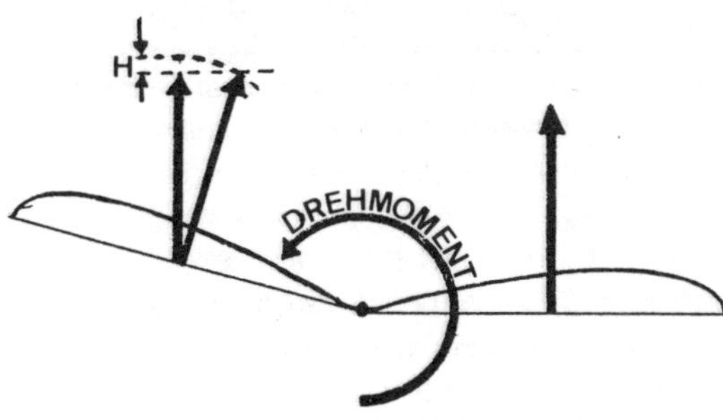

b) Kurvenflug: stabilisierendes Rollmoment

Abb. 17: **Rollstabilität bei positiver V-Stellung des Flügels**
Das Schema macht deutlich: Gegenüber dem waagerechten Flügel ist die vertikale Auftriebskomponente des gehobenen Flügels beim Kurvenflug um den Betrag H geringer. Dies erzeugt ein stabilisierendes Drehmoment um die Rollachse. Dieser Sicherheitseffekt hat leider auch ein trägeres Handling zur Folge. Deshalb gehen heute viele Hersteller zur negativen V-Stellung über.

Unser letzter Beleg für die aerodynamische Sicherheit vom Drachen ist das **Normalverhalten bei Strömungsabriß:** Der Drachen geht auf die Nase und nimmt selbständig Fahrt auf. Dies hat zwei Gründe. Einmal wird im Bereich der Flügelenden aufgrund des kleinen Anstellwinkels noch Auftrieb erzeugt, wenn die Strömung im Kielbereich schon zusammengebrochen ist. Da sich die Flügelenden im hinteren Bereich des Drachens befinden, erzeugt der Auftrieb dort ein Drehmoment um die Querachse. (Vgl. Abbildung 18 a.)
Ein weiteres Nickmoment erzeugt die Schwerkraft des Piloten. Denn dieser ist unter dem Punkt aufgehängt, in dem beim Normalflug die Luftkraft (R) angreift, im sogenannten *Druckpunkt.* Wie wir wissen, wird im Normalflug bei anliegender Strömung die Luftkraft (R) zum größten Teil vom Auftrieb bestimmt und nur zu einem Bruchteil vom Widerstand. Also muß der Druckpunkt im Normalflug in der Nähe des Auftriebsschwerpunkt (A) liegen, das heißt noch im vorderen Teil des Flügels. (Vgl. Abb. 18 b.) Reißt nun die Strömung ab, so geht der Auftrieb schlagartig zurück und der Widerstand wächst rapide – der Drachen wird nun vor allem durch seinen Formwiderstand am Absturz gehindert; er fliegt nicht mehr, sondern sackt fallschirmartig durch. Jeder Teil der Segelfläche erzeugt nun in etwa denselben Widerstand und da sich mehr Segelfläche hinter dem Piloten befindet, greift die jetzt vom Widerstand bestimmte Luftkraft R am neuen Druckpunkt hinter der Pilotenaufhängung an. Diesen Vorgang nennen wir **Druckpunktwanderung.** Natürlich erzeugen wir nun als Piloten mit unserer Schwerkraft ein Drehmoment um die Querachse und helfen so unserem Drachen Fahrt aufzunehmen. (Siehe Abb. 18 c.)

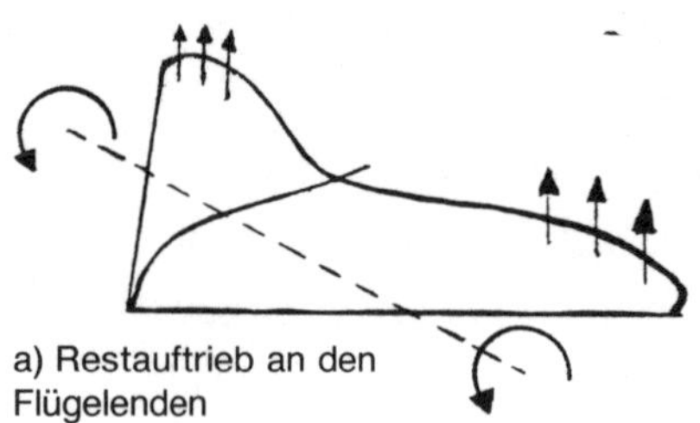

a) Restauftrieb an den Flügelenden

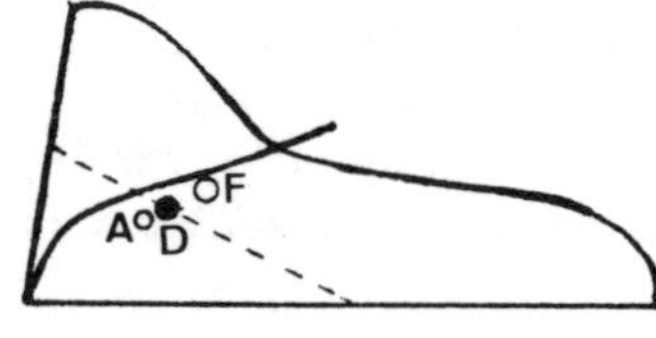

b) Normalflug

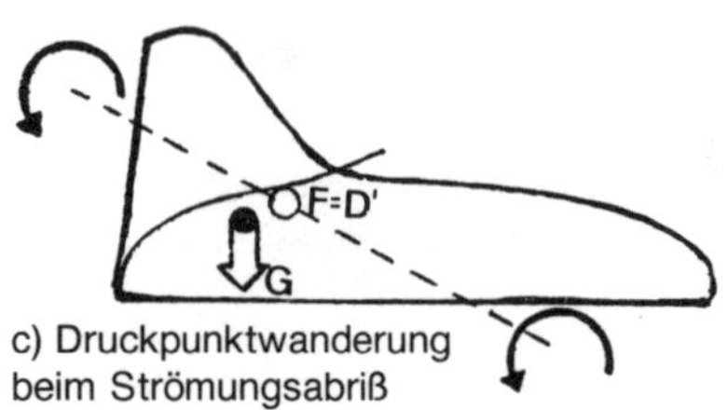

c) Druckpunktwanderung beim Strömungsabriß

Abb. 18: **Nickstabilität beim Strömungsabriß**
Die Nickstabilität beim Strömungsabriß wird durch den Restauftrieb (a) und die Druckpunktwanderung (b und c) unterstützt. Im Normalflug befindet sich der Druckpunkt D in Höhe der Pilotenaufhängung. Beim Strömungsabriß befindet sich der Druckpunkt D' weiter hinten beim Flächenschwerpunkt (F) und das Gewicht G des Piloten zieht die Drachennase nach unten.

Bei Strömungsabriß reagieren daher erfahrene Piloten lediglich mit einem leichten Ziehen des Steuerbügels, um eine Überreaktion des Geräts zu vermeiden. Ereignet sich der Strömungsabriß jedoch in Bodennähe hat unser Flügel natürlich nicht genug Höhe, selbständig wieder Fahrt aufzunehmen, ohne daß wir einen Crash riskieren. Jetzt gilt es, voll zu drücken und den Steuerbügel so zu belassen, um im fallschirmartigen Stall sicher zu landen.

Der fliegende Mensch und die Natur: Die kalifornischen Borsten-Kiefern sind oft über 4000 Jahre alt – der Drachenflug gerade 20! (Pete Brock)

Winterflug über dem Rheintal. Deutlich erkennbar die Talinversion. (Stanko Petek)

Herbstflug. Mit dem leichten und klein zerlegbaren Bergsteigerdrachen ist man auf Seilbahnen nicht angewiesen. (Thomas Finsterwalder)

Im ›Pod‹ über Torrey Pines: Der laminare Aufwind der 6 km langen Klippe bei San Diego eignet sich besonders gut zum Testen von Neuerungen. (Eric Raymond)

Wolken – Wetter

›UP-Arrow‹, Cirrus- und Cirrostratuswolken (Michael Weingartner)

Altocumuli lenticulares – hohe Windgeschwindigkeiten in der Höhe (M. W.)

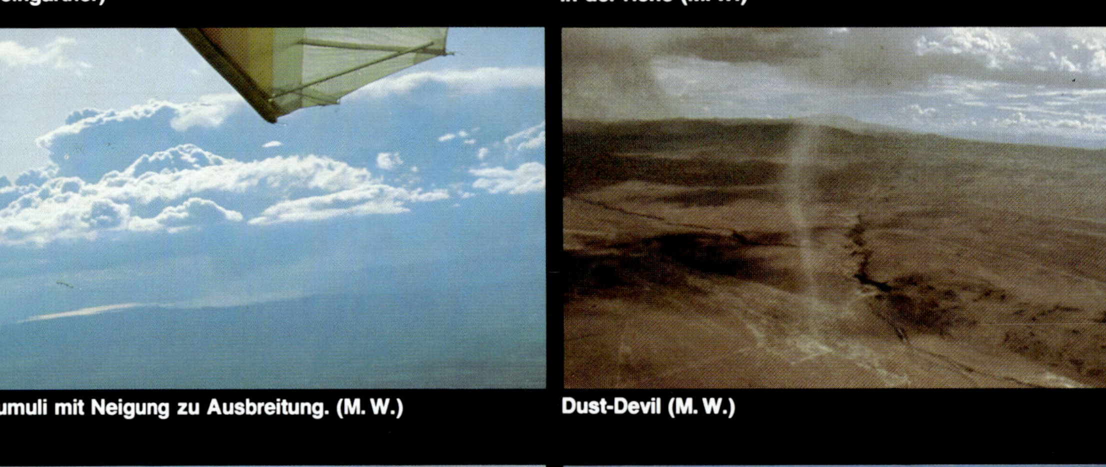

Cumuli mit Neigung zu Ausbreitung. (M. W.)

Dust-Devil (M. W.)

Cumuli (M. W.)

Erste Wolkenschleier (M. W.)

Wolkenentwicklung beobachten! (Thomas Finsterwalder)

Überentwicklung: Cumulonimbus, Cumulus congestus (M. W

GRENZEN DER STABILITÄT

Das Wissen um die aerodynamische und materialmäßige Stabilität unserer Gleiter sollte jedoch nicht zu übermütigen Flugmanövern verleiten. Besonders der Stall führt trotz aller Schulbuchweisheiten nicht zwangsläufig zum geschilderten Verhalten des Drachens – vor allem nicht bei seitlicher Anströmung und/oder Vertrimmung des Drachens. Der Stall sollte ein bewußtes Manöver des erfahrenen Fliegers bleiben, der sich mit einem vertrauten Gerät mindestens 200 m über Grund befindet. Sonst droht nämlich ein seitliches Abschmieren, das zum gefährlichen Spiralsturz oder anderen ungewollten Flugzuständen führen kann. Auch die Folge eines überstürzten Ziehens, wenn das ausgestallte Gerät ohnehin Fahrt aufnehmen will – also die Gefahr eines Sturzfluges oder eines Aufschaukelns – sollte jeder Pilot im Auge behalten. Durch abrupte Richtungsänderungen wird zudem die Materialfestigkeit (laut Internationaler Vereinbarungen muß ein Drachen 6 g positive Belastung und 3 g negative Belastung ohne bleibende Verformung überstehen) oft über ihre Grenzen beansprucht: Bei zu schnellem Fliegen in Turbulenzen, bei Kunstflugfiguren oder plötzlichem Drücken nach Sturzflügen legten manche Geräte schon ›die Ohren an‹, das heißt ihre Seitenstangen brachen meist hinter der Querstange.

Zugegeben, dieses Kapitel wird umstritten sein. Den ›alten Hasen‹ werden wegen mancher Vereinfachung die Haare zu Berge stehen, während dem ›blutigen Anfänger‹ des öfteren tiefere Einblicke in die Zusammenhänge verwehrt bleiben. Das ist nicht weiter tragisch, denn einmal mit der Materie konfrontiert, dringt man Schritt für Schritt in die Zusammenhänge ein. Wichtig ist, daß wir beim Fliegen und beim Zuschauen die Augen offenhalten und gemachte Beobachtungen zu erklären versuchen. Wem die Theorie in Aerodynamik, Geräte- und Wetterkunde lediglich ein Pflichtpensum zur Erlangung der Lizenz darstellt, der wird nie erkennen, daß die Verbindung zwischen Theorie und Praxis der einzige Weg zur Vervollkommnung der ›Fliegekunst‹ (Lilienthal) und Flugsicherheit darstellt.

III *Unser liebstes Spielzeug – Überlegungen zur Ausrüstung*

Natürlich haben wir unsere Ausbildung bei einer anerkannten Drachenflugschule absolviert; die Erfahrung und Methodik der geprüften Fluglehrer halfen uns, gefährliche Irrwege zu ersparen. Wir haben gelernt, den Drachen im Schlaf aufzubauen und wissen, warum das Ding fliegt. Nach den ersten Laufübungen ging's an den kleinen Übungshang und schneller als gedacht trugen uns die bunten Flügel durch die Lüfte. »Ich fliege, ich fliege...«, dieses unbeschreibliche Gefühl brachte uns in den Siebten Himmel; gelegentliche harte Crashs erinnerten immer wieder daran, daß nur Meister nicht vom Himmel fallen – Schwamm drüber, wir haben den Flugschein redlich verdient.

Jetzt haben wir schon etliche Flüge von über 400 Metern Höhendifferenz mit einem flauen Gefühl in der Magengegend hinter uns gebracht, fliegen schon eine passable Acht und die ersten Vollkreise stellen eine neue Herausforderung dar. Unsere Landungen haben schon etwas von der Eleganz eines Falken und erinnern nicht mehr so fatal an ›Dick und Doof‹-Filme (wie häßlich klang doch das Lachen der Zuschauer in den Ohren...).

Kurzum, der Zeitpunkt zum *Kauf einer eigenen Ausrüstung* ist gekommen. Zwar haben wir uns schon vor der Schulung ein Paar feste Stiefel mit hohem Schaft und profilierter Sohle zugelegt und auf Anraten des Fluglehrers einen Integralhelm mit Ohröffnungen speziell fürs Drachenfliegen gekauft. Das dicke Ende aber in finanzieller Hinsicht kommt jetzt erst mit dem Erwerb von Gurtzeug, Schirm und Fluggerät. Als Durchschnittsverdiener müssen wir dabei mindestens ein bis zwei Monatsgehälter auf den Tisch legen – eine sorgfältige Planung ist also oberstes Gebot, zumal unsere Sicherheit mit auf dem Spiel steht.

Das Fluggerät

Natürlich steckt in jedem von uns Drachenfliegern eine gehörige Portion Ehrgeiz: Wer wollte an seinem Hausberg nicht am längsten, höchsten und weitesten fliegen? Allerdings sollten wir uns darüber im klaren sein, daß die Superleistungen der modernen Hochleistungsgleiter meist mit einer Einbuße im Handling bezahlt werden müssen. Und was nützt uns das beste Gerät, wenn wir es nicht voll in der Hand haben? Die Überforderung durch ein unpassendes Gerät hat schon manchem Piloten die Freude am Fliegen vergällt, und Fliegen soll schließlich Spaß machen!

WIE MUSS UNSER IDEALGERÄT AUSSEHEN?

Zunächst einmal sollte das ›**Handling**‹ – so nennen die Anglo-Amerikaner *alle Eigenschaften, die die Handhabung des Drachens am Boden und vor allem in der Luft betreffen,* also: Aufbau, Starteigenschaften, Wendigkeit, Stabilität, Verhalten im Stall, Landeeigenschaften etc. – den Fähigkeiten des Piloten entsprechen.
Konkret: Für den frischgebackenen Piloten kommt ein Spitzengerät mit riesiger Streckung und Spannweite sowie 100% Doppelsegel und integrierter Querstange kaum in Frage. Dies hat mehrere Gründe. Da ist einmal die Preisfrage, denn die heutigen Top-Geräte sind ein teures Vergnügen. Im ersten Jahr unserer Fliegerlaufbahn wird ein **Übergangsgerät** *(englisch: ›Intermediate‹)* bessere Dienste leisten als der letzte Schrei auf dem Drachenmarkt. Pilotenneulinge, die zum Beispiel auf einen unproblematischen ›Atlas‹, ›Uno‹, ›Impuls‹, oder einen ›Cloud‹ umgestiegen sind, belegen diese These immer wieder aufs neue.
Zwar haben Flügel der neuesten Generation mit einer Streckung von über 6,5 und einer Spannweite von mehr als 10 m eine bessere Gleitzahl als Übergangsgeräte. Vor allem in höheren Geschwindigkeitsbereichen bringt eine größere Streckung und die integrierte Querstange eine deutliche Leistungsverbesserung.
Vor allem beim Langsamflug, beim Kurven und beim Landen liegen die neuralgischen Punkte der Höchstleistungsgeräte. Im oberen Geschwindigkeitsbereich haben sie zudem die Tendenz zu gieren, und es leuchtet ein, daß nur der erfahrene Pilot mehr Leistung aus ihnen herausholen kann. *Was unterm Strich zählt, ist die mit der Einheit Pilot-Gerät zu erzielende* ***Leistung und Sicherheit.*** Dazu gehört auch eine gewisse *Wendigkeit,* die allerdings nicht mit einer übertriebenen Sensibilität zu verwechseln ist; je erfahrener der Pilot, desto sensibler darf sein Flügel sein.
Ein weiterer Gesichtspunkt, der wesentlich zur Sicherheit, sprich Steuerbarkeit auch bei böigen Verhältnissen beiträgt, ist die *Flächenbelastung.* Sie sollte bei den heutigen Geräten über 6 kp pro qm liegen, sollte aber auch nicht deutlich über 9 kp pro qm hinausgehen, weil der Drachen mit erhöhter Flächenbelastung schneller fliegt und dadurch Start und Landung erschwert werden. Besondere Beachtung verdienen die Herstellerangaben zur zulässigen Flächenbelastung.
Nach diesen Grundüberlegungen sind einige Geräte in die engere Wahl gekommen und es steht den ersten Probeflügen nichts mehr im Wege. Halt! Wir haben vergessen, uns über den *Betriebstüchtigkeitsnachweis* zu informieren. Als sicherheitsbewußte Flieger und auch als rechnende Kaufleute legen wir uns Geräte mit diesem Sicherheitsnachweis – der im übrigen einer quasi-behördlichen Zulassung entspricht – zu: Wer will schon seinen Drachen nach kurzer Zeit dem Museum als ›Oldtimer‹ vermachen, anstatt einen anständigen Wiederverkaufspreis dafür zu erzielen?

Bevor wir unsere Wunschgeräte selbst fliegen, lassen wir uns vom Verkäufer deren charakteristische Flugeigenschaften erklären. Bei den *Probeflügen* (locker bleiben!) werden wir bald feststellen, welches Gerät am besten zu uns paßt. Nehmen wir uns beim Ausprobieren viel Zeit, werden Fehleinkäufe mit großer Sicherheit vermieden.

Wer seinen Drachen als Übergangsgerät nur eine Zeitlang fliegen und dann wieder verkaufen will, sollte sich ein **gebrauchtes Gerät** zulegen. Wir fragen an unserem Hausberg nach potentiellen Verkäufern und studieren aufmerksam die einschlägigen Annoncen in den Fachzeitschriften. Lassen wir den Besitzer vorfliegen, kann dieser mit losgelassenem Steuerbügel beweisen, daß sein Vogel geradeaus fliegt. Außerdem können wir uns bei erfahrenen Piloten über die Flugeigenschaften und den Zustand eines Gerätes informieren.

Falls zum Kauf geraten wird, schauen wir auch einem fast geschenkten Gaul ins Maul – d.h., besonders auf die Rohre im Segel. Wir müssen uns schon bequemen, das Segel abzuziehen und vor allem Quer- und Seitenrohre auf Dellen, Verformungen und Haarrisse hin zu untersuchen. Die Bolzen im Zentralgelenk und an der Verbindung zwischen Quer- und Seitenrohr sind oft verformt und müssen dann ausgewechselt werden. Langgezogene Kauschen der Verspannseile deuten auf harte Crashs hin. In der BRD schützt der 5-Jahres-Check bei Altgeräten vor unliebsamen Überraschungen.

Bezüglich des *Segels* sollte weniger auf bunte Farben als auf mögliche Faltenbildungen geachtet werden. Bei Neugeräten spielt die individuelle *Farbgestaltung* natürlich eine größere Rolle. Zwar stimmt das Sprichwort ›Weiß fliegt am besten‹ nicht uneingeschränkt, doch es ist erwiesen, daß durch die Behandlung des Segelstoffs beim Färben Festigkeit verlorengeht. Zudem absorbieren dunkle Farben mehr Sonnenstrahlung und altern dadurch schneller. Besonders die strapazierten Flügelenden sollten deshalb helle Farben aufweisen: gelb, gold, orange oder weiß sind hierfür geeignet. Für die fleckempfindliche Anströmkante allerdings haben sich dunklere Farben bewährt.

Unter dem Gesichtspunkt der Flugsicherheit sind kräftige Farben im Segel wünschenswert: Vor allem beim Soaren im schmalen Hangaufwindband können wir so von unseren Kameraden besser ausgemacht werden.

Als Wochenendflieger beherrschen wir nach etwa einem Jahr sämtliche gängigen Flugmanöver und können uns an ein **Hochleistungsgerät** der neuesten Generation wagen. Bevor wir uns aber in Unkosten stürzen, prüfen wir die Notwendigkeit einer solchen Anschaffung. Ein Höchstleistungsflügel bringt nur bei Starkwind- und Streckenflügen Leistungsvorteile – im Hangaufwind und beim Auskurbeln der Thermik halten auch Übergangsgeräte mit, weil sie im Langsamflug gute Sinkwerte produzieren.

Überhaupt hat sich im Bereich des geringsten Sinkens seit einigen Jahren nur noch wenig getan, hier haben sich die Spitzenwerte etwa bei 0,9 bis 1 m pro Sekunde eingespielt. Dagegen brachten die Doppelsegelgeräte im Bereich der Gleitzahl eine Verbesserung von etwa 8 auf 12, das bedeutet eine Steigerung um etwa 50 %. Seit im Jahre 1980 *Roy Haggards* ›Comet‹ eine neue Ära des Drachenflugs einleitete, war eine enorme Leistungssteigerung zu verzeichnen. Die neuesten Konstruktionen unterscheiden sich im Bereich der Flugleistung kaum noch, während sie im

Handling doch erhebliche Differenzen aufweisen. Leider vernachlässigen viele Piloten die Manövrierbarkeit ihres Gleiters und erklären minimale Unterschiede im Gleitverhältnis und im geringsten Sinken zum Maß aller Dinge. Sie vergessen, *daß bei guter Thermik das geringste Sinken nur eine nebensächliche Rolle spielt.* Geringfügige Vorteile im Gleitverhältnis sind zu vernachlässigen, ein *leichtes und ermüdungsfreies Handling* dagegen ermöglicht auch noch nach stundenlangem Fliegen ein konzentriertes Auskurbeln der Thermik. Es gibt heute jedoch Höchstleister, die sowohl im Handling als auch in der Leistung zur absoluten Spitzenklasse zählen.
Da beim flexiblen Flügel in der Zukunft keine spektakulären Leistungsverbesserungen mehr zu erwarten sind, verdienen die **Starrflügler** die erhöhte Aufmerksamkeit der ›Profis‹. Ihre aerodynamische Steuerung erfordert allerdings eine gezielte Umschulung, möglichst unter Anleitung und Aufsicht eines Fluglehrers.
Was die Leistungsfähigkeit der sogenannten Starrflügler angeht, so liegt ihre Stärke vorwiegend im Bereich des Schnellfluges. Wir dürfen aber optimistisch sein, daß es Konstrukteuren und Herstellern in allernächster Zukunft gelingt, überlegene Starrflügler zu entwickeln, ohne die Einfachheit des Drachfluges zu opfern: Stellvertretend für viele seien die Versuche von Günter Rochelt genannt.
Einen Sonderfall stellen die sogenannten **Bergsteigerdrachen** dar, die sich von den andern flexiblen Gleitern durch geringeres Gewicht und Zerlegbarkeit unter 2 Meter unterscheiden. Sie bieten Vorteile bei der Lagerung und beim Transport. Wer Bergwanderungen und Drachenfliegen miteinander kombinieren will, wer oft Bergbahnen in Anspruch nimmt, die nur Kurzpackgeräte transportieren, und wer über keinen großen Lagerraum verfügt, ist hier an der richtigen Adresse. Auch körperlich etwas schwächere Flieger(innen) können sich einen Bergsteigerdrachen zulegen, müssen allerdings eine etwas längere Aufbauzeit einkalkulieren.
Vor dem *Gerätekauf* sollten wir uns noch einmal folgende **Checkliste** durch den Kopf gehen lassen:

① **Flugtüchtigkeitszeugnis** (Gütesiegel, bzw. entsprechende Tests)?
② Entspricht das Gerät bezüglich **Handling** und **Leistung** meinen Fähigkeiten und Zielvorstellungen?
③ Stimmt die **Flächenbelastung?**
④ Kann ich das Gerät mit seiner **Länge** lagern und transportieren?
⑤ Ist das **Preis-Leistungsverhältnis** in puncto Flugleistung, Handling, Verarbeitung und Ersatzteilbeschaffung angemessen?
⑥ Wie steht's mit dem **Wiederverkaufswert?**

LAGERUNG, PFLEGE UND REPARATUR

Der langersehnte Wunsch ist endlich in Erfüllung gegangen und wir nennen einen dieser bunten Vögel unser eigen. Wir brennen darauf, mit unserm neuen Drachen die Lüfte zu erobern. Zu unserer eigenen Sicherheit und um die Leistungsfähigkeit des Gleiters lange zu konservieren, müssen wir ihn sachgemäß behandeln.

Der **Lagerraum** sollte mäßige Temperaturen aufweisen und möglichst trocken sein. Eine weichgespolsterte Auflagefläche aus Schaumstoff oder Styropor schützt vor gefährlichen Druckstellen.

Beim **Autotransport** sorgt eine gepolsterte Leiter oder ein Brett für eine günstige Lastverteilung. Bei langen Drachen und bei Bergsteigergeräten mit ihren dünnen Rohrwandungen ist besondere Vorsicht geboten. Ragt das Drachenende mehr als einen Meter über das Wagenheck hinaus, dürfen wir in der Bundesrepublik Deutschland nur kurze Strecken fahren und müssen das Drachenende mit einer roten Fahne markieren. Bei allen Transporten ist das Gerät im Packsack am besten aufgehoben, da so das Segel geschont wird. Transportieren wir den Gleiter in voller Länge, binden wir das vordere sowie das hintere Ende an die Stoßstange, damit er sich nicht aufschaukeln kann.

Die meisten Geräte können wir mit aufgestelltem Trapez aufbauen und auf diese Weise das Segel vor Abnützung und Verunreinigung schützen. Im übrigen hilft beim **Aufbau** die **Betriebsanleitung** des Herstellers.

Beim **Zusammenlegen** achten wir darauf, daß metallene Teile nicht aneinander scheuern oder das Segel verletzen können – ein weicher Lappen oder ein Stück Schaumgummi leisten hier gute Dienste.

Etwa halbjährlich und natürlich nach jedem harten Crash unterziehen wir unseren Gleiter einer gründlichen **Inspektion.** Nach Abziehen des Segels können wir das Gestänge und die Bolzen auf Herz und Nieren prüfen. Daß man nach der Inspektion die Flugtauglichkeit seines Drachens erst an einem Übungshang testet, versteht sich von selbst.

Fliegen wir am Meer, so sollten wir wissen, daß salzhaltige Luft und vor allem Meerwasser die Korrosion der Metallteile beschleunigen. Dagegen und gegen sonstige **Verschmutzungen** hilft eine gründliche Wäsche mit viel Wasser und einer stark verdünnten, alkalifreien Seifenlösung. Mit einer weichen Bürste werden Rohre und Segel schonend gereinigt, anschließend wird mit viel Wasser nachgespült. Strahlt unser Segel noch immer nicht in gewohntem Glanz, so helfen Produkte aus dem Segelsport-Fachgeschäft (z.B. ›Sail Bright‹), welche die Segelfarben wieder auffrischen.

Im Winter können wir die meisten **Flecken** auf dem Segel mit einem feuchten Schneeball durch kreisende Bewegungen wegzaubern.

Wenn möglich, sollte der Drachen nach der Wäsche oder nach einem Regenguß abtrocknen – ist dies nicht möglich, so lagern wir ihn im Packsack bei geöffnetem Reißverschluß.

Ist im Segel ein **Riß** oder ein **Loch,** so können wir dies bis zu einer Länge von ca. 10 cm mit Tesaband oder einem Stück selbstklebenden Segelstoff leicht reparieren – der Bereich des Achterlieks natürlich ausgenommen. Bei größeren Schäden sollte uns der Rat des Fachmanns nicht zu teuer sein. Aufgrund seiner relativ geringen Belastung und des hervorragenden Materials gehört das Segel zwar zu den am wenigsten gefährdeten Teilen, bei unsachgemäßer Reparatur könnte jedoch die Symmetrie des Profiles leiden. Abschließend nochmals – wir können es nicht oft genug wiederholen – die wichtigsten Stellen, auf die wir beim **Gerätecheck** achten müssen:

Schrauben, Bolzen: Besonders im Bereich des Zentralgelenks und Verbindung Querrohr-Seitenrohr
Quickpin: Säubern, Funktionsprüfung, ölen
Rohre: Dellen, Haarrisse, Verformungen
Seile: Knicke, gerissene Litzen (besonders hinter der Preßverbindung)
Seilkauschen: Sind diese verlängert, so deutet das auf eine gedehnte Verspannung hin, d.h., das Gerät ist vertrimmt. Also auswechseln!

Alle Teile, die uns nicht hundertprozentig erscheinen, wechseln wir aus. Es gibt Piloten, die unabhängig von der Abnutzung alle Seile nach 75 Flugstunden oder spätestens nach 2 Jahren auswechseln. Die Verspannung hält unser Gerät zusammen. Auf sie und die Rohre müssen wir besonders achten!

Das Gurtzeug

»Wie kann man sich so lange am Steuerbügel festhalten, ohne herunterzufallen«, fragte schon der eine oder andere Zuschauer und wir mußten dabei das Schmunzeln unterdrücken. Natürlich wissen wir einigermaßen Bescheid über die Funktion des Gurtzeugs. Haben wir uns aber schon einmal weitergehende Gedanken darüber gemacht, welche Vor- und Nachteile die einzelnen Aufhängesysteme vorweisen, und wie wir ein für unsere Verhältnisse optimales, d.h. sicheres, bequemes und leistungsfähiges Gurtzeug erhalten können? Wenn nicht, so können wir das jetzt nachholen.

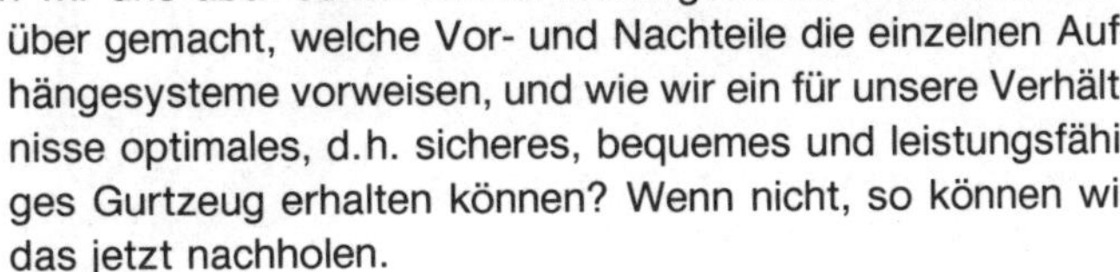

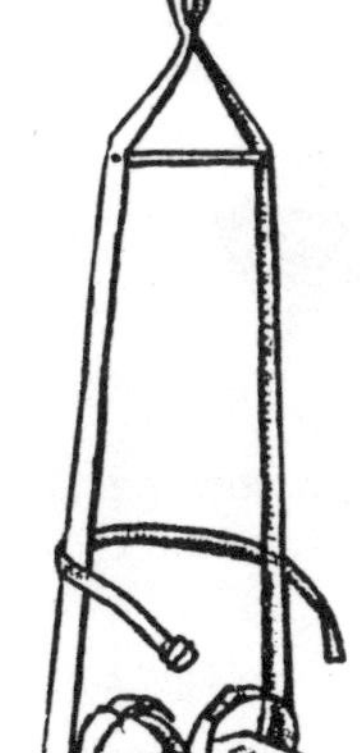

Abb. 19: **Sitzgurt**

GURTSYSTEME

Beginnen wir einmal mit dem **Sitzgurt** (Abbildung 19). Früher einmal das Erkennungszeichen eines Anfängers, ist er heute weitgehend von der Bildfläche verschwunden. Denn während noch vor wenigen Jahren nahezu alle Drachenflugschulen die Neulinge mit dieser Aufhängung in die hohe Kunst des Fliegens einweihten, sind heute Hängegurte ›in‹, die ein schrittweises und problemloses Umsteigen auf die Liegendposition erlauben.

Die Sitzendposition hat *aerodynamisch große Nachteile,* denn sie erzeugt etwa zwei- bis dreimal so viel schädlichen Widerstand wie die Liegendposition, was sich besonders bei hohen Geschwindigkeiten negativ auf die Flugleistung auswirkt.
Durch den tieferen Pilotenschwerpunkt – beim Sitzendflug etwa in Höhe des Steuerbügels, beim Liegendflug deutlich darüber – erfordern Steuerbewegungen aufgrund des längeren Hebelarmes weniger Kraft. Auf der anderen Seite ist der Aktionsradius des Piloten besonders beim Steuern um die Querachse stark eingeschränkt, denn zwischen ›voll gedrückt‹ und ›voll gezogen‹ liegt nur eine Armlänge – selbst eine sogenannte ›Speed-Bar‹ ändert an diesem Mißstand nur wenig. (Die ›Speed Bar‹ ermöglicht durch eine Aussparung an der Steuerbügelbasis weitere Steuerausschläge beim Ziehen.)
Start und Landung bringen kaum Probleme, weil sich der Pilot in diesen kritischen Phasen voll konzentrieren kann und nicht durch das Einsteigen in den Gurt oder durch das Umschwenken von der aufrechten in die waagrechte Position abgelenkt wird. Allerdings können sich wegen des relativ tiefen Pilotenschwerpunktes die Gurte erst nach einer längeren Anlaufphase straffen, während dies bei der Liegendposition schon im Stand möglich ist. Piloten mit kurzen Armen haben beim Landen oft Schwierigkeiten, denn der Steuerbügel kann aufgrund seiner Stellung nur begrenzt herausgedrückt werden.
Die Beine samt Gesäßpartie befinden sich beim Sitzendflug unterhalb der Steuerbügelbasis und können bei harten Landungen als ›Stoßdämpfer‹ fungieren.

Der **Supinegurt** (Siehe Abbildung 20) vermittelt die *sicher komfortabelste Art zu fliegen.* Bequem kann sich der Pilot während des Fluges zurücklehnen und wie im Ohrensessel am Kamin träumen. Aerodynamisch gesehen ist die Supine-Haltung eine Art Kompromiß zwischen Sitzend- und Liegendfliegen – je weiter wir den Oberkörper dabei zurücknehmen, desto günstiger werden die Widerstandswerte.
Ansonsten gelten die Argumente für und wider das Sitzendfliegen auch für die Supine-Position, wobei ein Pluspunkt bisher unerwähnt blieb: Das Blickfeld ist bei beiden Haltungen bedeutend größer als im Liegendflug und die Nackenmuskulatur wird auch bei längeren Flügen kaum strapaziert.

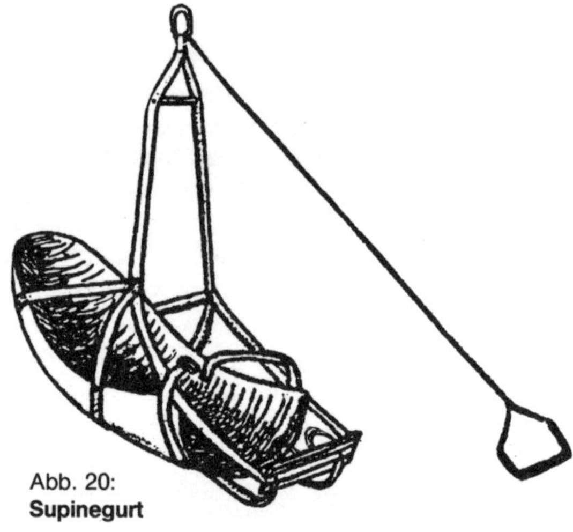
Abb. 20:
Supinegurt

Liegegurte

Die *Liegendposition* ist sicher die schönste Art zu fliegen. »Vögel fliegen liegend«, gab ein Anhänger dieser Methode eine knappe Antwort darauf, warum er nicht etwa sitzend oder ›supine‹ fliege. Und in der Tat läßt sich das Gefühl, wie ein Vogel durch die Lüfte zu schweben am ehesten auf diese Art erreichen. Dazu bietet die Liegendposition eine ganze Reihe weiterer Vorteile.

Da ist einmal der *stark reduzierte Körperwiderstand* des Piloten und der *große Aktionsradius* besonders im Bereich der Steuerung um die Querachse (2 Armlängen: von etwa ½ Meter über dem Kopf bis knapp über die Knie). Die größeren Möglichkeiten bei der Steuerung bilden natürlich bei widrigen Windverhältnissen eine Sicherheitsreserve, die nicht zu verachten ist.

Bei einem Crash sind Kopf und Oberkörper stark gefährdet. Andererseits berührt bei einer harten Landung der Steuerbügel den Boden zuerst und mildert die Wucht des Abfangens – der Pilot kann im Gurtzeug nach vorne durchpendeln. Es hängt wohl von den konkreten Umständen eines Crashs ab, ob das Sitzend- bzw. Supinefliegen oder die Liegendposition Vorteile im Bereich der Pilotensicherheit bringt.

Ein gewisser Unsicherheitsfaktor beim *Start* und bei der *Landung* ist im Positionswechsel zu sehen.

Abgesehen von der grundsätzlichen Überlegung liegend zu fliegen, können wir zwischen drei verschiedenen Liegeschürzen auswählen: *Kniehänger, Beinstrecker und Schlafsack (auch Cocoon)* genannt. (Siehe Abbildung 21 a-c). Von den immer häufiger benutzten Integralgurten wird später die Rede sein.

Der **Kniehänger-Gurt** ist für ungeübte Piloten sicherlich empfehlenswert, denn das Umschwenken in die Liegendposition erfolgt relativ problemlos. Andererseits können die Kniehänger beim *Start* und bei der *Landung* stören, indem sie bei gestrafftem Gurtzeug die Beine hochziehen. Da der Pilot im Vergleich zum Beinstrecker und Schlafsackgurt vor dem Umschwenken höher hängt, ist die Steuerbarkeit des Gerätes in der aufrechten Position etwas eingeschränkt. Einmal in der Luft, sind diese Probleme jedoch schnell vergessen.

Der **Beinstrecker-Gurt** bietet größeren Komfort als der Kniehänger, besonders in Turbulenzen hält er den Piloten ›kompakter‹ zusammen. In der *Startphase* jedoch

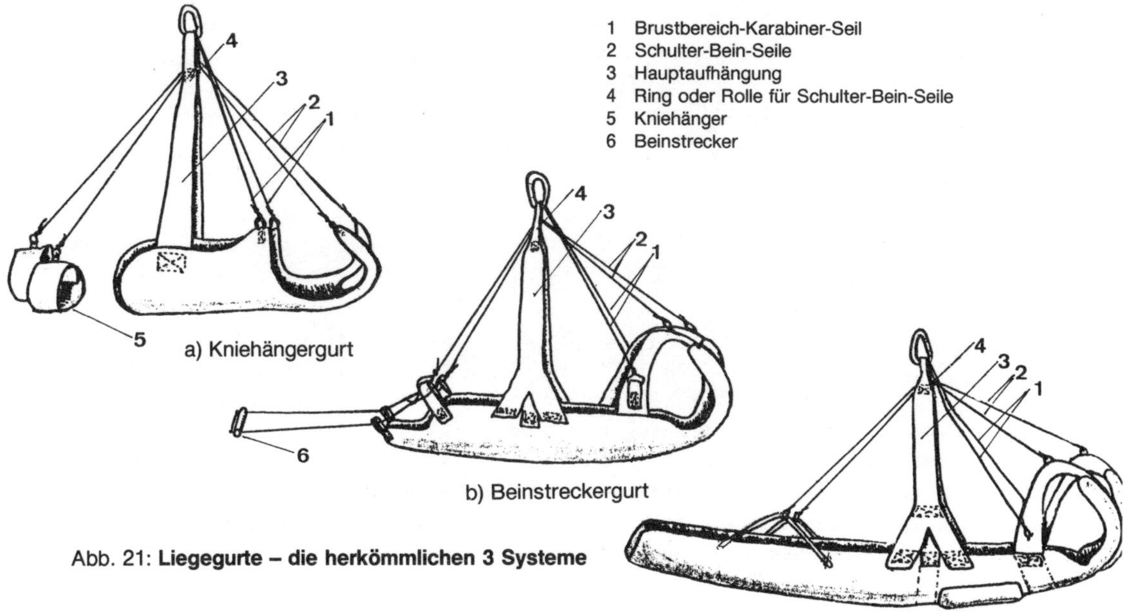

Abb. 21: **Liegegurte – die herkömmlichen 3 Systeme**

war er schon Ursache vieler Crashs, denn beim *Einsteigen in den Strecker* verlieren ungeübte Piloten leicht die Kontrolle über ihr Gerät – der überzogene Flugzustand und das anschließende Abschmieren kann nur durch erhöhte Aufmerksamkeit und Routine verhindert werden. Wichtig ist deshalb, mit dem Einsteigen zu warten, bis eine stabile Fluglage erreicht ist.

Bei längeren Flügen kann der Beinstrecker ermüdend wirken, weil sich der Pilot aktiv strecken muß.

Der **Schlafsack-Gurt** setzte sich Anfang der 80er Jahre immer mehr durch. Als Modeerscheinung aus den USA oder als eine wirklich gewinnbringende Neuerung? Das letztere traf zu, die *Vorteile dieses Systems* lagen klar auf der Hand. Vor allem aus *aerodynamischer Sicht,* denn von allen erhältlichen Systemen wies der schädliche Widerstand hier die geringsten Werte auf.

Auch für fortgeschrittene Piloten kann das *Einsteigen in den Strecker- oder Schlafsack-Gurt* zum Problem werden, besonders wenn sie ein anderes Gurtsystem gewohnt sind. Bei ruhigen Verhältnissen können wir den Strecker oder den Fußteil des Kokon mit der Hand zu den Fußsohlen führen. Sinnvoller erscheint es, durch bewußtes und regelmäßiges Training – notfalls auch an einem Ast hängend – das Einsteigen so zu automatisieren, daß die Hilfe mit der Hand überflüssig wird. *Günstig fürs Einsteigen* ist eine noch *aufrechte Körperhaltung;* wird der Oberkörper vorgebeugt, rutscht das Fußende des Gurtes hoch und wir müssen uns beim Einsteigen abstrampeln.

In den Schlafsack-Gurt steigen wir mit *angewinkeltem und nach außen abgespreiztem Knie* ein, sonst wird der Fußteil durch das Knie weggedrückt. Seit Mitte der 80er werden Integralgurte angeboten, bei denen der Widerstand weiter reduziert ist, weil sie den Körper und die Beine des Piloten in der Luft vollkommen umschließen. Der finanzielle Aufwand zahlt sich in der Luft bei Hochleistungsgeräten aus, während das leichte Einsteigen in der Startphase Vorteile bietet. Egal, für welches System wir uns letztendlich entscheiden, es sollte den Sicherheitsanforderungen des nationalen Verbandes genügen und folgende *Kriterien* erfüllen:

Auch für fortgeschrittene Piloten kann das *Einsteigen in den Strecker- oder Schlafsack-Gurt* zum Problem werden, besonders, wenn sie ein anderes Gurtsystem gewohnt sind. Bei ruhigen Verhältnissen können wir den Strecker oder den Fußteil des Kokon mit der Hand zu den Fußsohlen führen. Sinnvoller erscheint es, durch bewußtes und regelmäßiges Training – notfalls auch an einem Ast hängend – das Einsteigen so zu automatisieren, daß die Hilfe mit der Hand überflüssig wird. *Günstig fürs Einsteigen* ist eine noch *aufrechte Körperhaltung;* wird der Oberkörper vorgebeugt, rutscht das Fußende des Gurtes hoch und wir müssen uns beim Einsteigen abstrampeln.

In den Schlafsack-Gurt steigen wir mit *angewinkeltem und nach außen abgespreiztem Knie* ein, sonst wird der Fußteil durch das Knie weggedrückt.

In den Schlafsack-Gurt steigen wir mit *angewinkeltem und nach außen abgespreiztem Knie* ein, sonst wird der Fußteil durch das Knie weggedrückt. Seit Mitte der 80er werden Integralgurte angeboten, bei denen der Widerstand weiter reduziert ist, weil sie den Körper und die Beine des Piloten in der Luft vollkommen umschließen. Der finanzielle Aufwand zahlt sich in der Luft bei Hochleistungsgeräten aus, während das leichte Einsteigen in der Startphase Vorteile bietet. Egal, für welches

System wir uns letztendlich entscheiden, es sollte den Sicherheitsanforderungen des nationalen Verbandes genügen und folgende *Kriterien* erfüllen:

- *durchgehende Hauptgurte*
- *Schutz gegen Herausfallen nach hinten*
- *Schutz vor irrtümlich falschem Gebrauch.*

Übersicht über die verschiedenen Gurtsysteme
(z. T. nach ›Drachenflieger‹)

	Sitzend	*Supine*	*Kniehänger*	*Beinstrecker*	*Cocoon*	*Cocoon mit integr. Fallschirm u. Kniehänger*	*Integral*
Start* (Sicherheit – Einfachheit)	+	+	○	○ –	–	○ +	+
Aerodynamische Eigenschaften	–	○ –	+	+	+	++	++
Widerstand bei							
30 km/h	1,5 kp	1 kp	0,7 kp	0,7 kp	0,7 kp	0,6 kp	0,6 kp
60 km/h	6,5 kp	4,4 kp	3,8 kp	3,8 kp	3,0 kp	2,6 kp	2,6 kp
Sicht	+	+	–	–	–	–	–
Geschwindigkeitsbereich	–	–	++	++	++	++	++
Bequemlichkeit (Ermüdung, Schutz vor Kälte)	+	++	○	○	+	+	+
Landung	+	+	○	+	+	○	+

* fällt bei routinierten Piloten kaum ins Gewicht!
(++ sehr gut, + gut, ○ zufriedenstellend, – mangelhaft)

Abb. 22: **Moderner Integralgurt**
Aerodynamische Vorteile, gepaart mit Liegekomfort und Wärmeschutz. (Helmut Prieler)

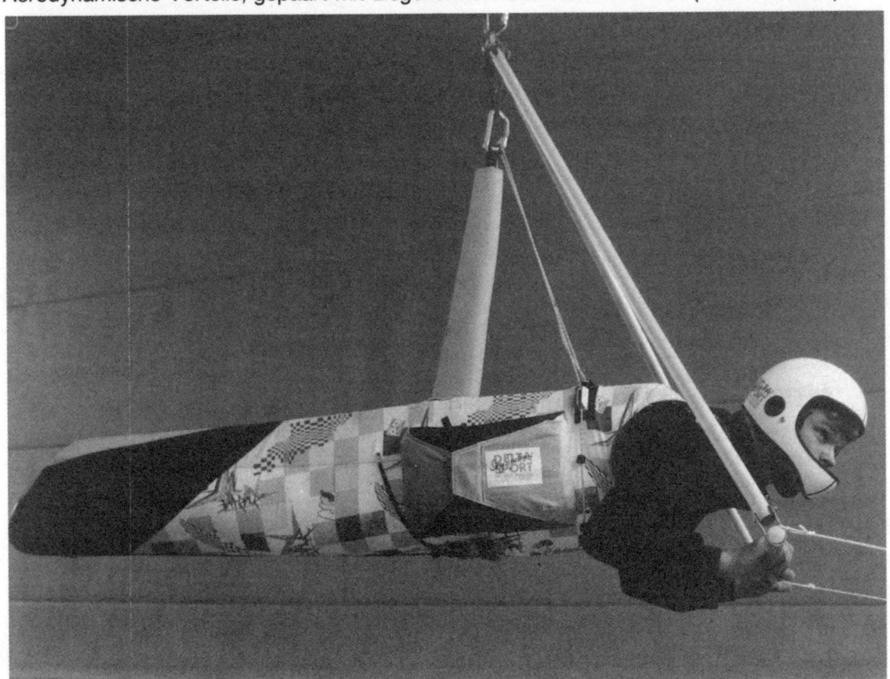

WIE MAN SICH BETTET, SO (F)LIEGT MAN: EINSTELLEN DER GURTE

Das Einstellen unseres Gurtes wird der Verkäufer, meist unser Drachenfluglehrer, gerne übernehmen. *Alle tragenden Seile oder Gurte sollten in etwa gleichmäßig belastet sein.* Am besten, wir steigen in den Gurt und befestigen ihn an einem Haken. So können wir Seil- und Gurtspannung leicht überprüfen. Wichtig, daß der Gurt unserer Körpergröße entspricht und wir die Beine bequem strecken können. Eventuell müssen wir die Schulter-Bein-Seile etwas nachlassen oder spannen. Um der empfindlichen und im Fluge besonders belasteten Schulterregion nicht das Blut abzuschnüren, darf die Spannung der Schulter-Bein-Seile nicht zu straff ausfallen. Wenn wir das Seil von unserem Brustbereich zum Karabiner etwas spannen, verschaffen wir dem Schulterbereich Entlastung.

Die *Lage des Piloten* gegenüber der Luftströmung sollte möglichst günstig sein, d.h. beim Liegendflug ungefähr parallel zur Flugbahn verlaufen. Bei einer Gleitzahl von 10 und einer Körpergröße von 180 cm wären also die Beine 18 cm höher als der Kopf. Die gewünschte Lage des Piloten ist leicht durch einen Arretierungsknoten an den Schulter-Bein-Seilen und die entsprechende Länge des Brustbereich-Karabiner-Seiles zu fixieren.

Haben wir den Gurt so eingestellt, daß wir stundenlang ermüdungsfrei und bequem darin liegen können (die Nackenmuskulatur ausgenommen), können wir die *Aufhängung der Trapezhöhe unseres Gleiters anpassen.* Beim Liegendflug muß der Pilot im gesamten Schwenkbereich des Steuerbügels ohne Berührung der Basis frei durchpendeln können; als ideal gilt ein Abstand von einer Handbreite zwischen Gurt-Unterseite und Basisrohr. Daß sich manche Wettkampfpiloten zur Verringerung des schädlichen Widerstandes etwas höher hängen, soll uns hier nicht weiter interessieren.

Bei Sitzend- und Supine-Gurten befindet sich die Basis bei gespannter Aufhängung etwas unterhalb des Nabels. Da die Hauptaufhängung der meisten Gurte unverstellbar ist, erfolgt die Einstellung der Aufhänge-Höhe durch eine Anpassung oder ein Auswechseln der Hauptaufhängung unseres Drachens. Zusätzliche Karabiner zur Verlängerung kommen nur als Übergangslösung in Betracht.

SICHERE KNOTEN

Wollen wir unseren Gurt zuverlässig einstellen, müssen wir Knoten beherrschen, die unter Belastung sicher halten, bei Bedarf aber leicht zu öffnen sind. Leider gehören Knoten in den wenigsten Drachenflug-Schulen zum Standard-Repertoire und viele Piloten ›erfinden‹ deshalb merkwürdige, meist unsichere Konstruktionen. So mußten es die Zuschauer einer deutschen Meisterschaft im Drachenflug mit anschauen, wie sich ein Pilot mühsam am Steuerbügel festklammerte und auf der Landewiese eine Bauchlandung fabrizierte – während des Fluges hatte sich ein Knoten seiner Gurtaufhängung gelöst!

An dieser Stelle sollen zwei sichere Knoten vorgestellt werden, die zum Standard-

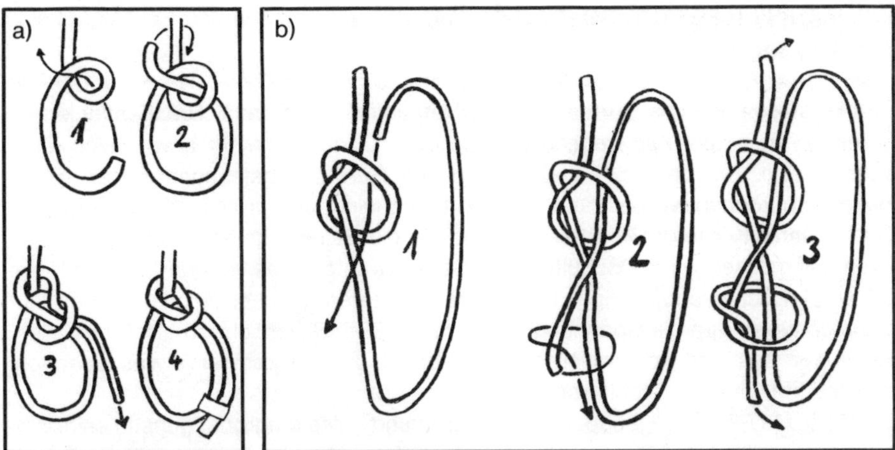

Abb. 23: **Sichere Seilknoten**
Der *Palstek* (a) eignet sich besonders für das Befestigen der Gurtseile. Der *Spierenstich* (b) ist leicht verstellbar und kann z. B. zur Herstellung von Sicherungsschlaufen verwendet werden. Bei extrem hohen Zugbelastungen schwächt der Spierenstich die Seilstruktur weniger als der Palstek. Die freien Seilenden der Knoten sollten sicherheitshalber mindestens 10 cm überstehen und mit einem Zusatzknoten oder einem Isolierband fixiert werden (siehe a4).

Repertoire eines jeden Piloten gehören sollten. Natürlich müssen wir diese erst üben und sollten sie auch *nur dann verwenden, wenn sie hundertprozentig sitzen.* Auf Abbildung 23 sehen wir die Herstellung des **Palsteks** und des **Spierenstichs.**

DOPPELTE SICHERHEIT

Verwunderlich stimmt es, bisweilen auf Piloten zu treffen, die Tausende in vermeintlich unentbehrliche Zusatzausrüstung investieren, jedoch jede Mühe für eine sichere Aufhängung scheuen. Denn diese ist für wenig Geld zu haben und kostet nur einige Minuten zusätzlicher ›Arbeit‹. Zunächst sollte neben der Aufhängeschlaufe oder -öse des Drachens eine **zusätzliche Sicherungsschlinge** angebracht werden (am besten aus einem Bergsteigerseil von mind. 9 mm Durchmesser oder einem Schlauchband), die gegen Verrutschen gesichert werden muß.
Dann nehmen wir uns die Zeit, die Verbindung zwischen Gurtzeug und Fallschirm mittels Verbindungsleine zusätzlich zu sichern. Obwohl unsere **Karabiner** *(natürlich aus Stahl, mit Schraubverschluß!)* Bruchlasten von über 5000 Kilopond (vertikal) garantieren, können sie durch Materialfehler bzw. -ermüdung, harte Crashs oder durch mißbräuchliche Verwendung (Abschleppen von Autos, Querlage) zu Bruch gehen; die Horror-Vision, nach einem harten Entfaltungsstoß des Fallschirms getrennt von diesem mit unserem Drachen zur Erde zu rasen, scheint nicht gerade beruhigend. *Am besten, wir verbinden Gurtezeug und Fallschirm-Verbindungsleine mit zwei Schraubkarabinern* – ihre geschlossenen Seiten können wir durch ein

Isolierband locker so miteinander verbinden, daß beim Öffnen und Schließen keine Zeit verlorengeht.
Wem der Aufwand eines zweiten Karabiners zu groß erscheint, der kann die *Verbindung zwischen Fallschirm und Gurtaufhängung durch einen* **Schäkel** ohne scharfe Kanten zusätzlich sichern. (Abbildung 24)

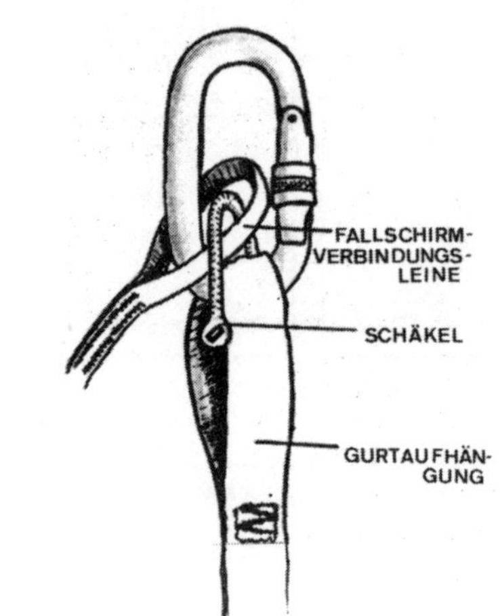

Abb. 24: **Doppelte Sicherheit**
Durch einen Schäkel (oder eine Seilschlaufe, 10 mm) zwischen Gurtaufhängung und Fallschirmverbindungsleine hängt man auch nach einem Karabinerbruch am Fallschirm. Damit sich die Fallschirmverbindungsleine nicht an der Karabinerverschraubung verhängen kann und der Karabinersteg beim Öffnungsstoß nicht überlastet wird, werden Karabinerverschraubung und Fallschirmverbindungsleine durch die Gurtaufhängung getrennt.

Das Rettungs-System

Die Einführung des Fallschirms als Rettungssystem bedeutete eine wesentliche Neuerung im Bemühen um mehr Sicherheit für uns Piloten. Allerdings ist auch das beste System nur so viel wert, wie seine mühelose, schnelle und effektive Auslösung im Notfall.
Die *Anbringung des* ***Fallschirms*** *auf dem Gurtzeug* sollte im unteren Brustbereich des Liegegurtes erfolgen, damit wir den Auslösegriff auf kürzestem Wege erreichen.

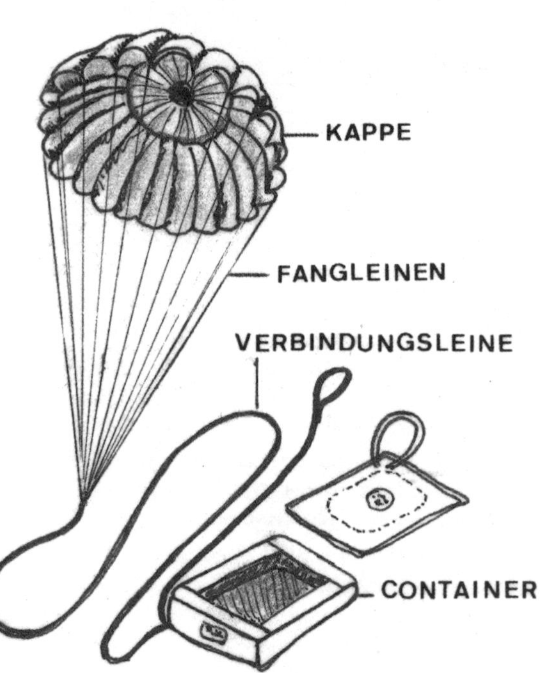

Abb. 25a:
Fallschirm-Rettungssystem
(Außencontainer vergrößert)

Der Container darf dabei allerdings nicht zu knapp aufgenäht werden, sonst könnte der Schirm unter dem Druck des Pilotengewichtes unbeabsichtigt herausfallen.
Verwicklungen im Notfall lassen sich leicht vermeiden, wenn wir die Verbindungsleine zum Karabiner auf der richtigen Seite hochführen: Rechtshänder z.B. am rechten Hauptaufhängungsgurt.
Wollen wir einen Fallschirm kaufen, sollte dieser den Sicherheitsanforderungen des deutschen *Gütesiegels* oder eines ähnlichen Nachweises entsprechen. Dazu gehört eine schnelle, sichere Auslösung, strukturelle Festigkeit und eine ausreichende Bremswirkung (über 7,5 m pro Sekunde Fallgeschwindigkeit – dies entspricht einem freien Fall aus 3 m Höhe – sind zuviel!).
Der **Griff** muß *gut erreichbar und auch für eine Auslösung mit dicken Fäustlingen geeignet sein.* Viele Fabrikate lassen in dieser Hinsicht leider schwere Mängel erkennen.
Zur Zeit stehen zwei grundsätzlich verschiedene **Rettungssysteme** zur Auswahl:

- *mit der Hand auszulösende Systeme* und
- *mehr oder weniger automatisch auslösende Systeme.*

Die zur 1. Kategorie zählenden Systeme haben den Vorteil, daß sie billiger sind und daß der Pilot jederzeit das Gefühl haben kann, die Probleme ›im Griff‹ zu behalten. (Dies kann sich allerdings bei nicht so abgeklärten Typen im Ernstfall auch als Nachteil erweisen.)

Abb. 25 b:
Fallschirmrettung
(Ikarus Comco)

Bei den mit der Hand auszulösenden Rettungs-Systemen müssen wir 2 Alternativen unterscheiden: **Fallschirme ohne und mit Innencontainer.** Letztere öffnen zwar etwas langsamer, verheddern sich aber kaum im defekten Gerät und setzen sich mehr und mehr durch. Die handausgelösten Systeme haben allesamt den Nachteil, daß sie eine relativ lange Auslösezeit benötigen und bei Ohnmacht des Piloten versagen.

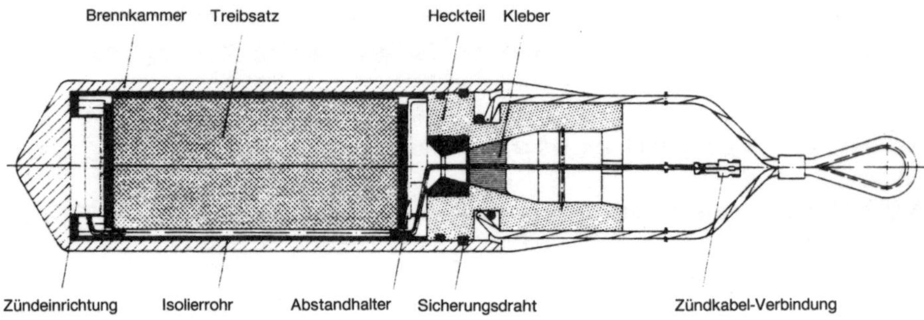

Abb. 26: **Ikarus-Flugrettungssystem mit Raketenauslösung** (siehe Konstruktionszeichnung): Rettung auch in niederen Höhen möglich.

Automatisch auslösende Systeme katapultieren den Schirm über eine Feder, ein Gummi oder – der neueste Schrei – über eine Rakete heraus. Durch die rasante Straffung der Fang- und Verbindungsleinen entfaltet sich der Schirm schneller als bei herkömmlicher Auslösung. Ein weiterer Vorteil besteht darin, daß bei Gerätebruch ausgelöst werden kann, bevor die Schrecksekunde oder gar eine Ohnmacht des Piloten daran hindert (Abbildung 26). Diesem Vorteil steht allerdings ein höherer Preis und mehr Komplexität gegenüber.

PFLEGE UND WARTUNG

Soll das Rettungs-System funktionieren, benötigt es Pflege und Wartung. Besonders deshalb, weil unser Leben im buchstäblichen Sinne daran hängen kann. Die vom Hersteller geforderten Pack- und Inspektionsintervalle sind einzuhalten, wobei die Wartung nur von geprüften Fachleuten vorgenommen werden sollte. Ist der Fallschirm naß geworden, können wir ihn selbst aus dem Container nehmen und bei gemäßigten Temperaturen trocknen lassen. Keinesfalls darf das UV-Strahlenempfindliche Schirmmaterial für längere Zeit der Sonne ausgesetzt werden, sonst leidet dessen Bruchfestigkeit empfindlich. Auch Säuren, Öle und Fette sind vom Fallschirm fernzuhalten – sie könnten die feine Materialstruktur zerstören. Diese Maßregeln gelten sinngemäß auch für das Gurtzeug, dessen Zustand (vor allem Nähte!) von Zeit zu Zeit zu überprüfen ist.
Aus Gründen der Materialermüdung ist es problematisch, Fallschirme zu kaufen, die über 5 Jahre alt sind; wir sollten nicht am falschen Fleck sparen.

Instrumente

Es gibt Drachen, deren Steuerbügel fast dem Cockpit eines Düsenjets gleicht. Zwar sind oft nicht alle ›Bordinstrumente‹ sinnvoll, eine Grundinstrumentierung mit Geschwindigkeits- und Höhenmesser sowie einem Variometer hat sich jedoch auch für den Durchschnittspiloten bewährt und ist für den Leistungsflug unentbehrlich.

DER FAHRTMESSER

Besonders für den Anfänger ist der Fahrtmesser eine fast unverzichtbare Hilfe bei der Einhaltung der richtigen Eigengeschwindigkeit. Zwar sollte ein gut getrimmter Gleiter von allein die notwendige Eigengeschwindigkeit aufnehmen – aber gerade in psychologischer Hinsicht hat es sich als sinnvoll erwiesen, wenn der Pilot sich durch einen kurzen Blick auf den Fahrtmesser davon auch überzeugen kann. Da gewisse Hersteller dazu neigen, irreale, d.h. zu niedrige Geschwindigkeitsangaben für den Strömungsabriß anzugeben, sollten Anfänger nicht bis an die untere Grenze des angegebenen Geschwindigkeitsbereiches gehen. Für die oft zu hoch angegebene Maximalgeschwindigkeit gilt im übrigen dasselbe. (Daß Minimal- und Maximalgeschwindigkeit auch höhen- sowie gewichtsabhängig sind, wird in Kap. VIII., S. 180f. gezeigt.)
Weil unsere Geschwindigkeitsmesser falsche Werte anzeigen, wenn wir sie nicht genau ausrichten, befestigen wir an ihnen ein Wollfädchen, welches uns das Nachjustieren erleichtert. Besonders Geschwindigkeitsmesser mit Venturi-Düse (›Winter‹) neigen dazu, niedrigere Geschwindigkeiten anzuzeigen, wenn die Düse nicht genau in Richtung der anströmenden Luft zeigt.
Zu beachten ist ferner, daß die anströmende Luft auf der Unterseite des Flügels, also genau da, wo der Fahrtmesser angebracht wird, etwas langsamer strömt als mit der tatsächlichen Eigengeschwindigkeit.
Dem erfahrenen Streckenflugpiloten dient der Geschwindigkeitsmesser zur Optimierung der Fluggeschwindigkeit unter den jeweiligen Windverhältnissen. Doch davon später im Zusammenhang mit dem MacCready-Ring.

DER HÖHENMESSER

Dieses Gerät ist eine billige Anschaffung und ermöglicht, die Flughöhe, den tatsächlich erreichten Höhengewinn und vor allem die noch vorhandene Höhenreserve zu ermitteln. Der Höhenmesser ist vor allem für Fortgeschrittene unerläßlich, um beim Thermik- und Streckenflug die Chancen und Möglichkeiten zu erweitern. Aber auch Anfänger können von ihm profitieren, wenn sie z.B. über dem Landeplatz ihren klassischen Landeanflug einteilen müssen. Außerdem wollen wir wissen, welchen Höhengewinn wir nun wirklich erflogen haben: ›Stop guessing your altitude‹ wirbt

denn auch ein Hersteller im englisch-sprachigen Raum. Im allgemeinen wird der *Höhenmesser am Landeplatz auf Null* gestellt, damit er die tatsächlich noch vorhandene Flughöhe anzeigen kann **(Einstellung QFE).**
Bei *Streckenflügen* ist es allerdings günstiger, *die Einstellung auf Meereshöhe* zu beziehen **(Höhe über NN oder MSL: Einstellung QNH).** Da Höhenmesser auf barometrischer Basis funktionieren, geben sie uns auch Hinweise auf die aktuelle Wettervorhersage. Steigt am selben Ort die angezeigte Höhe, so ist dies mit dem Fallen des Barometers gleichzusetzen, d.h., wir haben eine Wetterverschlechterung zu erwarten.

DAS VARIOMETER

Wörtlich bedeutet dieses Wort Veränderungsmesser – beim Fliegen messen wir damit die Sink- oder Steiggeschwindigkeit des Gleiters. Die Angabe erfolgt in m/s, bei US-Produkten in feet/min.
Die gebräuchlichen Geräte könnte man *›Brutto-Variometer‹* nennen, *denn sie zeigen die Luftmassen-Vertikalbewegung plus das Eigensinken des Drachens an.* Bei Fahrtänderungen ist es deshalb oft schwer, zwischen aufsteigenden Luftmassen und sogenannter ›Bügelthermik‹ zu unterscheiden (hier wird wie bei einer Achterbahn Fahrt in Höhe umgesetzt).
Mit Ausnahme des *Drucksondenvarios* arbeiten alle Variometer nach dem selben Prinzip: Sie messen die Änderungen des statischen Drucks mittels einer Düse oder eines Röhrchens nach dem Druck-Differenz-Verfahren. Entsteht nun ein Druckgefälle zwischen der innerhalb und der außerhalb des Ausgleichsgefäßes befindlichen Luftmasse – dies ist bei Steigen oder Sinken immer der Fall – wird dieses vom Variometer so lange gemessen, bis keine Vertikalbewegung mehr erfolgt und über den Düsen-Kapillar-Spalt oder eine Röhre der Druckausgleich wiederhergestellt ist.
Das Druckgefälle zwischen Ausgleichsgefäß und Außendruck kann entweder direkt (Dosen-Variometer, Stauscheiben-Variometer, Drallband-Variometer) oder mittelbar über die Abkühlung elektrischer Widerstände durch die Ausgleichsströmung (E-Vario mit Ausgleichsgefäß) angezeigt werden.
Bevor wir uns zum Kauf eines Varios entschließen, wollen wir die *Funktionsprinzipien* sowie *Vor- und Nachteile dreier im Drachenflug gebräuchlicher Vario-Systeme* anschauen.
Da ist einmal das *mechanische Stauscheiben-Vario,* bei dem der Druckunterschied mittels einer drehbaren Metallfahne (Stauscheibe) gemessen wird, die um eine zentrale Achse gelagert und mit einer Rückholfeder versehen ist. Ausgelenkt wird sie durch den Ausgleichsstrom, der durch einen Kapillarspalt fließen kann. (Siehe Abbildung 27, Stauscheiben-Vario.) Besonders bei einem großen Ausgleichsgefäß spricht das Stauscheiben-Variometer relativ schnell an, hat aber den Nachteil, daß die Anzeigenadel nur langsam wieder zurückwandert. Es ist vergleichsweise billig und bei schonender Behandlung (vor Erschütterung, Nässe und Schmutz schützen) sehr zuverlässig.

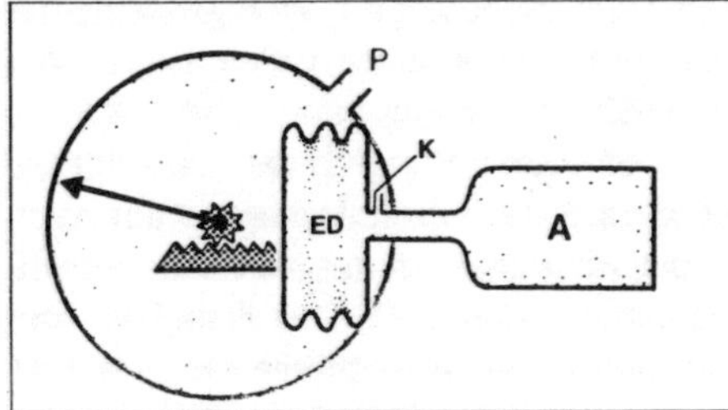

DOSENVARIOMETER

p : statischer Druck
ED : elastische Dose (luftgefüllt)
A : Ausgleichsgefäß
K : Kapillare

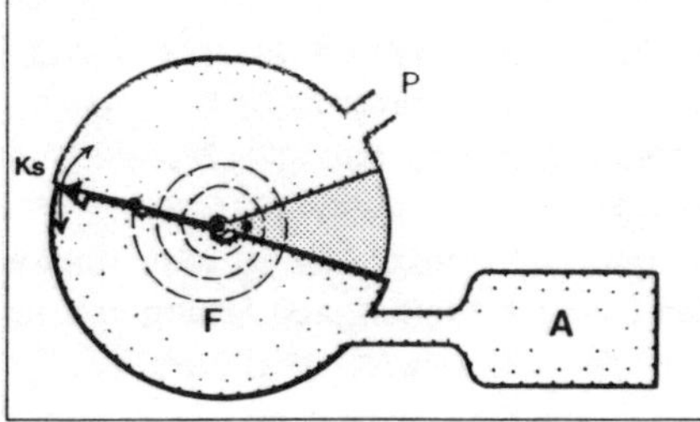

STAUSCHEIBENVARIOMETER

p : statischer Druck
A : Ausgleichsgefäß
F : Spiralfeder
Ks : Kapillarspalt

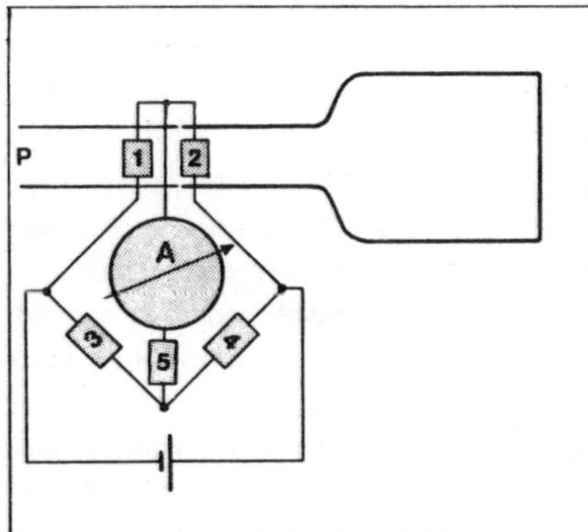

ELEKTRISCHES VARIOMETER

p : statischer Druck
1, 2 : temperaturabhängige, genau gleiche Widerstände (z. B. NTC)
3 : Festwiderstand
4 : Regelwiderstand für 0-Punkt-Verstellung
5 : Widerstand für jeweiligen Meßbereich
A : Anzeigegerät

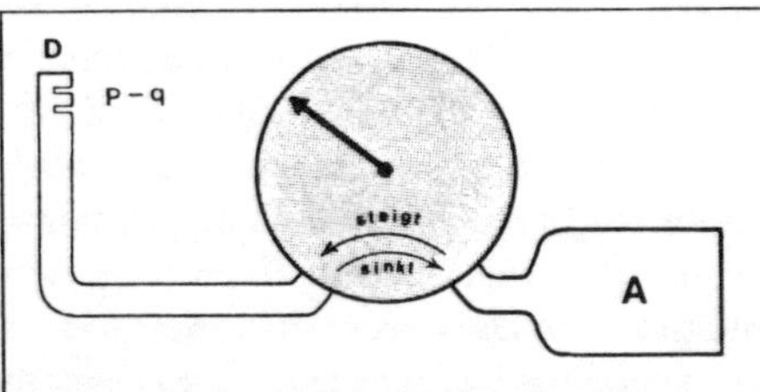

DÜSENKOMPENSIERTES TOTALENERGIE-VARIOMETER

A : Ausgleichsgefäß
p – q : Druck der Düse
D : Düse mit Beiwert 1

Abb. 27: Funktionsschemata von Varios *(aus: Reichmann, Streckensegelflug)*

Der Nachteil den elektronischen Varios gegenüber ist die fehlende Akustik und eine gewisse Verzögerung bei der Anzeige.
Bei den *elektrischen Varios* können wir im wesentlichen zwischen zwei Systemen auswählen: Zwischen den *Varios mit Ausgleichsgefäß* und den *Drucksondenvarios.* Die ersteren arbeiten mit zwei elektrischen Widerständen (Hitzdrähte oder NTC-

Widerstände), die hintereinander in der Ausgleichsleitung liegen. Weil jeweils einer der Widerstände im Windschatten des anderen liegt, kühlt der Ausgleichsluftstrom diese verschieden stark ab und die daraus resultierende Widerstandsdifferenz kann elektrisch verstärkt zur Anzeige gebracht werden. Diese Varios haben den Vorteil, daß sie nahezu verzögerungsfrei ansprechen und die Vertikalbewegungen auch akustisch anzeigen können. Dadurch kann der Pilot seine ganze Aufmerksamkeit dem Fliegen und der Beobachtung des Luftraumes zuwenden. Das Ausgleichsgefäß bringt wie beim mechanischen Variometer jedoch auch Nachteile mit sich: Das Gerät fällt relativ groß aus und der Nullpunkt kann bei schlechter Isolierung des Ausgleichsgefäßes wandern. Eine gute Isolierung und die Lagerung des Varios an einem schattigen, zugigen Ort vermeiden das lästige Problem der Nullpunkt-Wanderung. Füllen wir das Ausgleichsgefäß locker mit Kupferdrahtwolle bzw. einem Topfkratzer, erreichen wir dadurch einen beschleunigten Druckausgleich und somit ein schnelleres Zurückwandern der Varionadel.

Das *Drucksonden-Vario* mißt die Veränderungen des statischen Drucks mittels einer Drucksonde. Mit Höhenänderungen geht eine Spannungsänderung an der Drucksonde einher, die elektronisch nach der Zeit differenziert und zur Anzeige gebracht wird.

Die *Vorteile des Drucksonden-Varios* liegen auf der Hand: Handliche Größe, relativ rasche optische und akustische Anzeige und keine Nullpunkt-Drift. Zudem kann ein elektronischer Höhenmesser an die Drucksonde angeschlossen werden. Leider kosten qualitativ hochwertige Drucksonden ihren Preis (z.Z. um 100 DM), so daß ein gutes Drucksonden-Vario nicht gerade billig ist.

Gegenüber den mechanischen Varios sind E-Varios im allgemeinen etwas störanfälliger und sei es nur deshalb, weil die Batterie oder der Akku leer sein kann.

Vor dem Kauf sollten wir uns bei Freunden umhören und möglichst das eine oder andere Fabrikat selbst testen. Informationen und Berichte in Fachzeitschriften sind eine bessere Entscheidungshilfe als markige Werbesprüche.

Alle drei geschilderten Systeme haben generelle Vor- und Nachteile – wichtigstes Kriterium für einen konkreten Kauf ist die *Zuverlässigkeit des Instruments.* Denn merkliche Nullpunkt-Wanderungen oder gar ein Ausfall des Gerätes können zum unnötigen Abbruch eines vielversprechenden Fluges führen. *Besonders bei mechanischen Varios sollte die Anzeigeverzögerung 3 bis 4 Sekunden nicht überschreiten, 1 bis 2 Sekunden sind ideal.* Elektrische Varios benötigen eine gewisse Dämpfung, damit man nur lohnende Aufwinde annimmt, und nicht durch jede Böe verunsichert wird. Damit wir in Sinkzonen nicht zu langsam fliegen und vor allem zur Optimierung des Kurvenfluges sollte sich der *Tonteil über den ganzen Anzeigebereich* erstrecken – es gibt Varios, die nur einen Steigton besitzen. Nicht zu vergessen ist die *Betriebsdauer,* denn was nützt uns das schönste Vario, wenn es bei jedem dritten Flug ausfällt, weil die Batterie mal wieder leer ist!

Als *Leistungsflieger* müssen wir noch zwei Gesichtspunkte berücksichtigen, denn die Geräte der neuesten Generation weisen Leistungen auf, die den Streckenflug ermöglichen. Um die Flugleistungen bei Rücken- und Gegenwind, sowie bei Steigen und Fallen zu optimieren, müssen wir mit Hilfe eines ›MacCready-Ringes‹ nach den Sollfahrtregeln fliegen. Wir werden später darauf noch zurückkommen, daß man hierzu ein möglichst *weit gespreiztes (270 Grad-Skala) Rundinstrument* mit Analog-anzeige benötigt. Je größer der Anzeigebereich, desto besser – plusminus 5 m/s sind das mindeste; ab 10 m/s wird allerdings die Spreizung und damit die Anzeigegenauigkeit zu klein.

Weiter ist zu überlegen, ob wir uns nicht ein *Totalenergie-kompensiertes Variometer* zulegen wollen. Es eliminiert die sogenannte ›Bügelthermik‹, denn bei Fahrtaufnahme gleicht der steigende Unterdruck der Kompensationsdüse das durch das verstärkte Eigensinken des Gerätes hervorgerufene Steigen des statischen Drukkes (hierdurch wird bekanntlich die Sinkanzeige hervorgerufen) aus. Das Totalenergie-kompensierte Vario, kurz auch TEK-Vario genannt, zeigt also nur noch die durch Luftbewegungen verursachten Veränderungen des Totalenergiesystems unseres Gleiters an, d.h. neben dem polaren Sinken nur noch die reinen Auf- und Abwinde. Da die durch Ziehen und Drücken erfolgenden gegenseitigen Umwandlungen von potentieller und kinetischer Energie vom Vario nicht mehr wahrgenommen werden können, sind Aufwindzonen leichter auszumachen.

Das TEK-Vario eignet sich wegen seiner gegenüber Bügelbewegungen unempfindlichen Anzeige besonders für die Anbringung eines MacCready-Ringes. Nach Befragen des Herstellers über die Anschlußmöglichkeit an der Statikdrucköffnung können wir fast jedes gebräuchliche Vario nachträglich kompensieren. Dabei müssen wir darauf achten, daß die Düse im noch frei angeströmten, vorderen Bereich des ›Cockpits‹ angebracht wird und etwa 20 cm über diesem genau entgegengesetzt zur Flugrichtung zeigt. Bei den relativ niedrigen Geschwindigkeiten des Drachenfluges braucht das Düsenröhrchen nicht wie beim Segelflug 40 bis 70 cm vorstehen. Auf Abbildung 28 sehen wir, nach welchen Maßen eine sogenannte *Zweischlitzdüse* konstruiert wird. Achten wir beim Selberbauen auf äußerste Präzision, so kompensiert diese schiebeunempfindliche Düse zuverlässig die störende ›Bügelthermik‹.

Die Unterbringung von Fahrt- und Höhenmesser sowie des Varios in einem strömungsgünstig geformten *Gehäuse* ist aus praktischen und aerodynamischen Gründen sinnvoll. Bauen wir dabei das *Vario neben den Fahrtmesser* ein, haben wir beim Sollfahrt-Fliegen eine bessere Übersicht. Wird die Meßdüse des Fahrtmessers im vorderen Bereich des ›Cockpits‹ angebracht, können Verwirbelungen den Meßvorgang nicht beeinflussen; hier gilt dasselbe wie für die Kompensationsdüse.

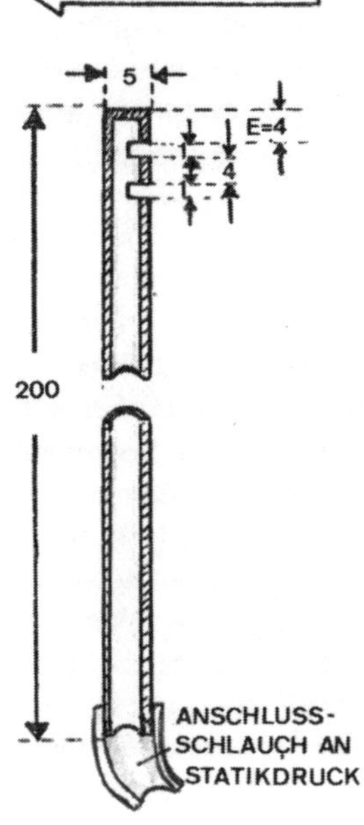

Abb. 28: **Zweischlitz-Kompensationsdrüse** *(nach H. Reichmann)*
Diese schiebe- und anstellwinkelunempfindliche Düse kann leicht im Eigenbau hergestellt werden. Dabei sind die Maße möglichst genau einzuhalten (Angaben in mm). Je kürzer das Endstück E, desto stärker die Kompensation.
Eichung: Schießt die Varionadel bei Geschwindigkeitsänderungen trotz Kompensation über den neuen Wert hinaus und schwingt hin und her, muß die Kompensation durch Verkürzung des Endstückes E (abfeilen) vergrößert werden. Eine zu träge Reaktion des Varios läßt auf Überkompensation schließen: E muß verlängert werden (durch Lötzinn o.ä.).

IV Fliegen wie ein Vogel – Grundlagen der Flugpraxis

Endlich – werden manche erleichtert aufatmen, endlich sind wir beim eigentlichen Thema. Und doch sollen einige allgemeine Bemerkungen vorausgeschickt werden, die dazu beitragen, aus einem 08/15-Flieger einen verantwortungsbewußten und guten Piloten zu machen.

Da ist zunächst einmal ein *Flugbuch,* in das wir jeden Flug mit Start- und Landeplatz, Höhenunterschied, Wind- und Thermikverhältnissen, sowie sonstigen Besonderheiten eintragen. Dieses Flugbuch sollte die Fortschritte und Rückschläge sichtbar machen und es soll dabei helfen, nach und nach theoretisches Licht in manche bisher unverstandene oder falsch interpretierte Vorgänge zu bringen: Wie oft wird z.B. eine ›plötzlich auftretende Böe‹ oder ein ›Luftloch‹ von manchen Anfängern für das Abschmieren verantwortlich gemacht, anstatt den Fehler in einem überzogenen Flugzustand zu suchen.

Durch *Lektüre von Fachbüchern und Fachzeitschriften,* auch aus dem Bereich des Segelflugs, können wir wichtige Erkenntnisse in puncto Aerodynamik, Wetter, Flugtaktik und Sicherheit gewinnen.

Vor allem aber der *Erfahrungsaustausch mit fortgeschrittenen Piloten* bringt mehr nützliche Hinweise als viele gutgemeinte Zeilen. Schließt man sich erfahrenen Fliegern an, so sind Fortschritte in Siebenmeilenstiefeln zu erzielen. Auch wer eine Abneigung gegen ›Vereinsmeierei‹ hegt, muß aus diesem Grunde den Beitritt zu einem Club ernsthaft in Erwägung ziehen. Wir Drachenflieger sind zwar meist Individualisten – unsere Sportart ist jedoch äußerst kommunikativ und die Fachsimpelei gehört zum Fliegen wie das Salz zur Suppe.

Piloten, die sich an diese Richtschnur halten und die praktische sowie theoretische Fliegerei ernst nehmen, werden bei etwas Talent in kurzer Zeit zu den überdurchschnittlichen Drachenfliegern gehören. Eine möglichst häufige Flugpraxis und der gewisse Respekt – ›mutige Flieger werden nicht alt‹ – lassen das Drachenfliegen zu einer tief erfüllenden und relativ gefahrlosen Freizeitbeschäftigung werden.

Halt! Beinahe hätten wir das Wichtigste vergessen: *Das Wetter.* Das Medium, in dem wir uns fortbewegen, ist die Luft. Deren Zustände und Eigenschaften, wie z.B. Feuchtigkeit, Bewegung, Temperatur und Druck machen das Wetter aus. Und wie wohl keine andere Sportart ist das Drachenfliegen extrem wetterabhängig, sowohl in seinen Möglichkeiten, als auch in seinen Gefahren. Für einen seriösen Flieger sollte es deshalb eine Selbstverständlichkeit sein, sich intensiv mit dieser Materie zu befassen.

Dieses Buch kann und soll eine intensive Auseinandersetzung mit dem Thema Flugmeteorologie nicht leisten, hierfür gibt es genügend einschlägige Literatur. Für die Flugpraxis besonders wichtige Wettererscheinungen werden jedoch des öfteren eingeblendet und vor dem Hintergrund ihrer Chancen und Gefahren beleuchtet. Ein gesondertes Kapitel über typische und günstige Flugwetterlagen gegen Ende des Buches rundet dieses Thema ab.

Der Start

Immer wieder liest man in der Zeitung Horrormeldungen wie ›Drachenflieger fällt vom Himmel‹. Erschreckend oft gibt es hierfür zwei simple Erklärungen: Der Pilot hatte sein Gerät nicht richtig aufgebaut oder vergessen sich einzuhängen. Das erinnert verdammt an einen Bergsteiger, der vergißt, sich am Seil festzumachen, oder an einen Fallschirmspringer, der sich ohne Schirm in die Tiefe stürzt. Viele Piloten wiegeln ab: »Das könnte mir nicht passieren.« Wenn sie nur recht hätten!
Die tieferen Ursachen für ein Fehlverhalten bei Aufbau und Start sind in mangelnder Konzentration zu suchen. Unkonzentriert war der Drachenbauer und Exweltmeister Josef Guggenmos, der nach einem gemütlichen Aufenthalt im Gipfelhaus des Tegelbergs schnell noch einen Flug machen wollte. In seiner Eile vergaß er sich einzuhängen, konnte jedoch gerade noch rechtzeitig den Steuerbügel loslassen. Resultat: ›nur‹ ein gebrochenes Bein.
Tödlich dagegen verlief der Unfall eines ›Flachlandpiloten‹ am selben Berg. Auch er hatte vergessen sich einzuhängen, hielt sich jedoch ängstlich am Steuerbügel fest, bis seine Kräfte erlahmten. Sein Fallschirm öffnete sich zwar noch, aber das Gurtzeug hielt dem Entfaltungsstoß nicht stand. Hätte er den Steuerbügel gleich oder erst nach Entfaltung des Schirmes losgelassen, wäre der Unfall sicherlich glimpflich verlaufen. Um das traurige Kapitel zu vervollständigen: Auch der junge Sohn des Betriebsleiters der Tegelberg-Bahn stürzte im vertrauten Gelände zu Tode, weil er vergessen hatte, das Zentralgelenk zu sichern. Fazit dieser, beliebig zu erweiternden Unfall-Liste: Niemals sollte die Konzentration durch eine zu lasche Einstellung oder durch die Angst vor ungewohnten Gelände- oder Wetterverhältnissen beeinträchtigt werden.
Ein automatisierter und äußerst konzentriert durchgeführter **Vorflug-Check** unmittelbar vor dem Start sollte deshalb zur lieben Gewohnheit werden. Denn allzu sorglose Piloten werden so gezwungen, ernsthaft die Funktionsfähigkeit ihres Gerätes zu prüfen und sich auf die Flugaufgabe innerlich vorzubereiten. Ängstliche und mit dem Gelände nicht vertraute Kameraden dagegen werden durch den gewohnten Checkvorgang etwas von ihrer oft unbegründeten Angst verlieren.
Weil wir schon bei der Schulung ein entsprechendes Kontrollverfahren eingeübt haben, ersparen wir uns die detaillierte Beschreibung des Vorflug-Checks. In jedem Falle prüfen wir unser Fluggerät auf Herz und Nieren: Rohre, Kauschen, Verspan-

nungen, Outrigger, Zentralgelenk, Aufhängung und alle wichtigen Verbindungen werden *mit Händen und Augen gleichzeitig* in einer bestimmten Reihenfolge abgetastet. Schließlich peilen wir über die Nase, ob die Symmetrie des Flügels stimmt.

Ist der bunte Vogel wirklich flugbereit, so hängen wir uns mit Helm und Gurtzeug im Gerät ein und führen die obligatorische **Liegeprobe** durch. Ein Helfer hält dabei die Nase des Drachens und wir können uns überzeugen, ob Aufhängung, Gurtzeug und Abstand zur Basis stimmen. Besser als alle anderen Methoden bewahrt uns die Liegeprobe vor unliebsamen Überraschungen. Wer ganz auf ›Nummer Sicher‹ gehen will, befestigt etwa 50 cm vor dem Zentralgelenk ein *farbiges Band an der Kielstange,* das mit dem Gurtzeug angehängt wird. Baumelt dieses Band beim Hochnehmen des Drachens vor unserer Nase herum, so wissen wir rechtzeitig, daß wir uns noch einhängen müssen.

Schon geraume Zeit vor dem Start sind die **Windverhältnisse** sorgfältig zu beobachten, besonders was die Richtung, Stärke, Turbulenz und Böigkeit angeht. Kommt der Wind mit mehr als 45 Grad von der Seite oder gar von hinten, so darf nicht gestartet werden. Das Fliegen bei Windgeschwindigkeiten über 30 km/h kommt nur für erfahrene Piloten und in geeigneten Geländen in Frage. Windgeschwindigkeiten über 50 km/h sind auch bei den besten Verhältnissen wegen der geringen Endgeschwindigkeit unserer Gleiter gefährlich! *Ändert sich die Windgeschwindigkeit innerhalb von wenigen Sekunden um mehr als 10 km/h, so ist ein Fliegen aufgrund der Böen besser zu unterlassen.* Im Zweifelsfalle können einheimische Piloten über eventuell zu erwartende Probleme befragt werden.

Nehmen wir an, die Windverhältnisse sind ideal, Start- und Landeplatz sind frei und wir haben uns mit einem letzten Blick vergewissert, daß wir eingehängt sind. Wir knien uns nieder, nehmen den Drachen auf (dabei kein Rundrücken, damit die Wirbelsäule nicht geschädigt wird!) und richten die Nase im Wind aus, so daß der Flügel gleichmäßig angeströmt wird. Es hat sich als vorteilhaft erwiesen, schon in dieser Phase die Aufhängeseile zu straffen, damit wir das Gerät durch unser Gewicht besser unter Kontrolle halten können – durch Isolierband am Trapez und griffige Handschuhe erhöhen wir unsere Sicherheit zusätzlich. Die gespannten Gurtseile geben uns zudem die Gewißheit, daß wir auch wirklich eingehängt sind. Bevor wir anlaufen, muß der *Anstellwinkel zwischen anströmender Luft und Profil etwa 10 bis 20 Grad* betragen – je steiler das Gelände, desto tiefer müssen wir die Nase halten, ohne zu unterschneiden. Besonders bei Geländeknicken ist der Anstellwinkel der Geländeneigung bzw. der anströmenden Luft anzupassen. Ein Sonderfall ist der **Klippenstart,** denn hier kommt der Wind oft direkt von unten und wird durch die Düsenwirkung verstärkt. Ganz abgesehen davon, daß nur

Abb. 29: **Starthaltung**
Die Oberarme befinden sich hinter, die Unterarme vor den Trapezseitenstangen. Dadurch wird eine bessere Kontrolle des Anstellwinkels während der Anlaufphase erreicht.

geübte Flieger bei Winden bis 20 km/h den Klippenstart ohne fremde Hilfe durchführen können, sind wichtige Sicherheitsregeln einzuhalten. Fatal kann es an der Klippe werden, wenn kurz nach dem Start ein Strömungabriß auf einer Seite erfolgt und das Gerät in die Klippe fliegt. Ist der Anstellwinkel beim Start zu groß, schlägt der Pilot mitsamt seinem Drachen einen Salto rückwärts – dieses ›*Blow-back*‹, endet meist glimpflich. Es ist daher äußerst wichtig, daß der Drachen möglichst weit in den Windstrom gehalten und von diesem gleichmäßig angeströmt wird. Dem richtigen Anstellwinkel kommt naturgemäß erhöhte Bedeutung zu – ideal ist ein möglichst geringer Winddruck auf das Segel. Bekommt eine Fläche mehr Luft, so ist dies sofort zu korrigieren. Wenn wir die Balance hergestellt haben, sind wir schon nach einem Schritt in der Luft. In dieser ersten Flugphase gibt uns etwas Überfahrt die nötige Sicherheit. Mit dem Einsteigen in den Strecker oder in die Liegeschürze warten wir, bis eine stabile Fluglage erreicht ist.
Beim Klippenstart-Neuling und bei Windgeschwindigkeiten von über 20 km/h sollte immer ein Drachenflug-erfahrener *Starthelfer,* der ›Wire-Man‹, assistieren. Durch eine Reepschnur selbst gesichert, hält er mittels dem vorderen Unterrigg die Nase so in den Wind, daß ein ausbalancierter Zustand erreicht wird. Will sich beispielsweise die linke Seite aufbäumen, dreht er die Drachennase nach links, damit der rechte Flügel mehr Luft bekommt. *Ist das Gerät unter Kontrolle, gibt der Pilot das Kommando ›fertig – los‹, worauf der Starthelfer losläßt und sich seitlich wegduckt.*
Bei Null-Wind müssen wir auf der Ebene anlaufen und dann abtauchen, um Fahrt

aufzuholen. Dies ist nicht ungefährlich, und wir sollten es uns zweimal überlegen, bevor wir bei solchen Verhältnissen starten. Die Abbildungen 30 geben die Überlegungen zum richtigen Anstellwinkel in verschiedenen Geländen, insbesondere beim Klippenstart wieder.

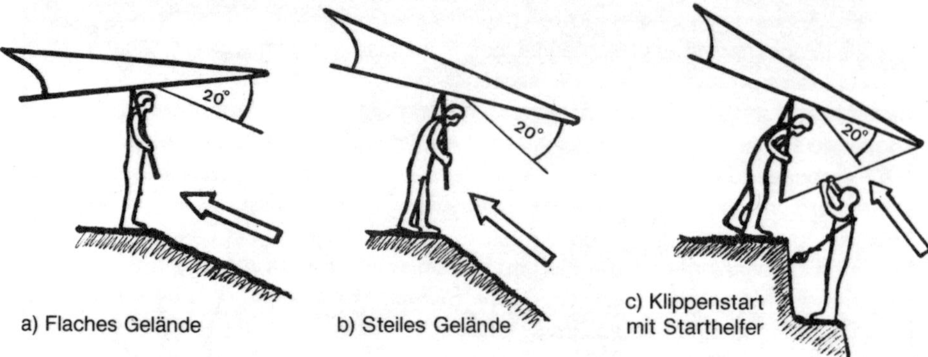

Abb. 30: **Anstellwinkel und Geländeneigung**
Der Anstellwinkel des Drachens sollte beim Start etwa 10°–20° betragen. Es hängt daher von der Geländeneigung ab, wie weit die Drachennase heruntergenommen werden muß. Beim Klippenstart hilft bei stärkerem Wind ein Starthelfer, den Drachen auszurichten. (Die Windrichtung wird durch die Pfeile symbolisiert.)

Abschließend wollen wir das Wesentliche für die Startvorbereitungen nochmals zusammenfassen; zur besseren gedanklichen Einordnung eignet sich hierzu ein Schlüsselwort, das *Ekkehard Reiser* vorgeschlagen hat:

S = Schnellaufbaugelenk gesichert?
L = Liegegurt eingehängt? Liegeprobe!
O = Outrigger ok? Hierbei überprüfen wir auch die Swiveltips.
W = Wind ok?
A = Anlaufraum frei? Hindernisfreiheit, vor allem im seitlichen Anlaufbereich!
K = Konzentriert starten! Der Anstellwinkel des ausbalancierten Gerätes muß stimmen; die ersten Schritte locker, dann entschlossen beschleunigen.

Wer die *›SLOWAK‹-Eselsbrücke* benützt, dürfte eigentlich nie in die Situation kommen, uneingehängt loszufliegen. Dennoch ein Ratschlag: Bevor wir versuchen, mit akrobatischen Klimmzügen in den Steuerbügel zu steigen und bevor wir uns bestenfalls wenige Minuten an der Basis festklammern können, sollten wir *in sicherer Höhe den Schirm auslösen und erst nach dessen Entfaltung den Steuerbügel loslassen.* Denn im freien Fall sind schon nach 4 Sekunden 150 km/h erreicht – fraglich, ob Schirm und Gurtzeug den Entfaltungsstoß dann noch verkraften.

Laut Statistik ereignen sich etwa ⅔ aller schweren Hängegleiter-Unfälle in Höhen unter 60 m, meist während der Start- oder Landephase. Wir dürfen deshalb nie lockerlassen, unsere Starttechnik bis zur Perfektion auszufeilen!

Daß wir niemals alleine, mit steifen Gliedern (Aufwärmgymnastik!), übermüdet oder unter Drogeneinfluß an den Start gehen, versteht sich von selbst.

Technik und Taktik des Hangsegelns

Wurden nicht immer schon Träume wach, wenn wir an den Klippen und Dünen den mit dem Aufwind spielenden Möwen nachstarrten? Seit etwa 10 Jahren können wir uns als ›Vogelmenschen‹ nach denselben Prinzipien stundenlang in der nach oben abgelenkten Luft aufhalten, oder ›soaren‹ – so wird dies über dem großen Teich bezeichnet. Lange bevor wir Drachenflieger die Lüfte eroberten, haben die Segelflugzeuge an der Rhön das ›Spiel mit dem Aufwind‹ entdeckt und ausgefeilt. Im Mai 1977 verbesserte der amerikanische Farmer *Karl Striedieck* in den Appalachen den Weltrekord im Zielrückflug mit der Methode des Hangsegelns auf sagenhafte 1635 km, und 1983 konnte Tom Knauff diese Marke um 10 km verbessern.
Für uns Drachenflieger ist der Flug im **dynamischen Hangaufwind** ein gutes Training auf dem Weg zum Experten. *Wenn die vertikale Komponente des Aufwindes größer ist als das Eigensinken des Drachens, fliegen wir, solange es Lust und Kondition erlauben.* Im ruhigen und laminaren Hangaufwind können wir unser Gerät und alle möglichen Flugsituationen in relativ kurzer Zeit kennenlernen.
Zum ›Rezept‹ Hangsegeln brauchen wir drei Zutaten: *Das Gelände, den Wind und das richtige Pilotenverhalten.* Nehmen wir diese Faktoren der Reihe nach unter die Lupe.

DAS GELÄNDE

Höhe, Form und Oberflächenbeschaffenheit des Geländes sind neben dem Wind für die Intensität und die Ausdehnung des Aufwindes entscheidend. Vorberge, Bäume oder Geländeunebenheiten stören die Luftströmung und erzeugen Turbulenzen.

> *Ideal ist ein frei angeblasener, breiter und hoher Bergrücken mit langsamem Übergang von flachem zu steilerem Gelände, denn hierdurch wird eine laminare, d.h. ungestörte Strömung erzeugt. Je steiler die Hangneigung, desto schmaler fällt das Aufwindband aus, desto größer werden aber die Steigwerte sein. Flache Hangneigungen produzieren eher breite Aufwindfelder mit nur schwachem Steigen.*

Hänge mit Neigungen zwischen 20 und 60 Grad bieten ideale Verhältnisse. Jedoch bringt auch ein ›idealer‹ Hang nur Turbulenzen und unter Umständen auch Abwinde, wenn ihm luvseitig ein Hindernis vorgelagert ist.
Auf Abbildung 31 sehen wir deutlich die Zusammenhänge zwischen Hangneigung und Beschaffenheit des Aufwinds, ebenso die Tatsache, daß sich bei abrupten Hangübergängen **Luv- und Leewirbel** bilden können. Diese gelten besonders bei starkem Wind als Gefahrenquelle ersten Ranges, auf die vor allem der Klippenflieger gefaßt sein muß, wenn er zur ›Top-Landung‹ ansetzen will.
Weht der Wind senkrecht auf das Hindernis, so bietet die Klippe die besten Aufwinde, während flachere Hänge auch bei stärkeren seitlichen Winden noch brauchbares Steigen liefern. Windabweichungen von 30 bis 60 Grad können hier noch

Abb. 31:
Geländeform und Aufwind
Ein flacher, sanft ansteigender Hang (a) produziert einen laminaren, fast turbulenzfreien Aufwind. Der Aufwindbereich (gestrichelt) hat eine relativ geringe Steigkomponente (v_v) und das beste Steigen (Pfeil) wandert mit zunehmender Höhe zur Hangfuß-Senkrechten.

Der steiler ansteigende Bergrücken (b) hat einen ausgeprägten, jedoch etwas schmäleren Aufwindbereich zur Folge. Besonders bei scharfen Knicken im Gelände sind Wirbel und Turbulenzen deutlich ausgeprägt.

Bei einer Klippe (c) treten Luv- und Leerotoren sowie Turbulenzen deutlich in Erscheinung. Bei derselben Windgeschwindigkeit (v) wie bei a) und b) ist die horizontale Komponente (v_h) nur schwach ausgeprägt, während das Steigen um so stärker ist. Der Düseneffekt ist an der Klippenkante besonders stark ausgeprägt, das beste Steigen liegt nur unmerklich vor der Klippenkante. In allen Fällen bringt der Leebereich Turbulenzen, Rotoren und verstärktes Sinken.

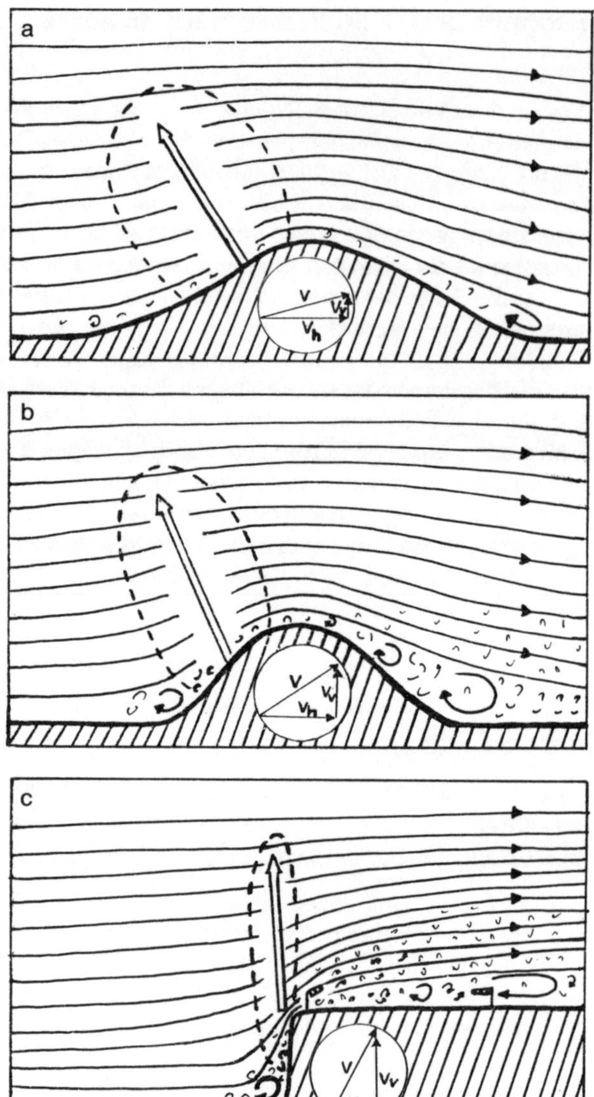

ausfliegbare, jedoch schmale Aufwindbänder erzeugen. Interessant dürfte es schließlich sein, daß gerade bei flacheren Hängen das beste Steigen mit zunehmender Höhe von der Hangkantensenkrechten zur Hangfußsenkrechten wandert – die Abbildungen machen dies deutlich.

Segeln wir also im Aufwind flacher Hänge, suchen wir das beste Steigen nicht über der höchsten Erhebung, sondern vor dem Hang, während bei Steilklippen das höchste und beste Steigen ziemlich senkrecht über der Hangkante zu finden ist.

Bei einem Gerät mit einem minimalen Sinken von z.B. 1 m/s können wir bis in Höhen vordringen, deren Luftbewegung diese vertikale Komponente aufweist. Durch Abtasten des Aufwindbereiches können wir die Zonen des besten Steigens nach und nach ausfindig machen und bei günstigen Bedingungen die Hanghöhe um das Drei- bis Vierfache übersteigen. Mit Geräten, die auch noch bei höheren Geschwindigkeiten geringe Sinkwerte produzieren, sind wir besonders an flachen Hängen und bei Starkwindtagen im Vorteil.
Vorsicht ist geboten, wenn wir direkt über dem Gipfelgrat fliegen. Hangkanten sowie Hangeinbuchtungen bewirken **Düseneffekte,** d.h., die Strömungslinien verdichten sich und die Windgeschwindigkeit nimmt zu, während die Steigwerte nur noch gering sind. Schon viele Piloten sahen sich unversehens hinter der Hangkante, weil ihr Gerät die erforderliche Grundgeschwindigkeit nicht mehr erreichen konnte. Im *Lee* erwarten uns starke Abwinde, Turbulenzen und *Rotoren* – besonders bei steil abfallenden Leehängen übertrifft das Sinken der Luft die Steigwerte des Luvhanges um bis zu 50%. Wir tun also gut daran, die Hangkante und Düsen zu meiden bzw. luvseitig zu umfliegen, um gar nicht erst in die Gefahrenzone zu gelangen. *Befinden wir uns durch eine Unachtsamkeit jedoch im Leebereich eines Hanges, so müssen wir unbedingt die erforderliche Eigengeschwindigkeit einhalten.* Die instinktive Reaktion, in starkem Abwind den Steuerbügel zu drücken, ist fehl am Platze – am besten, wir ziehen den Steuerbügel etwas über die Normalstellung, gerade wenn wir schwerelos im Gurt hängen.
Wir merken schon, daß die Faktoren Gelände, Wind und Pilotenverhalten nicht so fein und säuberlich zu trennen sind, wie dies beabsichtigt war.

DER WIND

Bewegt sich Luft in horizontaler Richtung, so nennen wir dies ›Wind‹. Fürs Hangsegeln ist dieser unerläßlich, wobei für uns nicht nur seine Richtung und Stärke maßgebend sind. Betrachten wir unser Medium und dessen Eigenschaften doch etwas genauer.
Trifft bewegte Luft auf Hindernisse, so verhält sie sich ähnlich wie Wasser. Deshalb können Flugmodelle auch im Flachwasserkanal anstatt im Windkanal getestet werden. Daß wir die Bewegungen des Wassers am Beispiel von Stromschnellen und Wirbeln mit unseren Augen verfolgen und auf die unsichtbaren Luftströmungen gedanklich übertragen können, ist von großem Vorteil für unsere Überlegungen zum Verhalten des Windes. So ist leicht vorherzusagen, daß jedwedes Hindernis bei stärkeren Winden Turbulenzen und Rotoren verursacht.
Wie ein Bach in seinem unebenen Bett wird auch der Wind durch die Reibung der Erdoberfläche abgebremst – unmittelbar am Boden beträgt seine Geschwindigkeit Null, um dann mit der Höhe, nicht unbedingt regelmäßig, zuzunehmen. Diese Geschwindigkeitsänderung mit der Höhe nennen wir **Windgradient.** Der Einfluß der Erdreibung auf die Windgeschwindigkeit nimmt mit der Höhe ab, um bei etwa 1500 m Höhe gänzlich zu verschwinden. Außerdem *dreht der Wind* aufgrund der durch die Erdrotation hervorgerufenen Corioliskraft *auf der Nordhalbkugel mit*

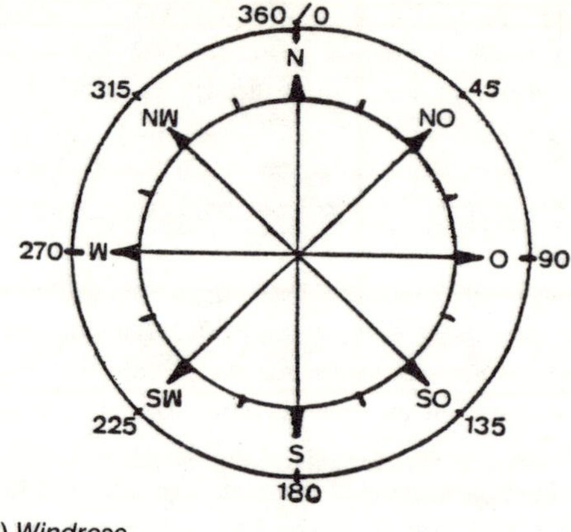

a) *Windrose*

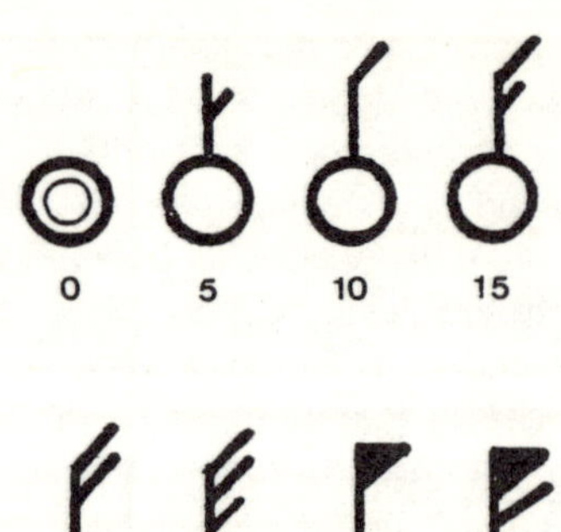

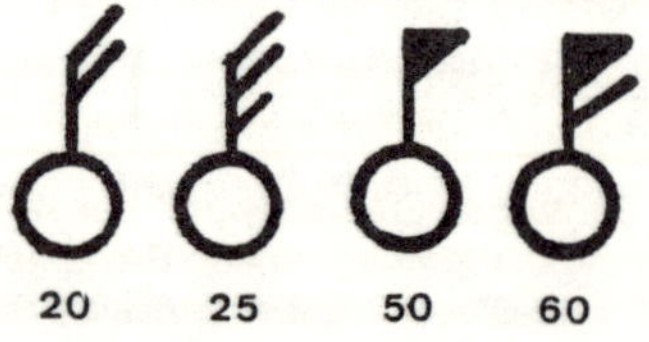

b) *Nordwind* mit Geschw. in Kts

c) *Windstärke am Boden* nach der Beaufort-Skala (auszugsweise):

Beobachtung	Bedeutung	Beaufortgrad	kts	km/h
Rauch senkrecht	Windstille	0	1	1,8
fast senkrecht	leichter Zug	1	2	3,7
Rauchfahne deutlich schräg	leichte Brise	2	5	9
Blätter werden bewegt	leichte Brise	3	9	16
Zweige werden bewegt	mäßige Brise	4	13	24
Getreide wogt lebhaft	frische Brise	5	18	34
Rauchfahne waagrecht	starker Wind	6	24	44
Äste schwanken stark	steifer Wind	7	30	55
Baumstämme biegen sich, Fußgänger sind behindert	stürmischer Wind	8	37	68

d) *Umrechnungstabelle* (Faustformeln)

$$1\ \text{Kt} = 1.852\ \text{km/h}$$

$$\text{Kts} \mathrel{\hat{=}} \frac{\text{km/h}}{2} + 10\,\%$$

$$\text{km/h} \mathrel{\hat{=}} (\text{Kts} \cdot 2) - 10\,\%$$
$$\mathrel{\hat{=}} (\text{m/s} \cdot 4) - 10\,\%$$

$$1\ \text{m/s} = 3{,}6\ \text{km/h}$$
$$\mathrel{\hat{=}} 2\ \text{Kts}$$

Abb. 32: **Windrichtung und Windgeschwindigkeit**
Die Himmelsrichtung, aus der eine Luftströmung kommt, ist die *Windrichtung:* Ein Nordwind weht von Nord nach Süd. Die *Windrose* (a) zeigt die Windrichtung in Winkelgraden (360°-Vollkreis) an. In der Fliegerei werden die Windgeschwindigkeiten in Knoten (Kts) angegeben, wobei das Fähnchensymbol die Richtung markiert, aus der die Luftströmung weht (b). Die von 0 (Windstille) bis 12 (Orkan) reichende Beaufort-Skala (c) gibt brauchbare Anhaltspunkte für das Abschätzen der Windgeschwindigkeit.

zunehmender Höhe nach rechts, während er südlich des Äquators nach links abgelenkt wird.

Diese Aussagen erfahren in Abbildung 33 eine Verdeutlichung: Da wir den Wind nach der Richtung benennen, aus der er weht, haben wir mit unserem Beispiel am

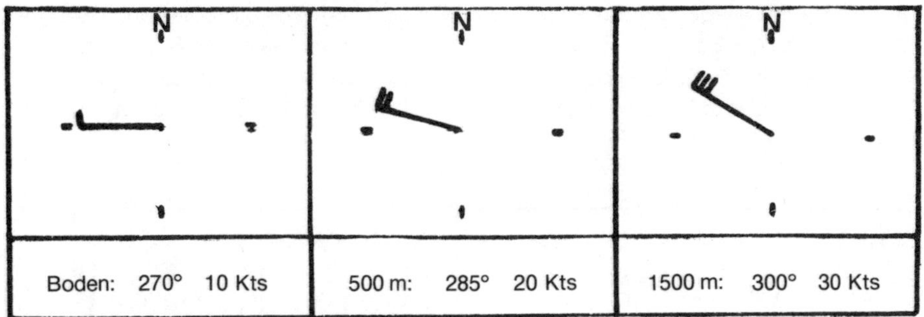

Abb. 33: **Windänderungen mit der Höhe**
Aufgrund der nachlassenden Reibung verdreifacht sich die Windgeschwindigkeit bis in etwa 1500 m. Gleichzeitig dreht der Wind mit der Höhe nach rechts.

Boden einen Westwind (270 Grad) mit 10 Knoten (= kts). In 500 m hat sich die Windstärke verdoppelt, in 1500 m verdreifacht. Gleichzeitig hat sich der Wind im Uhrzeigersinn um ca. 30 Grad nach rechts gedreht. Dies bedeutet für den Beobachter, der sich den Bodenwind ins Gesicht blasen läßt, daß die Wolken in 1500 m über Grund mit 30 Grad Abweichung von rechts vorne nach links hinten ziehen. Fliegen wir im Mittelgebirge oder gar in alpinem Gelände, müssen wir diese Überlegungen bei der Wahl unseres Startplatzes mit einbeziehen. Natürlich dürfen wir den Aussagen des Wetterberichtes zur vorherrschenden Windrichtung nicht blindlings vertrauen – auch Wetterfrösche sind nur Menschen, können sich irren und sind zudem nicht in der Lage, lokale Gegebenheiten in ihrer Prognose zu berücksichtigen.
Da die Lufttemperatur mit zunehmender Höhe, in der Standardatmosphäre um 0,65 Grad pro 100 m, abnimmt, müssen wir uns bei unseren ›Höhenflügen‹ durch eine passende Kleidung vor der Kälte schützen. Ist der *Temperaturgradient hoch, d.h., nimmt die Lufttemperatur mit der Höhe sehr stark ab,* so sprechen wir von einer labilen Atmosphäre, bei schwacher Abnahme oder gar Zunahme der Lufttemperatur haben wir es mit stabilen Verhältnissen zu tun. Im Zusammenhang mit dem Thermikflug werden wir uns noch näher mit diesen Phänomenen befassen – als *Faustregel* nur soviel:

> *Günstig zum Hangsegeln ist dichte, d.h., trockene und relativ kühle Luft; ein niederer Temperaturgradient gewährleistet im übrigen laminare, durch thermische Turbulenzen nicht gestörte Aufwinde.*

Diese Einzelheiten interessieren uns natürlich besonders dann, wenn schwache Winde ein Obenbleiben erschweren.
Neben den Luftbewegungen, die durch die Großwetterlage hervorgerufen werden, gibt es **lokale Winde** (die folgenden Ausführungen überschneiden sich teilweise mit dem Kapitel ›Thermik‹).
Im bergigen oder hügeligen Gelände entstehen bei Sonneneinstrahlung tagsüber sogenannte *anabatische (= aufsteigende) Winde,* deren Mächtigkeit am Hang allerdings 100 m kaum übersteigt, während der Talwind in größeren Tälern bis etwa 500 m (Extremfall: bis 1000 m) hinaufreicht. Die Sonne heizt die Bergflanken aufgrund des besseren Einfallswinkels schon morgens stärker auf als die Talsohle, die

an den Hängen liegende Luft wird dadurch erhitzt, um anschließend aufzusteigen. Durch den Sog wird Luft aus der Ebene nachgeführt und es entsteht ein regelrechter Kreislauf. So fließt tagsüber die Luft den Berg bzw. das Tal hinauf – der *Talwind* kann zur Zeit der stärksten Thermik zwischen 13 und 16 Uhr bis 45 km/h erreichen (Abbildung 34).

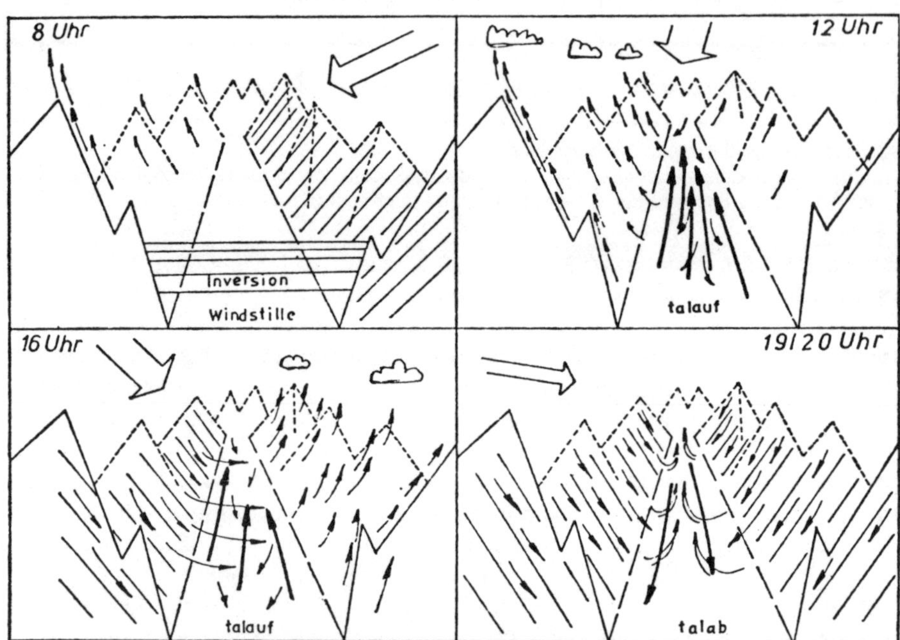

Abb. 34: **Bergwind – Talwind** *(aus: v. Kalckreuth, Segeln über den Alpen)*
Schönwetter-Talwind. Die wechselnde Einstrahlung, bis nachmittags zunehmend, dann wieder zurückgehend, bestimmt mit den von ihr ausgelösten anabatischen und katabatischen Hangwinden über Richtung und Stärke des Talwindes. Solange die Höhenströmung (Großwindlage) rund 30 km/h nicht überschreitet, bleibt der Talwind davon unbeeinflußt. Neben den zumeist talparallelen Strömungen können im Laufe des Nachmittags auch talquere Winde auftreten. Dies dann, wenn die Einstrahlung eine der Talflanken genau trifft, die andere jedoch nur flach angestrahlt wird. Während die talauf gerichteten Winde Geschwindigkeiten bis über 40 km/h erreichen können, bleiben die abendlichen, talab fließenden Ströme meist auf eine Geschwindigkeit bis zu 25 km/h beschränkt.

Abends, wenn die Sonne an Strahlkraft verliert, kühlen sich die Hänge schneller ab als die Luft über dem Tal. Die Hangluft sackt in sich zusammen, wird schwerer, und fließt den Berg hinunter, während sich über dem relativ warmen Talboden Aufwinde ausbilden (Abendthermik). Dieser *katabatische (= absteigende) Hangabwind* – er ist auf Geschwindigkeiten bis 25 km/h beschränkt – läßt im Laufe der Nacht nach, wenn Temperaturausgleich zwischen dem Hang und der Talmitte hergestellt ist. Jetzt weht nur noch der Bergwind das Tal hinaus – die Tageszirkulation hat sich umgekehrt. Am nächsten Tag beginnt der Kreislauf von neuem: Die Hänge erwärmen sich schneller als die Talsohle, das Gebirge schneller als die Ebene...

Warten auf den Start (Lothar Wüst)

Auf der Rampe (Lothar Wüst)

Start in den Aufwind (Thomas Finsterwalder)

Zunächst wechselt nur eine Hand zur Basis (Ernst Pindur)

Einstieg in den Schlafsackgurt (Michael Weingartner)

In der Luft! Man beachte die ›Outrigger‹ zur Verstärkung der Seitenstangen! (UP)

Über Schloß Vaduz (Stanko Petek)

Vor dem Start: Liegeprobe!
(Tjard Nixdorf)

Fliegen im Sitzgurt (Ernst Pindur)

Punktlandung (Fritz Weiß)

Eine ähnliche Erscheinung können wir an der Küste antreffen. Tagsüber steigt die erhitzte Luft über dem Land auf und aus dem entstehenden Sog resultiert der *Seewind.* Abends und nachts kühlt sich die Luft über dem Land schneller ab als über dem Meer und es entsteht der landauswärts gerichtete *Landwind.*
Fürs Drachenfliegen können wir aus diesen Erscheinungen *zwei praxisnahe Schlußfolgerungen* ziehen:

① *Fliegt man* ***tagsüber*** *bei Sonnenschein im bergigen Gelände oder an der Meeresküste, so ist besonders bei starker Erwärmung mit einem zunehmenden Tal- oder Seewind zu rechnen, der oft die Gelegenheit zum Soaring bietet. Ins Tal hineinreichende Hangausläufer und Bergrücken wie z.B. der Reither-Kogel im Inntal oder der Ludesch-Berg bei Bludenz sind ein praktischer Beweis für diese Theorie.*

② *Oft schon* ***vor Sonnenuntergang*** *stellt sich abends ein zunehmender Rükkenwind ein, der einen Start zum risikoreichen Abenteuer werden läßt. Wenn sich die Sonne am Horizont rot verfärbt, und an Strahlkraft einbüßt, so ist erhöhte Vorsicht am Platz!*

DAS PILOTENVERHALTEN

Wie oft hört man in Pilotenkreisen: »Der hat aber Glück gehabt«, wenn ein Kamerad bei mäßigen Bedingungen oben bleibt. Richtiger wäre es, zu sagen: »Der hat es aber richtig gemacht!« Wie man's richtig macht, wollen wir uns jetzt überlegen.
An jenen verflixten Tagen, an denen wir uns nur mühsam in der Luft halten können, brauchen wir zunächst einmal Geduld. Denn was nützt es, eine ›Schlittenfahrt‹ zum Landeplatz zu machen, nur weil wir den richtigen Augenblick zum Starten nicht abwarten konnten. *An Schwachwindtagen* sollten wir ein *Auffrischen des Windes abwarten,* bevor wir starten. *Denn haben wir uns einmal über den Startplatz hochgearbeitet, so bleiben wir leichter im Aufwindband, auch wenn in Starthöhe der Wind fast wieder einschläft* – die Begründung liefert uns das Stichwort ›Windgradient‹.
Bei *Seitenwind* sollten wir nach dem Start immer zuerst gegen den Wind einkurven. Dies hat zwei Vorteile: Zunächst einmal können wir, besonders in begrenzten Aufwindfeldern, mit langsamer Grundgeschwindigkeit länger Höhe machen und zweitens ist beim Einkurven gegen den Wind die Stallgefahr geringer. Viele Anfänger machen den Fehler, zu spät in das Aufwindband einzukurven und ›saufen ab‹. Das rechtzeitige Einkurven jedoch ist reine Übungssache und sollte aus Sicherheitsgründen nicht erzwungen werden.
Oft fragt der Neuling: *»Wie nahe darf ich an den Hang herangehen?«* Eine Standard-Antwort hierfür gibt es nicht. Zu berücksichtigen sind Pilotenkönnen, Wendigkeit des Gerätes, Wind- und Geländeverhältnisse. *Im schwachen, schmalen Aufwind kann ein guter Pilot mit einem wendigen Gerät bis auf eineinhalb Flügelbreiten an den Hang heranfliegen.* Bei Turbulenzen und stärkerem Wind wird er dies natürlich vermeiden, zumal er durch die Bodenreibung den besten Aufwind nicht direkt am Hang findet.

Wie wir bereits wissen, wandert gerade an relativ flachen Hängen das beste Steigen mit zunehmender Höhe zur Hangfußsenkrechten – also: *An flachen Stellen Hangabstand vergrößern, an steilen Stellen verringern!* Gerade bei schwachen oder seitlichen Winden geben *luvseitige Rippen, Düsen und Steilhänge* oft noch brauchbares Steigen her – wir sollten uns möglichst lange dort aufhalten.
Ist das Obenbleiben unser einziges Ziel, so fliegen wir mit der *Geschwindigkeit des geringsten Sinkens.* Diese liegt bei unseren Geräten knapp über der Stall-Geschwindigkeit und hat bei der heutigen Drachengeneration knapp 1 m/s Sinken zur Folge. Um den gefährlichen Strömungsabriß bzw. Stall zu vermeiden, sollte je nach Verhältnissen mit 2 bis 5 km/h Überfahrt geflogen werden. Bei den meisten neueren Geräten zeigt unser Fahrtmesser zwischen 30 und 35 km/h diese sichere Geschwindigkeit an. Mit unserem Vario können wir das geringste Sinken in sicherem Hangabstand vorsichtig ermitteln und auf dem Fahrtmesser die dazugehörige Geschwindigkeit markieren.
Beobachten wir einen Experten beim Hangsegeln, so stellen wir schnell fest, daß dieser besonders durch Zonen besseren Steigens sehr langsam fliegt und dort auch seine Kurven zieht. Er nützt die geringsten Geländevorteile und vergewissert sich hin und wieder durch einen Blick auf seine Instrumente, ob er die gegebenen Verhältnisse optimal nutzt. Auch bei wenig Wind zeigt die Nase seines Drachens immer etwas weg vom Hang, d.h., er hält sicherheitshalber und um die Richtung zu halten einen *Vorhaltewinkel* ein. Wegen der Addition von Wind und Eigengeschwindigkeit wagt er *Vollkreise gegen den Hang nur bei ausreichendem Hangabstand,* ohne dabei andere Piloten zu gefährden.

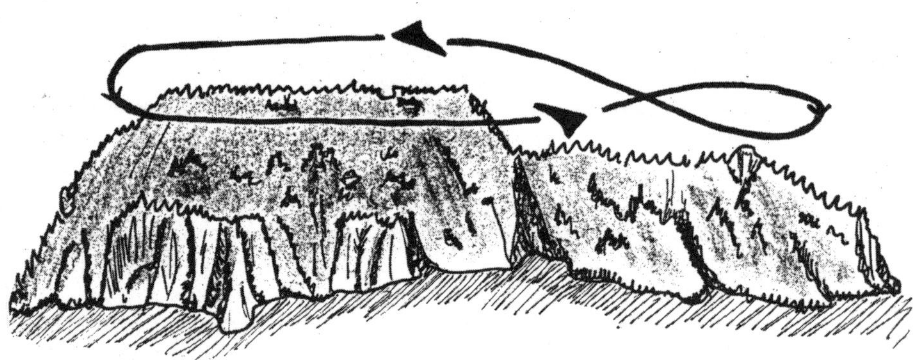

Abb. 35: **Die Hangflug-Acht**
Beim Flug mehrerer Piloten im Hangaufwind dient die Hangflug-Acht mit in etwa festen Wende- und Kreuzungspunkten der Pilotensicherheit. Die Wendekurven müssen vom Hang weg geflogen werden!

Da wir uns selten alleine im Hangaufwind tummeln, sind gewisse ›Vorfahrtsregeln‹ einzuhalten. Zunächst einmal fliegt jeder Pilot die sogenannte **›Hangflug-Acht‹** *mit in etwa festen Kreuzungs- und Wendepunkten* (Abbildung 35).

»Winkzeichen«

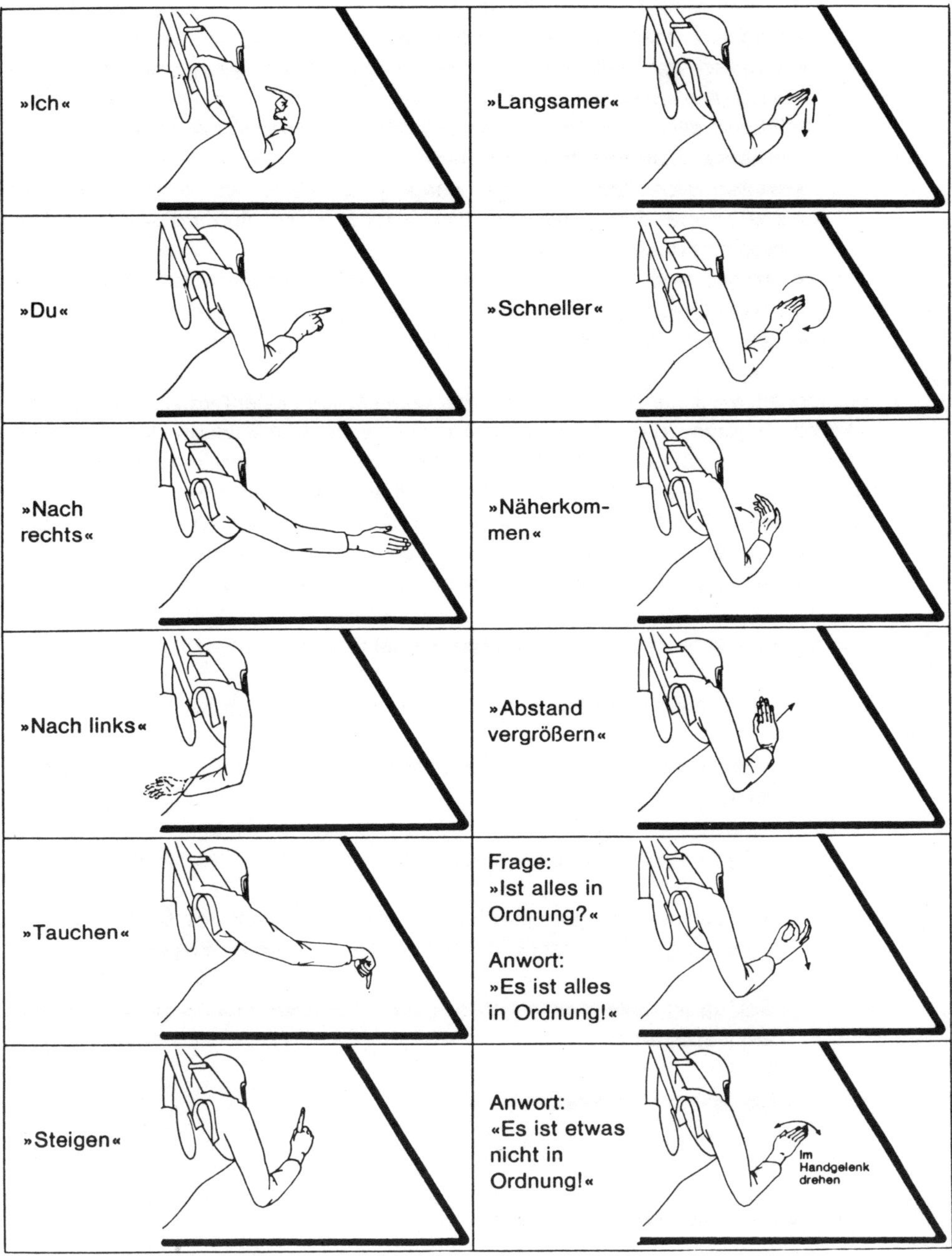

Abb. 36: **Winkzeichen** *(aus: Reiser, Sicherheit im Deltaflug)*
›Tauchen‹ und ›schneller‹ betreffen zwar ein und denselben Vorgang, was die Steuerung angeht, sollten jedoch auf die verschiedene Zielsetzung voneinander zu unterscheiden sein!

Beim Soaren gelten folgende **Hangflugregeln:**

- *bei kreuzender Flugroute gilt rechts vor links*
- *kommen sich zwei Drachen in gleicher Höhe entgegen, so weichen beide nach rechts aus*
- *Piloten, die den Hang zur Rechten haben, genießen Vorfahrt;* liegt der Hang linkerhand, so muß man ausweichen
- *kreisen Piloten außerhalb des Hangflug-Acht-Bereiches, so dürfen sie sich und andere nicht gefährden. Der zuerst in einem Aufwind kreisende Pilot bestimmt die Drehrichtung*
- *überholt wird auf der rechten Seite;* der Vordermann hat während des Überholvorganges Vorrecht
- *Über- und Unterfliegen ist verboten*

Beherzigen wir diese Regeln, auch wenn dabei einige Höhenmeter verlorengehen, wird ein Befliegen der oft übervölkerten Hänge auch in Zukunft gefahrlos sein. Notfalls kann auch ein kurzer unmißverständlicher Zuruf oder ein deutliches Handzeichen helfen, eine brenzlige Situation zu klären – in Zukunft werden wir uns auf eine einheitliche Zeichensprache einigen müssen; E. Reisers ›Winkzeichen‹ (Abbildung 36) könnten hierfür geeignet sein. (In Torrey Pines, Kalifornien, muß jeder Pilot zu seiner und der Kameraden Sicherheit eine Trillerpfeife mitführen.)

Das Gesagte kann in **6 Regeln fürs Hangsegeln** zusammengefaßt werden:

① **Im rechten Augenblick starten – ›wenn der Wind paßt‹.**

② **Nicht zu spät an den Hang gehen, sonst verlieren wir das Aufwindband.**

③ **Möglichst wenig Kurven (in den Zonen des besten Aufwindes!).**

④ **In Steigzonen langsamer fliegen (Geschwindigkeit des besten Sinkens – Achtung Stall-Gefahr), in Sinkbereichen schneller fliegen.**

⑤ **Geländevorteile nutzen – Vorsicht vor Turbulenzen und geländebedingten Gefahren.**

⑥ **Hangflugregeln einhalten.**

STRECKENFLUG IM HANGAUFWIND

Die folgende Abbildung mit den dazugehörigen Bemerkungen verdeutlicht praxisorientiert unsere bisherigen Überlegungen zur Technik und Taktik des Hangsegelns (Abbildung 37).

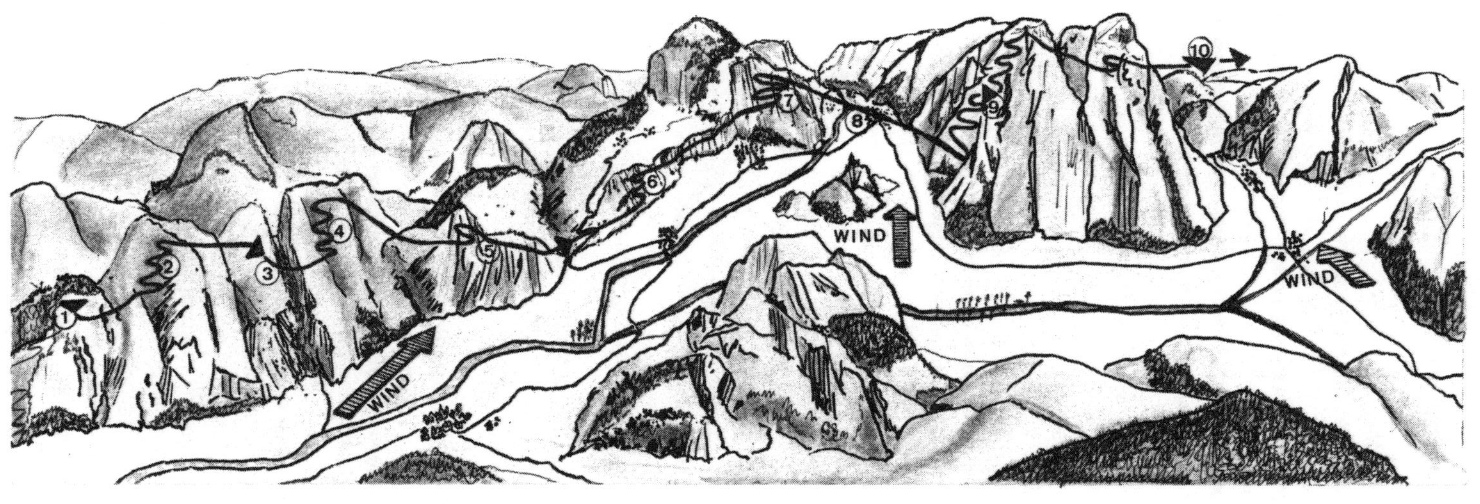

Abb. 37: **Streckenflug im reinen Hangaufwind (ohne Thermik)**

① Start mit 20° Seitenwind.

② Rascher Höhengewinn in luvseitiger Düse.

③ Schluchtbereich wird wegen drohender Turbulenzen und Düsenwirkung luvseitig umflogen.

④ Trotz seitlicher Windkomponente bringt dieser Hang wegen seiner steilen Düse genügend Steigen.

⑤ Geradeausflug ohne Höhenverlust vor der im Wind liegenden Hangkante. Abflug in größtmöglicher Höhe.

⑥ ›Durststrecke‹: Da der Wind fast parallel zur relativ niedrigen Hangkante weht, müssen luvseitige Hangrippen gesucht werden. Um nicht ›abzusaufen‹, sind deren Aufwinde bis zur maximalen Höhe auszufliegen. Einziger Vorteil dieses Abschnitts: Der starke Rückenwind hält den Zeitverlust in Grenzen.

⑦ Rascher Höhengewinn vor luvseitiger, hoher Steilwand. Um Reserven für die Talquerung zu schaffen, sollte eine möglichst große Ausgangshöhe erflogen werden.

⑧ Talquerung: Der Wind ist etwas schwächer geworden und hat nach links gedreht. Auf möglichst kurzem Weg wird zur gegenüberliegenden Talseite geflogen. Vorsicht über der Talmitte: Leeturbulenzen!

⑨ Im – wegen der uneinheitlichen Felsstruktur – oft turbulenten Aufwind kann rasch Höhe gewonnen werden; wir halten einen ausreichenden Sicherheitsabstand!

⑩ Der Wind ist schwächer geworden und hat weiter nach links gedreht. Bei der weiteren Streckenplanung bevorzugen wir jetzt Steilhänge und Düsen, die im rechten Winkel angeblasen werden.

Von der Acht zum Vollkreis: richtiges Kurven

Mehr als alle anderen Flugmanöver ist eine sauber geflogene Kurve das Markenzeichen des guten Piloten. Mit einer falschen Kurventechnik verlieren wir im besten Fall wertvolle Höhe, die vielleicht zum Obenbleiben nötig wäre – im schlimmsten Falle schmieren wir in Bodennähe ab.

Ob Vollkreis oder nur eine 90-Grad-Kurve, *der Kurvenflug verlangt eine harmonische Abstimmung von Geschwindigkeit, Kurvenradius und Querneigung durch Gewichtsverlagerung.*

AERODYNAMIK DES KURVENFLUGES

Die Kräfte im Geradeausflug haben wir an anderer Stelle schon kennengelernt. Die Luftkraft R wirkte dabei der Gewichtskraft G entgegen und war genauso groß wie diese (Abbildung 38 a).

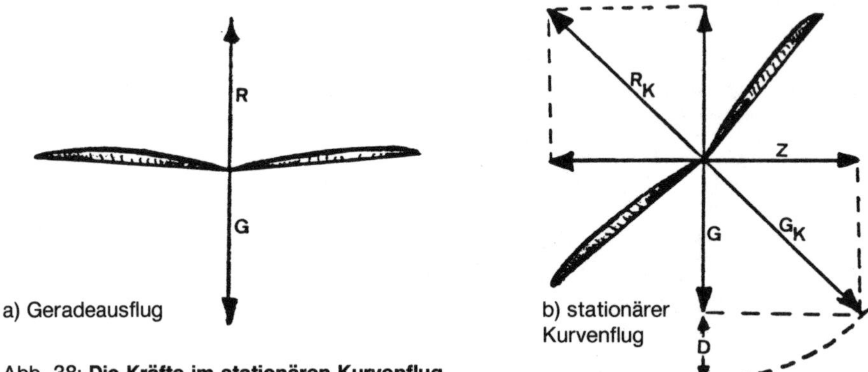

Abb. 38: **Die Kräfte im stationären Kurvenflug**

Im Kurvenflug wirkt nun neben der *Gewichtskraft G* die horizontal nach außen gerichtete *Zentrifugalkraft (= Fliehkraft) Z.* Wie beim Radfahren ist sie abhängig von Geschwindigkeit, Kurvenradius und Gewichtskraft. Die Resultierende aus Z und G ist das senkrecht zur Querachse wirkende *Kurvengewicht* G_K. Das Kurvengewicht G_K ist eindeutig um die Differenz D zwischen G_K und G größer als die bisherige *Luftkraft R.* Die Luftkraft R, die vor allem durch den Auftrieb gebildet wird, muß deshalb im Kurvenflug durch Fahrtaufnahme und durch Vergrößerung des Anstellwinkels entsprechend erhöht werden (R_K) damit sie mit dem Kurvengewicht G_K in Einklang steht. Sind alle Kräfte ausgeglichen, so sprechen wir auch im Kurvenflug von einem stationären, d.h., gleichbleibenden Zustand (Abbildung 38b). Um in eine andere Fluglage zu kommen, bedarf es da bei den meisten Geräten schon einer Gewichtsverlagerung oder einer Böe.

Das folgende Schaubild zeigt verschiedene Querneigungen und ihre Auswirkungen (Abbildung 39).

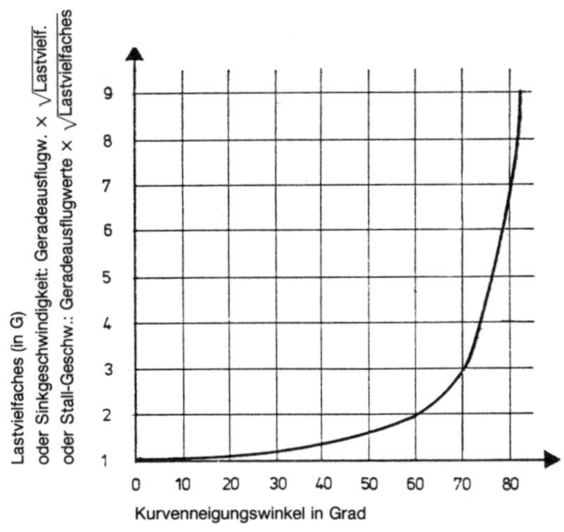

Abb. 39:
Auswirkungen des Kurvenfluges
Das Schaubild demonstriert die Erhöhung des Lastvielfachen, der Sinkgeschwindigkeit und der Stallgeschwindigkeit beim Kurvenflug. Während das Lastvielfache direkt aus der Grafik abgelesen werden kann (z. B. bei 70° Kurvenneigungswinkel knapp 3 G!), müssen Sinkgeschwindigkeit und Stallgeschwindigkeit erst errechnet werden: bei 70° Kurvenneigungswinkel etwa das 1,73fache ($\sqrt{3}$!) der Werte im Geradeausflug. Haben wir also im Geradeausflug eine Stallgeschwindigkeit von 30 km/h, müssen wir eine koordinierte 70°-Kurve (in D verboten!) schon mit etwa 52 km/h fliegen.

Aus dem Schaubild wird ersichtlich, daß über das gesetzlich vorgeschriebene Höchstmaß von 60 Grad Kurvenneigung hinaus eine extreme Fahrterhöhung notwendig ist. Koordinierte 90-Grad-Steilkurven sind wegen der erforderlichen unendlichen Geschwindigkeit sogar unmöglich.
Außerdem werden im Kurvenflug Sinkgeschwindigkeit und Flächenbelastung mit zunehmender Schräglage drastisch erhöht. Schon bei einer 60-Grad-Steilkurve verdoppelt sich die Gerätebelastung auf 2 G! Das Schaubild verdeutlicht auch diese Zusammenhänge.

PRAXIS DES KURVENFLUGES

Und nun zur Praxis: Eine sauber geflogene Kurve verlangt vom Piloten, der sich natürlich überzeugt hat, daß der Luftraum um ihn herum frei ist, folgende Aktivitäten:

① *Entsprechende Fahrterhöhung durch Ziehen*
② *Gewichtsverlagerung zur gewünschten Seite*
③ *Drücken des Steuerbügels, bis alle Kräfte im Gleichgewicht sind (und der Körper sich über der Steuerbügelmitte befindet).*

Harmonisch wird eine Kurve jedoch erst dann, wenn diese Schritte nicht abgehackt hintereinander erfolgen, sondern fließend ineinander übergehen. Das heißt, Ziehen, Gewichtsverlagerung und Drücken stellen in sich eine geschlossene, runde Bewegung dar, deren Phasen in Abbildung 40 gezeigt werden. Der Körper bleibt im Normalfall parallel zur Kielstange und wird nicht etwa um die Hochachse gedreht; Ausnahme: Falls Maximalausschläge benötigt werden, darf zusätzlich um die Hochachse gedreht werden. Bei Pilotenfehlern oder Störungen von außen halten stetige leichte Steuerkorrekturen den Kurvenflug im Gleichgewicht.

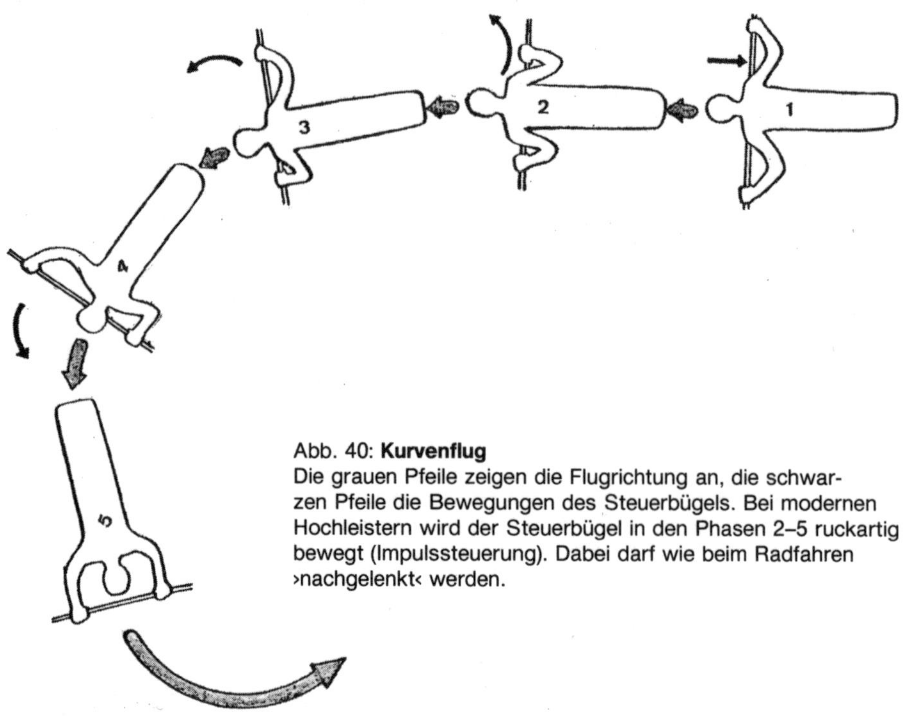

Abb. 40: **Kurvenflug**
Die grauen Pfeile zeigen die Flugrichtung an, die schwarzen Pfeile die Bewegungen des Steuerbügels. Bei modernen Hochleistern wird der Steuerbügel in den Phasen 2–5 ruckartig bewegt (Impulssteuerung). Dabei darf wie beim Radfahren ›nachgelenkt‹ werden.

Beim stationären Kurvenflug, wie er in der letzten Phase unserer Abbildung zu sehen ist, kann der Pilot eines gut getrimmten Gerätes mit normaler Rollstabilität (bei Geräten mit ausgeprägter dynamischer Stabilität – z.B. durch deutliche V-Stellung – muß der Pilot immer wieder Steuerimpulse eingeben) bei gedrücktem Steuerbügel Vollkreise wie an einer Perlenschnur aneinanderreihen, bis er den Kurvenflug durch die entgegengesetzten Bewegungen wieder ausleitet: Er zieht den Steuerbügel, verlagert sein Gewicht zur kurvenäußeren Seite und bringt den Steuerbügel wieder in Normalstellung, nachdem sein Gleiter geradeaus fliegt.
Die Trägheit unserer Geräte erfordert natürlich die rechtzeitige Einleitung dieser Schritte, wobei auch hier auf runde, flüssige Bewegungen zu achten ist. Es gibt kein Patentrezept für den Umfang der Steuerbügelausschläge beim jeweiligen Drachen – dies hängt vom gewünschten Kurvenradius, der gegebenen Fahrt und nicht zuletzt von der Sensibilität unseres Gleiters ab.
Unter Berücksichtigung der vorgegebenen Prinzipien ist es jedoch für jeden Piloten leicht möglich, sich eine saubere Kurventechnik schrittweise anzueignen. Bei ruhigen Verhältnissen und in über 100 m Höhe beginnen wir zunächst mit 90-Grad-Kurven, die gegen den Wind eingeleitet werden. Wir steigern langsam die Schräglage und verringern den Radius. An den Vollkreis als höchste Stufe des Kurvenfluges tasten wir uns langsam heran, nachdem 90-Grad-, 180-Grad- und 270-Grad-Kurven wirklich beherrscht werden. (Wenn im Zusammenhang mit dem Kurvenflug von Winkeln über 90 Grad die Rede ist, so ist dies ein Maß für das Ausmaß der Richtungsänderung und nicht des Kurven-Neigungswinkels; Ausnahme: Akroflug!).
Etwas Überfahrt in der Kurve hat noch niemandem geschadet – besser, freiwillig aus Sicherheitsgründen etwas Höhe zu opfern, als an der Grenze zu fliegen u abzuschmieren.

...mit wären wir schon beim nächsten Gesichtspunkt, dem **unsauberen Kurvenflug.** Wird die Kurve zu langsam oder mit zu großer Schräglage geflogen, ist die Zentrifugalkraft zu gering. Damit wird das Kurvengewicht G_K von der Gewichtskraft G zu stark dominiert – das Kurvengewicht G_K wirkt der Luftkraft R nicht genau entgegen und der Drachen ›*schmiert*‹ nach innen. Der Sinkton unseres Varios zeigt dabei deutlich ein höheres Sinken an (Abbildung 41 a).

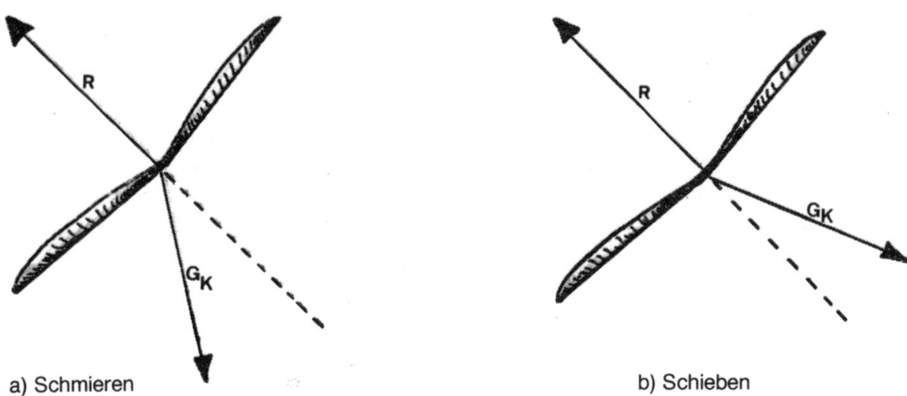

a) Schmieren b) Schieben

Abb. 41: **Unsauberer Kurvenflug: Schmieren und Schieben**

Umgekehrt ›*schiebt*‹ unser Gleiter nach außen, wenn eine Kurve zu schnell oder mit zu geringer Neigung geflogen wird. Beim Schieben ist die Zentrifugalkraft im Verhältnis zu groß und ›zieht‹ somit auch das Kurvengewicht zu stark nach außen (Abbildung 41 b).

Während das Schieben – von der Materialbeanspruchung und einer höheren Sinkgeschwindigkeit abgesehen – weniger problematisch ist, *gilt das Schmieren, auch Slippen genannt, vor allem in Bodennähe als gefährliches Flugmanöver.* Wir müssen also auf der Hut sein, denn wenn unser Drachen über eine Fläche abrutscht, erreichen wir sehr schnell hohe Geschwindigkeiten. Es gibt allerdings erfahrene Flieger, die vor allem bei engen Landeplätzen das kontrollierte Slippen einsetzen, um Höhe abzubauen. Sie drücken dabei den Steuerbügel bei eingeleiteter Kurve nur leicht hinaus, ohne den Körper in die Steuerbügelmitte zurückzunehmen. Vor einer Nachahmung dieses Manövers durch den ungeübten Piloten wird dringend gewarnt. *Wer* jedoch *ungewollt* und dazu noch *in Bodennähe abschmiert, muß prompt reagieren:* Durch rasche Gewichtsverlagerung zur Kurvenaußenseite und Drücken des Steuerbügels. In ausreichender Höhe empfiehlt es sich, durch Ziehen des Steuerbügels und durch eine Gewichtsverlagerung zur kurveninneren Seite den Abschmiervorgang zu beenden und in einen sauberen Kurvenflug zu überführen – beim Abschmieren ist eine gleichmäßige und tragfähige Strömung am kurveninneren Flügel abgerissen und wird durch diese Maßnahmen wieder erzeugt.

Noch ein Wort zum **optimalen Kurven-Neigungswinkel:**

Im schwachen, jedoch großräumigen Aufwind sind natürlich flache, und somit auch weite Kurven angebracht. Hierdurch wird kaum Höhe verschenkt und wir laufen nicht Gefahr, aus dem Aufwind hinauszufliegen. Ist das Steigen jedoch eng und stark, müssen die Kurven enger, d.h., mit größerem Neigungswinkel geflogen werden. *Bei extrem engen und ergiebigen Aufwinden sind steile Kurven bis 60 Grad Neigungswinkel (kurzfristig) erforderlich, im Normalfall reichen 15 bis 45 Grad Schräglage völlig aus.*

Wollen wir bei einer gegebenen Höhe möglichst viele Kreise aneinanderreihen, so ist ein Kurvenneigungswinkel von 45 Grad am effektivsten. Hauptsache jedoch, wir fliegen die Kurven aerodynamisch sauber. (Vgl. hierzu Abbildung 87)

Wie beim Segelflugzeug hilft auch beim Drachen ein primitives Mittel beim Feststellen, ob unsere Kurven einwandfrei sind: *der Wollfaden.* Experten kleben einige Wollfädchen auf die Oberseite ihres Segels; da diese besonders durch helle Segelstoffe sichtbar sind, kann mit ihrer Hilfe ein Schmieren, Schieben sowie der Strömungsabriß ausgemacht werden. Schon vor dem Stall beginnen die inneren, später die mittleren und äußeren Fädchen unruhig zu werden und schließlich nach vorne zu zeigen, während sie im Normalflug parallel zur Kielstange entgegengesetzt zur Flugrichtung angeordnet sind. (Siehe Abbildung 42.)

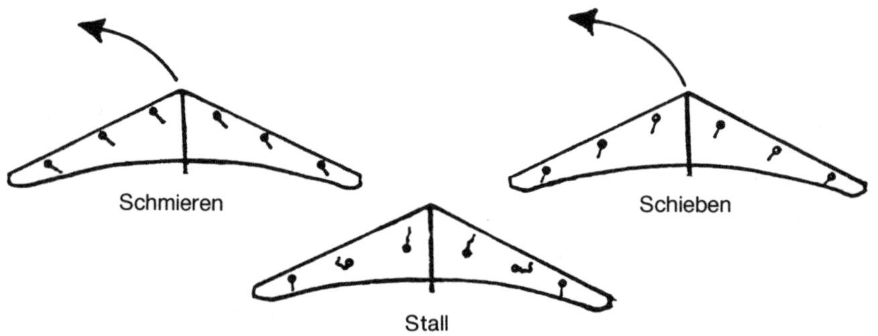

Abb. 42: **Flugzustände und Strömungsfäden** (von oben)
Mit Hilfe von am Segel angebrachten Wollfäden kann man Flugzustände leicht kontrollieren. Während beim Schmieren (Slippen) die Fädchen zur kurvenäußeren Seite zeigen, ist dies beim Schieben umgekehrt. Beim Stall greift der Strömungsabriß von der Flügelinnenseite auf die äußeren Bereiche über.

Vorsicht – Gefahr!

In der Luft fehlen uns – anders als auf der Straße – leider Hinweisschilder auf Gefahrenstellen. Wir sind also gezwungen, uns intensiv mit potentiellen Gefahrenquellen auseinanderzusetzen: Wind, Wetter und Gelände produzieren, meist im Wechselspiel, Gefahren. Wir sollten uns diese deutlich vor Augen führen, um sie möglichst zu umgehen und gegebenenfalls auch zu meistern.

BÖEN

Als *Böen* bezeichnet man *plötzliche und starke Änderungen der Windgeschwindigkeit.* Sie bergen für den Drachenflug im wesentlichen *zwei Gefahren* in sich: Bei höherer Eigengeschwindigkeit können Böen von vorne zu einer *Überbeanspruchung des Gerätematerials* führen, während Böen von hinten besonders im niedrigen Geschwindigkeitsbereich leicht einen *Strömungsabriß* zur Folge haben können.
Also: Nicht zu schnell und nicht zu langsam fliegen, d.h., die Geschwindigkeit des besten Gleitens in etwa einhalten. Besonders in Bodennähe ist eine Geschwindigkeitsreserve, die ein Abschmieren verhindert, lebenswichtig. Böen müssen bestimmt, aber ohne Überreaktion gekontert werden, um einerseits das Material zu schonen und andererseits die erforderliche Mindestgeschwindigkeit nicht zu unterschreiten.

TURBULENZEN

Im Gegensatz zur ungestörten, laminaren Strömung sind Turbulenzen unstetig und bisher *unberechenbar* bezüglich der Bewegungsrichtung und Geschwindigkeit. Der Luftstrom kann also in alle möglichen Richtungen gewirbelt werden und seine Geschwindigkeit rapide ändern – beim Rauch einer Zigarette können wir den Umschlag von der laminaren zur turbulenten Strömung gut verfolgen. **Dynamische Turbulenz** entsteht durch Reibung des Windes an der rauhen Erdoberfläche oder durch das Aufeinandertreffen zweier Luftströmungen mit verschiedener Richtung und/oder Geschwindigkeit. Logischerweise sind über dem Meer geringere Turbulenzen zu erwarten als über hügeligem oder bergigem Gelände. Und obwohl Turbulenzen in ihrer Ausformung zufällig, d. h. unberechenbar sind, sollte der Drachenflieger seinen Blick schärfen für ›tubulenzträchtige‹ Geländeformen oder Hindernisse. So können schon einzeln stehende Bäume oder Häuser im Landebereich starke und mehrere hundert Meter weit reichende Turbulenzen erzeugen. *Auch hier gilt der Grundsatz: »Nicht zu schnell und nicht zu langsam.«*
Hügel, Waldkanten, Felsformationen und Unregelmäßigkeiten des Geländes schaffen eine Turbulenzschicht, die wir luvseitig umfliegen sollten. Ist dies an Starkwindtagen und in unregelmäßigem Gelände schlecht möglich, verzichten wir im Zweifelsfalle lieber auf einen Start. Damit sich jeder ein Bild von den Dimensionen der Turbulenzschicht machen kann, einige eindrucksvolle Fakten: Mittelgebirgspiloten – die mittlere Hügelhöhe beträgt höchstens 500 m über Grund – haben schon bei einer Windgeschwindigkeit von knapp 30 km/h mit einer Turbulenzschicht von 1000 m Mächtigkeit zu rechnen. Ab 40 km/h Windgeschwindigkeit erstreckt sich die Reibungsturbulenz schon bis in 1500 m Höhe! Da die Wirbelkörper einen charakteristischen Durchmesser von etwa 10 Metern aufweisen, können sie aufgrund ihrer Größe gerade für den Drachenflieger äußerst gefährlich werden.
Thermische Turbulenzen entstehen bei aufsteigender Warmluft, besonders im Grenzbereich zwischen dem Aufwind und der Umgebungsluft. Neben mehr oder weniger starken Steigzonen entstehen zum Ausgleich Zonen mit geringer ausge-

prägtem Fallen. Thermische Turbulenzen treten auf bei herannahender Kaltluft, die sich keilartig unter wärmere Luftmassen schiebt und großräumige Hebungsvorgänge schafft oder durch die Aufheizung bodennaher Luftschichten. In ihren Auswirkungen auf den Drachenflug gleichen sich thermische und dynamische Turbulenzen, und obwohl wir eingangs erfahren haben, daß Turbulenzen unberechenbar sind, können wir uns anhand einiger vereinfachter Flugsituationen besser auf sie einstellen.

Flugtechnik in Turbulenzen

Nehmen wir einmal an, unser Gleiter fliegt in eine **Walze mit vertikaler Achse,** wie dies in Abbildung 43 a gezeigt wird. Am rechten Flügel wird die Eigengeschwindigkeit drastisch erhöht, wohingegen links der relative Luftstrom deutlich nachläßt. Während die rechte Flügelseite nach oben und hinten gedrückt wird, bewegt sich der linke Flügel nach unten und vorwärts. Es wird also eine Rollbewegung gegen Uhrzeigersinn erzeugt, kombiniert mit einem Gieren nach rechts.

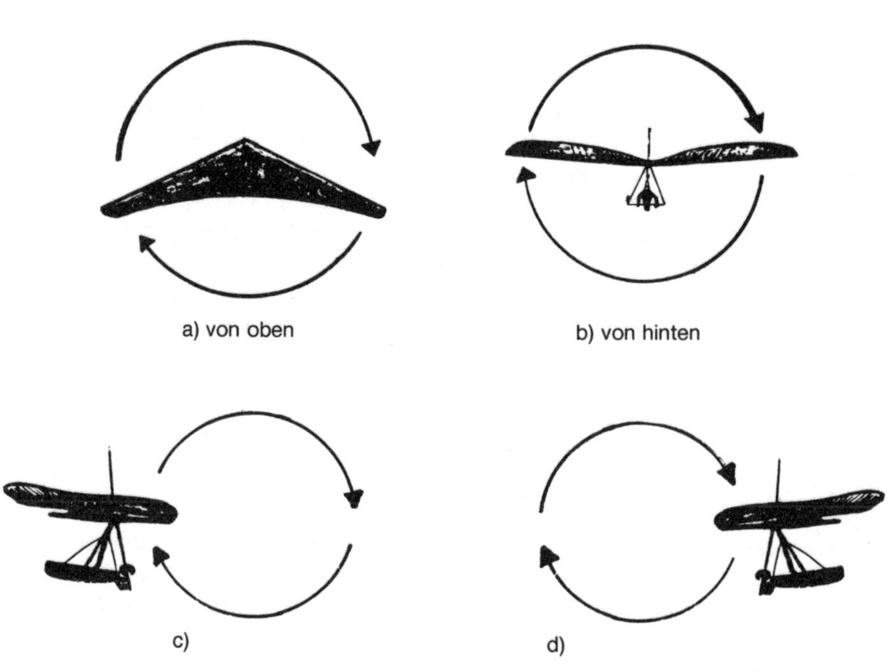

Abb. 43: **Walzen**

Fliegen wir in eine **Walze mit horizontaler Achse** (Abbildung 43 b), führt unser Gleiter eine Rollbewegung im Uhrzeigersinn aus, verbunden mit einem Gieren nach rechts – das Ganze gleicht nun einer koordinierten Rechtskurve; in beiden Fällen muß der Turbulenz mit einer bestimmten und raschen Gegenreaktion – einem Verschieben des Steuerbügels entgegengesetzt zur Rollbewegung – geantwortet werden. Das Gieren gibt sich nach dieser Korrektur von alleine.

In *Bodennähe, beim* ***Flug mit Rückenwind,*** erwarten uns *Walzen,* wie sie in Abbildung 43 c zu sehen sind. Da Walzen wie ein ›Kugellager‹ wirken, prägen sie sich bei Rückenwind meist in der dargestellten Form aus. Zunächst wird unser Drachen plötzlich die Nase hochreißen, um dann fast übergangslos auf die Nase zu gehen. Bei **Gegenwind** (Abbildung 43 d) wird der Drachen umgekehrt reagieren. In beiden Situationen ist eine rasche, aber nicht zu heftige Korrektur angebracht: Durch Ziehen bzw. Drücken des Steuerbügels wird der Nick-Bewegung des Drachens entgegengesteuert.

Besonders bei thermischen Turbulenzen können allzu abrupte Steuerbügelausschläge die Gerätefestigkeit gefährden. Wie beim Fliegen in Böen halten wir ungefähr die *Geschwindigkeit des besten Gleitens* ein – unsere Reaktionsfähigkeit sowie die dynamische Stabilität unseres Gleiters helfen uns auch über Situationen hinweg, bei denen wir ein flaues Gefühl in der Magengegend verspüren.

Extreme Flugmanöver mit entsprechenden Anstell- und Kurvenneigungswinkeln sind bei böigen und turbulenten Verhältnissen eine latente Gefahrenquelle. Was an Akroflug bei ruhiger Luft mach- und berechenbar ist, wird bei ›bockigen Verhältnissen‹ zum Lotteriespiel.

Eine oft unterschätzte Turbulenzquelle sind die durch den induzierten Widerstand hervorgerufenen *Wirbelschleppen* hinter einem fliegenden Drachen. Diese bewegen sich nach unten weg und aufeinander zu. Nach einem vorausgegangenen Start sollten wir deshalb warten, bis ›die Luft rein‹ ist – d. h. etwa 30 Sekunden.

Wir halten *gegenüber dem Flugweg anderer Luftfahrzeuge* einen gebührenden *Sicherheitsabstand* ein, dies gilt insbesondere für größere Flugzeuge und Hubschrauber – dem bekannten Drachenflugpionier *Bob Wills* kam bei Dreharbeiten für einen Werbefilm ein Hubschrauber zu nahe und ließ ihm keine Chance mehr.

Auch wenn ein Hubschrauber schon vorbeigeflogen ist, dürfen wir seiner Flugroute nicht in die Quere kommen, denn die Wirbelkörper machen die Luft noch minutenlang unsicher! Der Luftraum ist deshalb sorgfältig zu beobachten und vorgegebene Flugschneisen bzw. Kontrollzonen und -bereiche sind einzuhalten bzw. zu meiden.

Ein spezielles Problem bilden die Turbulenzen und Abwinde eines *Lee-Rotors.* Unlängst berichtete ein Pilot in einem Artikel im ›Drachenflieger‹ unwidersprochen, er habe im Lee-Rotor die Kontrolle über sein Gerät verloren, »obwohl er instinktiv voll rausgedrückt« habe. Natürlich war diese Reaktion grundverkehrt – *gerade im Rotor-Abwind gilt es durchzuziehen, um die sichere Eigengeschwindigkeit beizubehalten.* ***Ab etwa 10 km/h Windgeschwindigkeit meiden wir den Einflußbereich von Leehängen;*** unter diesen Bedingungen verzichten wir auf einen Start, auch wenn der Windsack uns trügerische Aufwinde verspricht; wir wissen, daß diese vom aufsteigenden Ast des Rotors gebildet werden.

WINDSCHERUNGEN

Fließen zwei Luftströme mit unterschiedlicher Geschwindigkeit und/oder Richtung aneinander vorbei (= Windscherung), so hat dies außer den entstehenden Turbulenzen für den Drachenflieger eine weitere unangenehme Folge: Die Kontrolle der

Abb. 44: **Windscherungen**

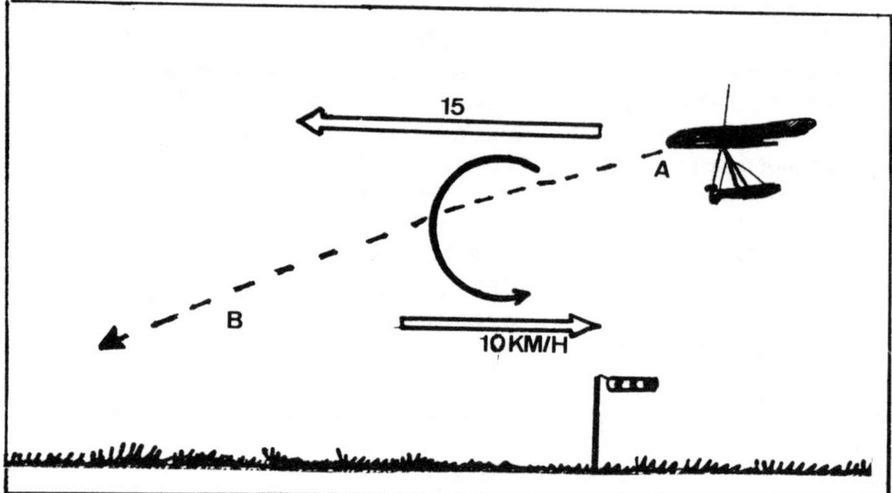

a) Außer den Turbulenzen sind bei der Landung gegen den Wind kaum Probleme zu erwarten.

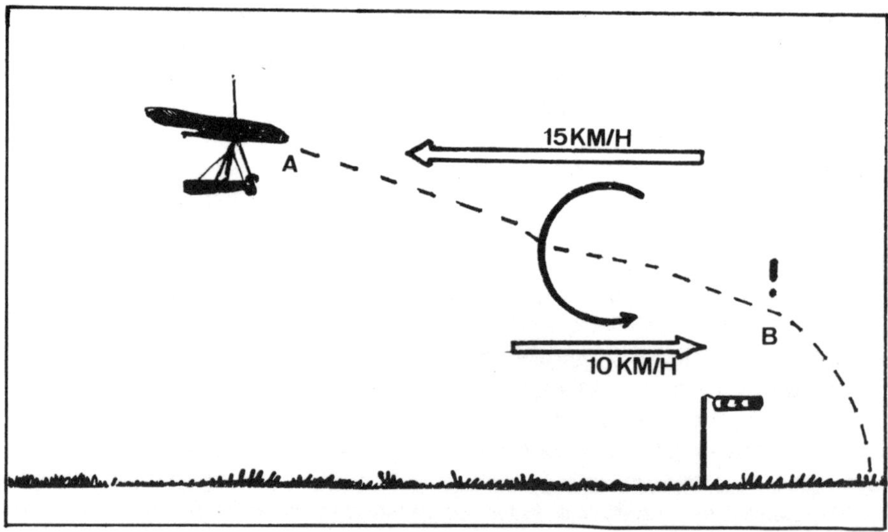

b) Neben der Rückenwindlandung und den Turbulenzen droht in B der Strömungsabriß mit anschließendem Crash.

Eigengeschwindigkeit wird überaus schwierig, denn unser Gerät kann sich infolge seiner Trägheit nicht schnell genug der neuen Strömungsgeschwindigkeit anpassen.
Ein Drachen, der mit einer Eigengeschwindigkeit von 30 km/h fliegt, hat bei 15 km/h Rückenwind eine Grundgeschwindigkeit von 45 km/h (Punkt A). Bei Punkt B hat sich seine Grundgeschwindigkeit jedoch mehr als halbiert – er fliegt nun gegen den Wind. Außer einem recht dummen Gefühl und einigen Turbulenzen eigentlich nicht weiter erwähnenswert, es sei denn, der Landeplatz wird nicht mehr erreicht. (Vgl. Abbildung 44 a.)
Gefährlicher wird es, wenn die Flugroute umgekehrt verläuft (Abbildung 44 b). Orientiert sich ein Pilot an der Geschwindigkeit über Grund, so reißt ihm spätestens im Punkt B die Strömung ab – die Ursache vieler schwerer Unfälle. Aus diesem Grunde leistet ein Geschwindigkeitsmesser gerade dem Anfänger gute Dienste, auch wenn dieser einmal unvorschriftsmäßig mit Rückenwind landen muß.

Der Windgradient

Als spezielle Scherung ist der schon bekannte *Windgradient* für uns Drachenflieger ein äußerst unangenehmer Geselle. Beim Fliegen sowie Kurven in Hang- und Bodennähe gilt es, die Auswirkungen des Windgradienten rechtzeitig in die Flugmanöver mit einzuplanen, um unliebsamen Überraschungen vorzubeugen.
An einem Beispiel können wir uns dies klarmachen: Unser Pilot in Abbildung 45 a soart bei frischem Wind dicht über den Bäumen. Ist sein Vorhaltewinkel zu gering,

Abb. 45a: **Windgradient**

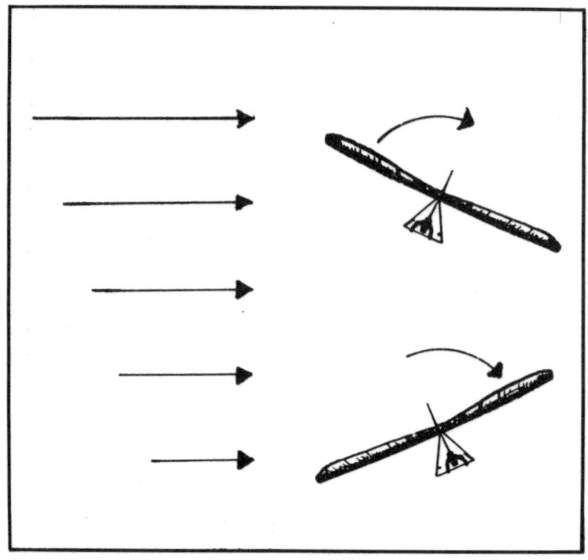

a) Bei Kurven aus dem Wind: Unterstützung der Rollbewegung (→ ›Über-steuern‹)

b) Bei Kurven in den Wind: Dämpfung der Rollbewegung.

Abb. 45b: **Auswirkungen des Windgradienten**

so läuft er Gefahr, unfreiwillig in den Hang zu kurven, denn durch den Windgradienten greift die Luft an der hangäußeren Flügelseite mit einer spürbar größeren Geschwindigkeit an als an der hangnahen Seite und bewirkt einen Rolleffekt. Auch bei der letzten Kurve des Landeanflugs ist Vorsicht geboten, *da der Windgradient das Rollverhalten des Gleiters fördern oder hemmen kann.* Leiten wir eine Kurve in den Wind ein, so werden wir hierfür einen ungewohnten Kraft- und Zeitaufwand benötigen: Die höhere kurvenäußere Flügelseite wird durch den Windgradienten in ihrer Rollbewegung gehemmt (Abbildung 45 b). Den umgekehrten Effekt erfahren wir, wenn wir aus dem Wind kurven wollen – die Wirkung des Windgradienten wird dann oft als ›Übersteuern‹ des Piloten fehlgedeutet.

STALL-TRAINING

Es wurde schon erwähnt, daß der *Strömungsabriß in Bodennähe die Hauptursache aller schweren Drachenflugunfälle* ist. Was liegt also näher als ein systematisches Stall-Training schon bald nach dem Anfängerstadium?
In einer sicheren *Höhe von über 300 Metern* und bei *ruhigen Verhältnissen* tasten wir uns unter Anleitung eines Fluglehrers oder eines Könners *mit dem gewohnten Gerät* langsam an den gefürchteten Grenzbereich heran. Schon vor dem eigentlichen Stall bemerken wir, daß die flügelinneren Strömungsfäden herumwirbeln und schließlich in die falsche Richtung zeigen. Drücken wir den Steuerbügel vorsichtig etwas weiter hinaus, so greift der Strömungsabriß auf den gesamten Flügel über: Das vertraute Fahrtgeräusch weicht plötzlich einer trügerischen Stille, der Steuerbügeldruck fehlt und das Vario zeigt ein erhöhtes Sinken an. Unser Gleiter ist kaum

noch steuerbar und besonders das Achterliek beginnt zu flattern. Ein gut getrimmter Drachen nimmt nach einer kurzen Stall-Phase bei neutraler bis leicht gezogener Steuerbügelstellung selbständig Fahrt auf und die Strömung legt sich wieder an – außer einigen verschenkten Höhenmetern eigentlich kein besonderes Vorkommnis, obwohl manche Geräte zu ausgeprägten Reaktionen neigen. Nur wer die Symptome des Stalls bei seinem Gerät kennt und sich bewußt und schrittweise an diesen Flugzustand heranwagt, lernt ihn zu vermeiden oder durch eine angemessene Reaktion zu entschärfen.

DER BLINDFLUG

Da es beim Thermikflug und beim Segeln im Hangaufwind zur Kondensation des in der Luft vorhandenen Wasserdampfes, also zur Wolkenbildung kommen kann, sind beizeiten einige klare Worte angebracht. *Besonders beim Hangsegeln ist das Einfliegen in die Wolke verantwortungslos, weil wir uns nahe am Berg befinden.* Die zu erwartenden Turbulenzen und die fehlende Sicht sind geeignet, daß wir die Orientierung völlig verlieren: Zum einen wissen wir nicht, in welche Richtung wir fliegen und zum anderen sind wir nicht sicher, ob sich der Drachen noch in der horizontalen Fluglage befindet. Natürlich gibt es den Kompaß, der einem im Geradeausflug die Richtung weisen kann, aber ohne künstlichen Horizont – im Segelflugzeug meist vorhanden – sind, ganz abgesehen von der Möglichkeit einer Hangberührung oder einer ›Mid-Air-Kollision‹, die Gefahren beim Blindflug nicht kalkulierbar. Also gilt: *Im Hangaufwind oder in der Thermik halten wir einen ausreichenden, d.h. gesetzlich vorgeschriebenen horizontalen und vertikalen Abstand zur Wolke ein.* Besonders im Gebirge und bei einer niederen Taupunkt-Differenz ist zu bedenken, daß sich Wolken bzw. Nebelschwaden im Nu bilden können. ›Glück im Leichtsinn‹ hatte ein Pilot aus dem Schwarzwald, der beim Soaren in den Wolken verschwand, nicht mehr wußte, wo vorne und hinten ist und sich unversehens in den Lee-Turbulenzen hinter dem Berg befand. Die Notlandung auf einem Golfplatz verlief glimpflich. Weniger glimpflich allerdings endete die Kollision zweier Piloten, die im August 1981 am Neunerköpfle bei Tannheim in eine Wolke einflogen und kurz darauf nach einem Zusammenstoß wieder herausfielen; beide überlebten den Unfall nicht!
Vor dem ungeheueren Steigen unter einer *Gewitterwolke* (in der Wolke werden bis 40 m/s erreicht!) können wir uns durch Steilspiralen – dabei ziehen wir die kurveninnere Steuerbügelseite bis zum Körper durch – retten. Vorsicht ist allerdings geboten, denn neben einem Sinken von bis ca. 10 m/s treten extrem hohe Belastungskräfte auf. Im Normalfall und bei genügend Abstand von der Wolke werden wir es deshalb vorziehen, im Schnellflug der drohenden Gefahr zu entkommen. Einmal in der Wolke, hat wohl nicht jedermann die Nerven und das Glück wie jener spanische Pilot, der in Andalusien einem Cumulonimbus ›in die Klauen fiel‹, in 4000 Metern Höhe seinen ›Atlas‹ verließ und sich samt seinen Instrumenten (die er vorher abmontiert hatte!) bis in etwa 800 m über Grund frei durchfallen ließ. Fallschirm und Gurt fingen den Entfaltungsstoß bei einer Geschwindigkeit von über 200 km/h auf und der Pilot blieb unverletzt!

UNTERKÜHLUNG

Vor allem im Zusammenspiel mit Nässe und Wind potenzieren sich Wirkung und Gefahren der Kälte. *Da eine Windgeschwindigkeit von beispielsweise 32 km/h (ungefähre Eigengeschwindigkeit!) verbunden mit plus 2 Grad Celsius Lufttemperatur schon dieselbe auskühlende Wirkung erzielt wie minus 11 Grad Celsius bei Windstille, ist eine entsprechende Kleidung unverzichtbar.*

Eine *Seidenhaube* für Gesicht, Nase und Ohren ist bei mäßigen und kalten Temperaturen neben *Daunenhandschuhen* mit langen Stulpen (Fäustlinge mit separatem Daumen und Zeigefinger ratsam) eine lohnende Investition. Einige findige Piloten allerdings fliegen normalerweise mit Fingerhandschuhen, haben die Fäustlinge aber an einer dünnen Schnur befestigt und zwischen Gurt und Körper verstaut. Im Bedarfsfall können diese dann hervorgeholt und übergezogen werden. Als optimale Lösung haben sich jedoch am Steuerbügel befestigte ›Handfairings‹ aus Neopren erwiesen.

Lange Unterhosen bzw. Skiunterwäsche (z.B. Seide, ›Dunova‹, ›Helly Hansen‹ oder Angora), ein *Nierenschutz* und warme lange *Socken* schützen zuverlässig vor Unterkühlung. *Mehrere dünne Bekleidungsschichten* leisten bessere Dienste als z.B. der dickste Pullover. Weil wir in der Luft ›arbeiten‹, sollte die *Kleidung schweißabsorbierend* sein und zugleich *atmen* können; ein ziemlich schwieriges Unterfangen, denn die Außenkleidung muß zudem vor Feuchtigkeit schützen! Neueste Gewebe wie ›Gore-Tex‹ erfüllen zwar diese Anforderungen, sind aber noch immer sündhaft teuer.

Ein gebrauchter oder im Winterschlußverkauf erstandener *Skioverall* scheint als Kompromiß denkbar. *Gefütterte Arbeitsoveralls* (siehe Versandhauskataloge) erfüllen den selben Zweck und sind billiger. Beim Kauf achten wir vor allem auf eine ausreichende Größe, gute Wärmeisolierung und auf die Atmungsaktivität – eine zu starke Imprägnierung verhindert diese – des Produkts.

Mit einer angemessenen Kleidung meiden wir die Gefahr der Unterkühlung, die naturgemäß mit einer mangelnden Konzentrations- und Reaktionsfähigkeit verbunden ist. Zudem wäre es jammerschade, einen vielversprechenden Flug wegen mangelhafter Ausrüstung abbrechen zu müssen.

SAUERSTOFFMANGEL – HÖHENKRANKHEIT

Mit der Höhe nimmt der Sauerstoffgehalt der Luft ab und die Belastung des Organismus' im selben Maße zu. Der Körper kann sich je nach Konstitution und Training mehr oder weniger an größere Höhen anpassen – wie sonst hätte es Reinhold Messner schaffen können, ohne Sauerstoffgerät den fast 9000 Meter hohen Mount Everest zu besteigen? Da die Höhenfestigkeit jedoch starken individuellen Schwankungen ausgesetzt ist – auch die ›Tagesform‹ spielt eine nicht zu unterschätzende Rolle – müssen wir von Durchschnittswerten ausgehen. Und diese besagen, daß der Körper schon ab etwa 2000 m Höhe Anpassungsprozesse in Form von höherer Atmungs- und Pulsfrequenz zu bewältigen hat. Bis in etwa 3500 bis 4000 m Höhe verkraftet der Organismus die Anpassung ohne bemerkenswerte negative Auswir-

kungen, wobei übermäßiger Alkohol- und Nikotingenuß sowie eine schlechte körperliche Kondition durch Krankheit oder Schlafmangel auch diese Grenze herabsetzen können.
Über 4000 m aber ist in der Regel ein Sauerstoffgerät zu benutzen, um den gefürchteten Höhenrausch bzw. die Höhenkrankheit zu vermeiden. Ernsthafte Störungen von Sinneswahrnehmung und -verarbeitung können zur Gefährdung der Flugsicherheit führen. Euphorische Stimmungen, mit denen die Überschätzung der eigenen Fähigkeiten und eine Unterschätzung möglicher Gefahren einhergeht, sollten unbedingt vermieden werden. Aber auch eine übermächtige Müdigkeit, lethargische Stimmungen, Kopfschmerzen und tiefste Niedergeschlagenheit können Anzeichen der Höhenkrankheit sein, der wir zuverlässig nur mit dem Sauerstoffgerät begegnen können.
In den USA mit ihren rekordträchtigen Fluggebieten im Westen werden seit neuestem kleine, aber leistungsfähige *Sauerstoff-Atmungsgeräte* in den Fachzeitschriften angeboten.

›FLIEGEN WIE EIN VOGEL‹ – DIE BAUMLANDUNG

In vielen Fluggebieten gehört es zum guten Ton, mindestens schon einmal im Baum ›gesessen‹ zu sein. In der Regel verläuft eine kontrollierte Baumlandung glimpflich – es kommt also vor allem auf das richtige Verhalten des Piloten an. Wird eine Baumlandung unumgänglich oder zumindest risikoloser als eine ›enge‹ Landung mit wahrscheinlicher Hindernisberührung, so gilt es, einen kühlen Kopf zu bewahren. Zunächst einmal visieren wir einen geeigneten Baum an. *Ideal sind Laubbäume, in denen sich die Drachenverspannung gut verfangen kann.* Wie bei der Normallandung wird über der Baumkrone voll rausgedrückt und schon sitzen wir sicher im (hoffentlich nicht allzu hohen) Geäst. Besonders bei starkem Wind und auch in Nadelbäumen halten wir uns sofort an einem Ast fest, um ein Abgleiten zu verhindern. Zur *Sicherung* binden wir eine mindestens 4 m lange Reepschnur, die wir am Gurtzeug befestigt haben, an einen tragfähigen Ast. Haben wir kein Sicherungsseil zur Hand, ziehen wir die *Verbindungsleine des Fallschirms* aus dem Container und sichern uns damit. Erst dann können wir uns aus dem Gerät aushängen und nach dessen Sicherung vom Baum heruntersteigen. Bei hohen Bäumen mit wenig Ästen allerdings sollten wir geduldig auf die Hilfsmannschaft warten: in mehreren Fällen schon endete eine glücklich verlaufene Baumlandung wegen Nachlässigkeiten beim Abstieg fatal. Um der Hilfsmannschaft die Bergungsarbeit zu erleichtern, empfiehlt es sich, immer eine etwa *40 m lange Angelschnur* bereitzuhalten, die am Ende mit einem kleinen Karabiner versehen ist, und mit der wir auch aus dem höchsten Baum das Rettungsseil heraufziehen können.

AUSLÖSUNG DES RETTUNGSSYSTEMS

Halten wir uns an die Ratschläge zur Vermeidung und Überwindung von Gefahrensituationen, so dürfte sich dieses Kapitel erübrigen. Wir alle sind indes nur Menschen und machen irgendwann vielleicht einen vermeidbaren Fehler. Das regelmäßige mentale Training, die geistige Vorwegnahme von Gefahrensituationen mit anschließender Fallschirmrettung, ist deshalb ein ›Muß‹ für alle, die länger leben und fliegen wollen. Dabei simulieren und automatisieren wir die im einzelnen notwendigen Schritte und Handgriffe. *Im Bedarfsfall werfen wir den Fallschirm ohne zu zögern und kräftig so hinaus, daß er sich nicht verheddern kann.* Haben wir vor der Auslösung genügend Höhe, steigen wir vorsichtig in den Bügel, damit wir den am Schirm hängenden Gleiter besser steuern können. Ansonsten haben wir in aufrechter Position die beste Kontrolle beim Herauswerfen des Schirmes und Steuern des Drachens. Vor der Landung empfiehlt es sich, die Kielstange oder die Seitenstangen des Steuerbügels fest zu umklammern, damit das Drachengestell als ›Knautschzone‹ den Aufprall dämpfen kann.
Wir sollten uns die folgenden **Schritte zur Auslösung des Rettungssystemes** einprägen und in der Luft regelmäßig gedanklich durchspielen:

① *Bei ausreichender Höhe: Vorsichtig in den Bügel steigen*
② *Schauen, wo der Griff sitzt*
③ *Ruhig und bestimmt den Griff fassen – gegebenenfalls den Innencontainer herausziehen*
④ *Schauen, wohin wir werfen*
⑤ *Werfen, ohne zu zögern – im Falle der Nichtöffnung: Verbindungsleine sofort wieder zurückziehen (Neuauslösung!)*

Die probeweise Auslösung des Rettungssystems kommt aufgrund der damit verbundenen Gefahren – schlechte Steuerbarkeit und hohe Sinkgeschwindigkeit – nicht in Betracht. In geringen Höhen lösen wir im Zweifelsfalle sofort aus, während wir bei viel Bodenfreiheit nach Möglichkeit versuchen, die gefährliche Situation auch ohne Rettungssystem zu meistern. Bei Gerätebruch, Aufbaufehlern oder drohender Bewußtlosigkeit kann ein Zögern tödlich sein, genauso wie leichtsinnige Flugmanöver in Bodennähe – *auch das beste Rettungssystem benötigt eine gewisse Auslösezeit und ist keine Lebensversicherung.*

Die Landung

DIE LANDEEINTEILUNG

»Heruntergekommen sind sie alle«, so lautet eine alte Fliegerweisheit. Die Frage ist nur ›wie?‹. Eine gute Landetechnik erspart Verletzungen, Gerätebruch und viel Ärger. Vom Segelflug her kennen wir die **klassische Landeeinteilung** (Siehe Abbildung 46 a), deren Grundsätze auf den Drachenflug übertragbar sind.

In P_1, etwa 100 m vor der ›**Position**‹ (die Stelle 100 m querab vom Landekreuz), sollten wir mit einem Hochleistungsgleiter unsere Höhe auf ca. 50 m abgebaut haben. Mit dem Wind fliegen wir über die ›Position‹ und *lassen von nun an den Windsack nicht mehr aus den Augen. Bei* P_2 leiten wir die **Queranflug**kurve ein und haben danach noch etwa 25 m Höhe. Die Landekurve bei P_3 ist etwa 10 m über Grund beendet, so daß wir den Landepunkt fast blind treffen müssen – der angenommene schwache Gegenwind hebt in etwa den Bodeneffekt auf.

Der geschilderte Idealfall bildet eine Ausnahme. Fliegen wir zu hoch an, so können wir durch S-Kurven und durch ein weiteres Ausholen beim Queranflug (gepunktete Linie) den Höhenüberschuß abbauen. Sind wir in P_3 dann immer noch zu hoch, können wir uns aufrichten, den Steuerbügel ziehen und die Beine spreizen – beson-

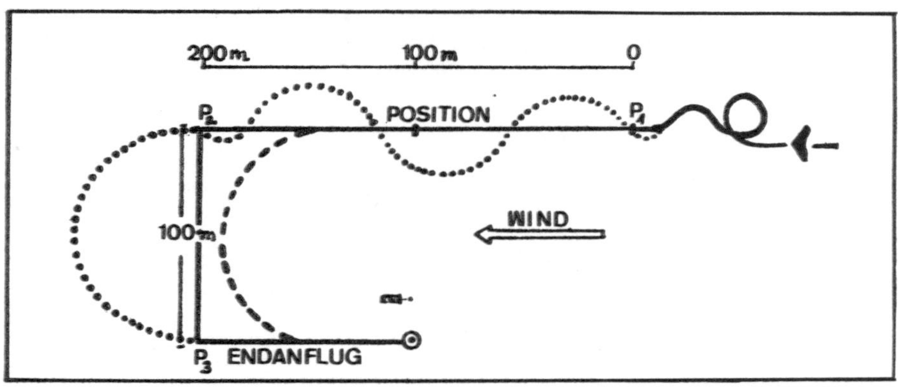

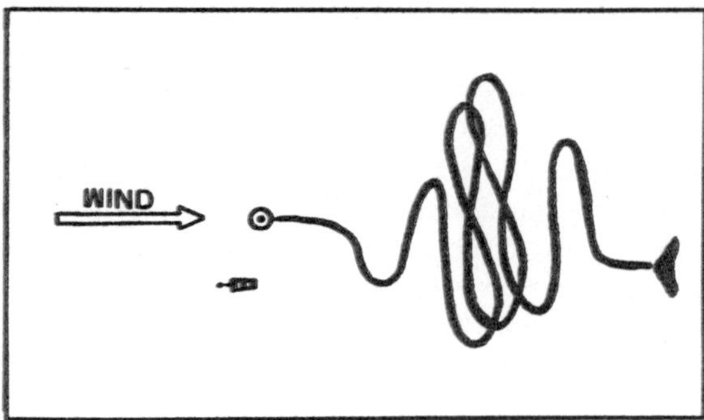

Abb. 46a: **Die klassische Landeeinteilung**
Im Gegenanflug (P_1–P_2), Queranflug (P_2–P_3) und Endanflug wird die Höhe systematisch abgebaut.

Abb. 46b: **Landeeinteilung bei starkem Gegenwind:**
Bei starkem Gegenwind und mit einem wendigen Gerät kann auf diese Weise gelandet werden.

ders bei Integral- und Schlafsackgurten verkürzt so der schädliche Widerstand den **Endanflug** erheblich. Fliegen wir andererseits zu tief an, müssen wir das Programm notgedrungen kürzen (gestrichelte Linie). Schätzungsfehler, Turbulenzen, Böen oder unerwartete Thermik erfordern bei der Landeeinteilung dauernde Wachsamkeit, Reaktionsvermögen und Flexibilität, wobei uns etwas Überfahrt die nötige Sicherheit verleiht (in Bodennähe sind Flugfehler immer gefährlich weil nicht mehr korrigierbar!).
Ob wir die Landeeinteilung nun in Linkskurven oder andersherum durchführen, hängt davon ab, wo der Luftraum für den Gegen- und Queranflug hindernisfrei ist. Auf alle Fälle gehört die klassische Variante der Landeeinteilung zum Standardrepertoire eines jeden Piloten und ist besonders bei engen Landeplätzen unverzichtbar.
Vor dem Start in neuen Geländen ist der Landeplatz gründlich unter die Lupe zu nehmen und die Landeeinteilung geistig vorwegzunehmen. Hilfspunkte wie z.B. Bäume oder Häuser bilden dabei in heimischem und fremdem Gelände einen sicheren Orientierungsrahmen.
Eine zweite Möglichkeit, den Landekreis zu treffen, wird in Abbildung 46 b dargestellt. Für diese Variante ist allerdings ein stärkerer Gegenwind, ein wendiges Gerät und ein weiter Landeplatz nötig. Bis zum Endanflug bauen wir die Höhe in S- und Achterschleifen ab, wobei die Nase nicht aus dem Wind gedreht werden darf. Den Windsack und den Landepunkt lassen wir auch hier nicht aus den Augen.
Unabhängig von unserer Landemethode ist ein rechtzeitiges Aufrichten in spätestens 5 m Höhe. Dabei greift erst eine Hand zum seitlichen Steuerbügel, während die andere an der Basis für eine sichere Überfahrt (etwa Geschwindigkeit des besten Gleitens) sorgt.

LANDEN UNTER ERSCHWERTEN BEDINGUNGEN

Befindet sich etwa bei einer Notlandung oder nach einem Streckenflug kein Windsack am Landeplatz, so können andere *Anzeichen* auf die *Windrichtung und -stärke* hinweisen: Rauchfahnen, aufgewirbelter Staub, Bewegungen von Ästen, Blättern, Getreide und Gras sind wichtige Anhaltspunkte. Als zusätzliches Indiz dient uns die Grundgeschwindigkeit des Gleiters, wobei wir den Windgradienten mit einkalkulieren.

Bei Rückenwind

Sind wir – wegen eines fehlenden Windsacks – oder weil der Wind sich während des Endanfluges dreht – zu einer *Rückenwindlandung* gezwungen, so beenden wir unsere Landeeinteilung konsequent und ohne Panik. Dem Strömungsabriß beugen wir durch eine *erhöhte Eigengeschwindigkeit* vor – dabei darf uns die ungewöhnlich hohe Grundgeschwindigkeit nicht irritieren. Wir lassen unseren Gleiter knapp über dem Boden ausgleiten und drücken bei nachlassendem Steuerbügeldruck im letzten Augenblick voll hinaus. Gegebenenfalls müssen wir noch einige Schritte laufen, um einen Crash zu vermeiden. Eine so praktizierte Rückenwindlandung ist bis etwa 10 km/h Windgeschwindigkeit weitaus ungefährlicher als ein verzweifeltes Kurven in den Wind, wenn die Höhe hierfür nicht mehr ausreicht und der Windgradient das Kurvenfliegen erschwert.

Bei Seitenwind

Weht der Wind während des Endanfluges von der Seite, lassen wir die luvseitige Flügelhälfte etwas hängen. In Verbindung mit einem angemessenen *Vorhaltewinkel* wird hierdurch ein Kurven aus dem Wind vermieden. Etwas *Überfahrt* während des Endanfluges sowie ein *weitestmögliches Eindrehen gegen den Wind* nehmen der Seitenwindlandung die Gefährlichkeit.

Hanglandung

Gerade bei Streckenflügen in unbekannte Gebiete werden wir immer wieder zu Landungen in ansteigendem Gelände gezwungen. Unabhängig von der Windrichtung *wird* dabei *stets bergauf gelandet,* wobei wir ähnlich vorgehen wie bei der Rückenwindlandung. In Achterkurven können wir parallel zum Hang das unbekannte Gelände auf Neigung, Bodenbeschaffenheit und Hindernisse hin untersuchen, bevor wir zum *Endanflug* ansetzen: *Mit Überfahrt anfliegen, aufrichten, Bodeneffekt ausnutzen, ausgleiten und voll drücken.* Je steiler der Hang, desto exakter muß unser ›Timing‹ stimmen – drücken wir zu früh, schmieren wir ab, während ein zu schneller Endanflug und ein zu spätes Drücken fast unweigerlich zu schweren Crashs führen. (Vgl. Abbildung 47 a.)
Ein *Endanflug quer zum Hang* kann mit Spannweiten von oft über 10 m kaum gutgehen und sollte grundsätzlich unterlassen werden: Neben der Hangberührung droht hier der Bodeneffekt mit unliebsamen Überraschungen (Abbildung 47 b).

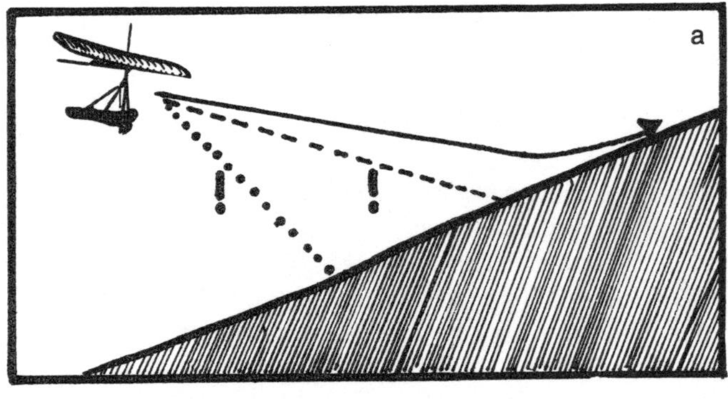

Abb. 47: **Landung in ansteigendem Gelände**
In ansteigendem Gelände wird mit etwas Überfahrt stets bergauf gelandet (a). Endanflüge quer zum Hang führen in steilerem Gelände zur Hangberührung mit der bergseitigen Flügelhälfte (b) oder zu ungewollten Rollbewegungen zur Talseite hin (Bodeneffekt!).

Top-Landing‹

Um den Fluggenuß mit einem möglichst geringen Aufwand zu koppeln, landen Flugexperten bei Aufwinden oft in der Nähe des Startplatzes. Dieses sogenannte *›Top-Landing‹ ist allerdings mit potentiellen Gefahren verbunden: Je stärker der Wind und je abrupter die Übergänge, desto stärkere Rotoren müssen wir erwarten.* In fremden Fluggebieten informieren wir uns deshalb bei den einheimischen Piloten über Eigenheiten des Geländes und zu erwartende Turbulenzen bzw. Rotoren – diese allgemeine Regel gilt insbesondere fürs ›Top-Landing‹. Sind sich die einheimischen Piloten sicher, daß unter den gegebenen Verhältnissen eine Landung oben am Berg gefahrlos möglich ist, kann der erfahrene Pilot mit etwa 45 Grad Restwinkel gegenüber dem Wind in sicherer Höhe über die Hangkante zurückfliegen, um in ausreichender Entfernung hinter dieser gegen den Wind einzudrehen. Die Distanz, die wir leewärts über die Hangkante hinausfliegen müssen, richtet sich nach der Lage der Rotoren und somit nach den speziellen Geländeverhältnissen – wir tun aber grundsätzlich gut daran, den Endanflug mit etwas erhöhter Geschwindigkeit durchzuführen.

Der Crash

Bei Beachtung all dieser Überlegungen werden wir wohl kaum Gefahr laufen, unseren Drachen hart zu crashen. Jedoch ist kein Pilot davor gefeit, Irrtümer zu begehen, und so will auch ein fachgerechter Crash gelernt sein! Schon bei der Grundausbildung wurde uns eingebläut, uns rechtzeitig aufzurichten, *das Gerät so lange wie möglich zu kontrollieren, einen Teil der Aufprallenergie mit den Händen an den Trapezseitenstangen aufzufangen (vorher voll rausdrücken!) und schließlich bei losgelassenem Steuerbügel im Gurtzeug durchzupendeln.* Auf diese Weise muß das Drachengestell den weitaus größten Teil der Aufprallenergie schlucken – besser ein verbogenes Trapez, als ein gebrochener Arm. In der Regel lassen sich jedoch harte Landungen vermeiden, wenn wir uns *von falschem ›Punktlande-Ehrgeiz‹ frei machen* und die Landeeinteilung konzentiert durchführen.
P. S.: Kleine Räder an der Steuerbügelbasis sind nicht unbedingt das Merkmal eines ›blutigen‹ Anfängers ...

›Peile den Fixpunkt‹

Zum Abschluß dieses Kapitels noch ein verblüffend einfaches Verfahren, um festzustellen, ob wir den Landeplatz beim gegebenen Gleitverhältnis auch wirklich erreichen oder ob wir ein Hindernis mit ausreichender Höhe überfliegen können: Nennen wir sie einfach ›Peile den Fixpunkt‹-Methode.
Bei dieser Methode machen wir uns ein im Grunde einfaches Prinzip zunutze:

> *Alle Punkte, die in Verlängerung unseres Flugweges liegen, scheinen sich beim Näherkommen im Gegensatz zu ihrer Umgebung nicht zu bewegen* – wir nennen sie deshalb *Fixpunkte.*

Dagegen werden alle Punkte, die wir mit dem augenblicklichen Gleitverhältnis nicht mehr erreichen können, nach oben wegwandern, während alle Punkte, über die wir hinausfliegen können, sich beim Näherkommen nach unten und auf uns zu bewegen werden.

Diese simple Feststellung können wir in zweierlei Hinsicht für die Flugpraxis nützen: Zum einen hilft uns die ›Peile den Fixpunkt‹-Methode, die Geschwindigkeit zu ermitteln, mit der wir am weitesten kommen und zum anderen erleichtert sie uns die Prognose, ob wir einen bestimmten Landeplatz auch erreichen werden.

Wenn wir möglichst weit, d.h. mit der *Geschwindigkeit des besten Gleitens* fliegen wollen, so suchen wir uns im Gelände einen Punkt, der in Verlängerung unseres Flugweges liegt und sich beim Näherkommen nicht zu bewegen scheint. Wir merken uns diesen »Fixpunkt« (nennen wir ihn ruhig so, auch wenn er noch nicht direkt in Verlängerung unseres Flugweges liegt) und fliegen anschließend mit leicht erhöhter Geschwindigkeit (2-km/h-Schritte!) weiter. Wenn sich der bisherige Fixpunkt nach unten bewegt und etwas größer wird, so haben wir unser Gleitverhältnis verbessert; das Gegenteil ist der Fall, wenn der Fixpunkt nach oben wegwandert. Wir können dieses Spielchen mit verschiedenen Geschwindigkeiten so lange wiederholen, bis bei einer Geschwindigkeitsänderung der Fixpunkt nur nach oben wegwandert, denn dann haben wir die Geschwindigkeit des besten Gleitens gefunden.

Ein Beispiel: Wir fliegen mit 36 km/h und würden in Fortsetzung unserer augenblicklichen Flugroute direkt auf einem Hausdach in der nächsten Ortschaft landen. Ziehen wir nun den Steuerbügel für einige Sekunden leicht durch, so wandert unser Hausdach bei der neuen Geschwindigkeit von 38 km/h nach unten weg und wir würden direkt auf eine Buschgruppe, einhundert Meter hinter dem Haus, zufliegen. Bei einer neuerlichen Geschwindigkeitserhöhung um 2 km/h schinden wir eine zusätzliche Verbesserung des Gleitverhältnisses heraus – wir könnten auf einer Wiese 200 m hinter dem Haus landen. Fliegen wir dann allerdings mit 42 km/h so ist wieder bei der Buschgruppe Endstation. Die optimale Geschwindigkeit (bestes Gleiten) liegt demzufolge bei 40 km/h.

Das Verblüffende bei dieser Methode ist, daß sie bei turbulenzfreien und gleichmäßigen Windverhältnissen zuverlässig funktioniert. Wahrscheinlich haben schon viele erfahrene Piloten diese Methode unbewußt angewandt; wenn wir jedoch exakt wissen, wie sie funktioniert, können wir sie bewußt anwenden und perfektionieren.

Auch in brenzligen Situationen können wir uns der ›Peile den Fixpunkt‹-Methode bedienen. Nehmen wir einmal an, wir sind beim Streckenflug über einem ausgedehnten Waldgebiet abgesoffen, sehen aber in der Ferne ein einzeln stehendes Gehöft mit ausreichenden Landemöglichkeiten. Unser Dilemma ist jedoch, daß wir jenseits des Waldes noch eine Straße und vor allem eine Telefonleitung überqueren müssen, bevor wir den sicheren Landeplatz erreichen. Da es auf jeden Fall knapp werden wird, wählen wir ein Objekt direkt hinter der Telefonleitung: In diesem Falle ein mit ⊗ gekennzeichnetes Buschwerk (Abbildung 48 a). Wandert nun die Telefonleitung über dem Buschwerk beim Näherkommen nach unten weg, so können wir die Leitung in sicherer Höhe überfliegen. (Vgl. Abbildung 48 b.) Pech haben wir allerdings gehabt, wenn sich die Leitung nach oben bewegt: Wir müssen schon mit einer Notlandung auf der Straße oder mit einer Baumlandung vorlieb nehmen (Abbildung 48 c) – es sei denn, ein unerwarteter Rücken- oder Aufwind hilft uns rechtzeitig, die Leitung zu überqueren.

Das geschilderte Verfahren hilft uns also bewußter und risikoärmer zu fliegen. Für den Genußflieger, der ohne aufwendige Instrumentierung den Traum vom freien Fliegen wahrmachen will, ein ebenso einfaches wie kostenloses Hilfsmittel, wie für den extremen Streckenpiloten, der abschätzen will, ob er die angepeilte Abreißkante unter dem gegebenen Gleitwinkel auch wirklich erreichen kann.

Abb. 48: **›Peile den Fixpunkt‹-Methode**

a
»Komme ich über die Leitung?« Peilung von ⊗ direkt in Verlängerung der Leitung.

b
Leitung wandert gegenüber ⊗ nach unten: »Geschafft!«

c
Leitung wandert gegenüber ⊗ nach oben: »Es reicht nicht!«

V Polare und McCready-Ring – Leistungsoptimierung im Fluge

Bestes Sinken und bestes Gleiten

Das **Gleitverhältnis,** oft als Gleitzahl bezeichnet, *gibt uns das Verhältnis zwischen zurückgelegter Strecke und verbrauchter Höhe an.* Beim Drachenflug wird mit den neuesten Geräten eine Gleitzahl von knapp über 10 erreicht, d.h., aus 1 km Höhe können wir bei ruhiger Luft 10 km weit fliegen, wobei der *Gleitwinkel* γ *von der Flugbahn und einer horizontalen Ebene gebildet wird* (Abbildung 49).

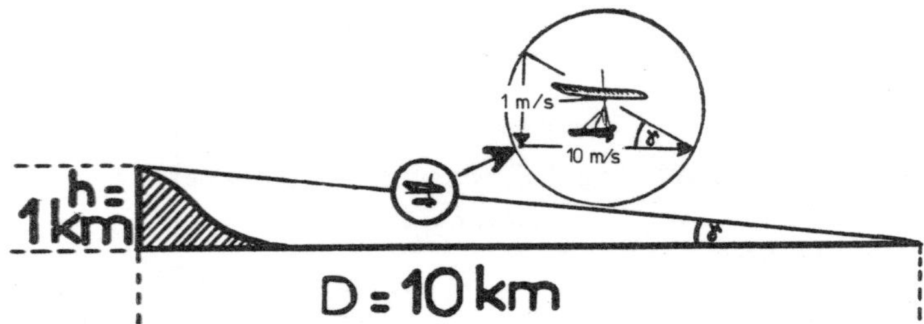

Abb. 49: **Gleitverhältnis und Gleitwinkel**
Das *Gleitverhältnis* gibt an, welche Distanz (D) geflogen werden kann, wenn eine Sinkhöhe (h) zur Verfügung steht. Der *Gleitwinkel* γ ist der Winkel zwischen der Flugbahn und einer horizontalen Ebene. (Die Ausschnittvergrößerung ist überhöht dargestellt.)

Eine andere Überlegung: Bei einer Gleitzahl von 10 fliegen wir aus 1 m Höhe 10 m weit; da unsere Geräte dabei etwa 1 m/sec Eigensinken aufweisen, fliegen wir bei der gegebenen Gleitzahl in 1 s 10 m weit, d.h. mit einer horizontalen Eigengeschwindigkeit von 36 km/h (durch die vertikale Komponente fliegen wir eigentlich etwas schneller, als mit der rein horizontalen Eigengeschwindigkeit – die langsamere Strömung an der Unterseite des Drachens, die unser Geschwindigkeitsmesser anzeigt, gleicht aber diesen geringen Fehler in etwa aus). Auch diese Überlegungen können wir auf Abbildung 49 nachvollziehen.

Bewegt sich nun kein Lüftchen, ist die horizontale Eigengeschwindigkeit identisch mit der Grundgeschwindigkeit und das Gleitverhältnis unseres Gerätes gibt verläßlich an, wie weit wir bei einer gegebenen Höhe tatsächlich fliegen können. Zu ganz anderen Ergebnissen kommen wir, wenn Gegen-, Seiten-, Rücken- und Auf- oder Abwinde die Flugbahn beeinflussen.

Jeder von uns hat schon mit Schrecken festgestellt, daß er bei *Gegenwind* kaum noch vorwärts kam. Bereits ein Gegenwind mit 5 m/s (= 18 km/h) halbiert – die bisherigen Überlegungen vorausgesetzt – unser bisher so gutes Gleitverhältnis. Auch ein *Sinken der Luft* mit 1 m/s hat denselben Effekt: Um mit unserem Gerät 10 km Strecke zu schaffen, müßten wir schon aus 2 km Höhe starten; aus 1 km Höhe kommen wir nur 5 km weit. (Vgl. Abbildung 50 a) Daß auch Seitenwind unser Gleitverhältnis mindert, muß nicht besonders erläutert werden, denn wir müssen bekanntlicherweise ›vorhalten‹ und fliegen so gegenüber der Luft eine weitere Strecke als gegenüber dem Erdboden.

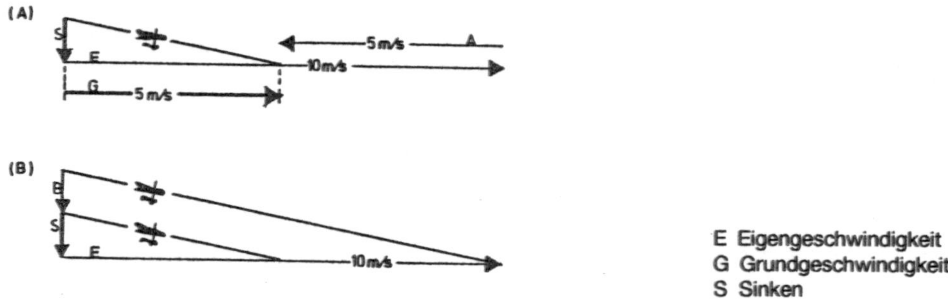

Abb. 50a: **Verkürzung der Flugstrecke durch Gegenwind (A) und Abwind (B)**

Bei *Aufwind* oder *Rückenwind* sieht die Rechnung viel günstiger für uns aus: Ein Rückenwind von 10 m/s (36 km/h) oder ein Steigen der Luft von nur ½ m/s verdoppelt unser Gleitverhältnis (Abbildung 50 b).

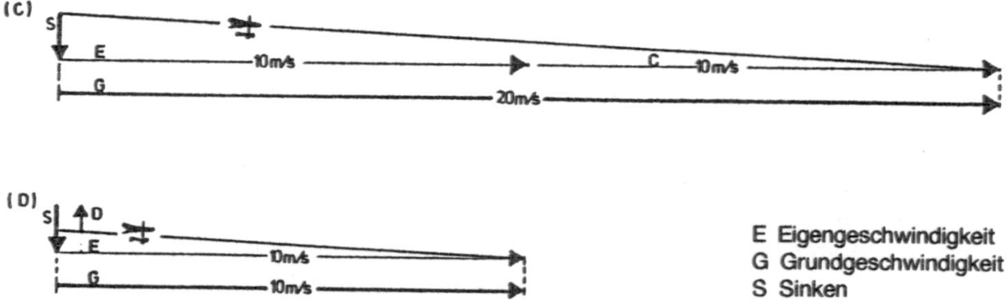

Abb. 50b: **Verlängerung der Flugstrecke durch Rückenwind (C) und Aufwind (D)**

Soweit, so gut – das Ganze ist einleuchtend. In unseren bisherigen Überlegungen sind wir immer von der Geschwindigkeit ausgegangen, bei der unser Drachen in ruhiger Luft am weitesten fliegt: Der **Geschwindigkeit des besten Gleitens.** Verändern wir nun unsere Eigengeschwindigkeit gegenüber dieser Geschwindigkeit, so wird das Gleitverhältnis in jedem Fall vermindert. Allerdings kommt es nicht immer darauf an, möglichst weit zu fliegen – bisweilen ist das ›Obenbleiben‹ wichtiger. Und dies erreichen wir, indem wir die Fahrt zurücknehmen, bis das Gerät die **Geschwindigkeit des geringsten Sinkens** erreicht: Zwar haben wir jetzt nur noch eine – angenommene – Gleitzahl von 9, können dafür aber bei einer gegebenen Starthöhe länger in der Luft bleiben. (Vergleiche Abbildung 51.) Bei den heutigen Topgeräten erreichen wir bei etwa 35 km/h (Geschwindigkeit des geringsten Sinkens) eine Sinkgeschwindigkeit von etwa 0,9 bis 1 m/s, während wir bei der höheren Geschwindigkeit des besten Gleitens im gleichen Zeitraum mehr Höhe opfern müssen.

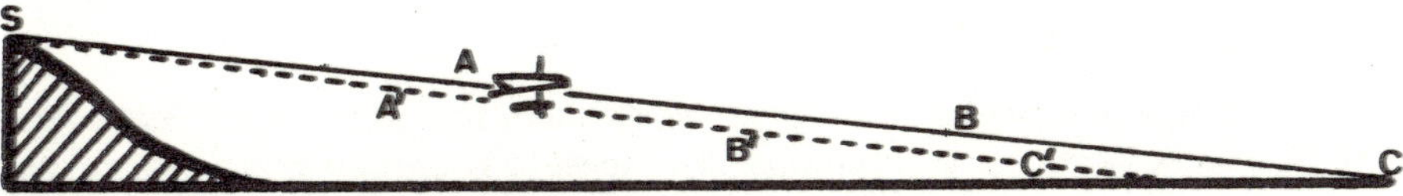

Abb. 51: **Bestes Sinken und bestes Gleiten**
Fliegen wir mit der *Geschwindigkeit des besten Gleitens* (durchgezogene Linie), fliegen wir schneller und kommen weiter als mit der *Geschwindigkeit des besten Sinkens* (gestrichelte Linie); in der gleichen Zeit legen wir im ersten Falle eine größere Strecke zurück (vgl. S–A und S–A′ usw.), sind aber schon in C gelandet, während wir mit der Geschwindigkeit des geringsten Sinkens in C′ noch in der Luft wären.

Die Polare

Versuchen wir doch einmal, die gesamte Leistungskurve unseres Drachens zu erfliegen; auf Millimeter-Papier werden die im Fluge gewonnenen Wertepaare eingetragen: Die **Sinkgeschwindigkeit** in m/s entlang der senkrechten Ordinate und die **Horizontalgeschwindigkeit** in km/h entlang der waagrechten Abszisse. Vorher müssen wir jedoch den gesamten Geschwindigkeits- und Leistungsbereich unseres Gerätes Schritt für Schritt erfliegen: Bei stabilen und windstillen Verhältnissen – am besten frühmorgens oder an einem ›toten‹ Wintertag – ermitteln wir mit Geschwindigkeitsmesser, Variometer und Schreibmöglichkeit (besser noch ein Diktiergerät) unsere Horizontalgeschwindigkeit und das dazugehörige Sinken. Da die Luft selten ganz ruhig sein wird und auch Instrumenten- sowie Ablesefehler drin sind, müssen wir diese Prozedur mit derselben Ausrüstung mehrere Male wiederholen. Nach und nach nähern wir uns dann der Kurve, die das Leistungsvermögen unseres Drachens ungefähr widerspiegelt. Wie beim Segelflug nennen wir sie *›Polare‹* (Abbildung 52). Übrigens können wir bei Geräten, deren Auftriebs- bzw. Widerstandswerte auf einem Testwagen gemessen wurden, vom Hersteller eine Test-Polare anfordern, die in etwa das Leistungsvermögen des Gleiters wiedergibt (der zusätzliche Pilotenwiderstand muß natürlich berücksichtigt sein). Die auf den folgenden Seiten gezeigten Polaren entsprechen in etwa dem Standard der ersten Doppelsegelgeräte.

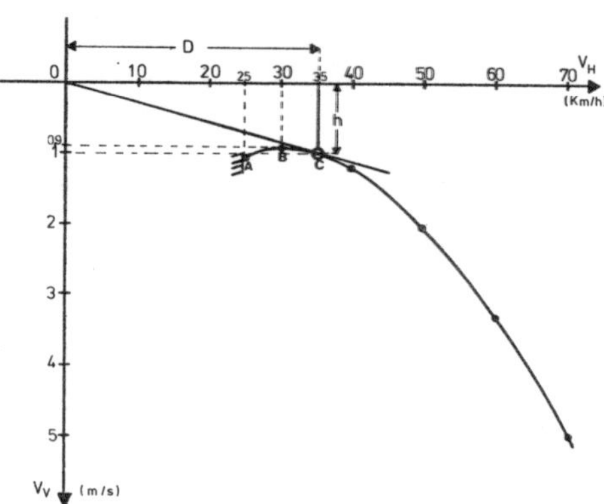

Abb. 52: **Die Polare**
Die Polare zeigt im gesamten erfliegbaren Leistungsbereich des Drachens das Verhältnis zwischen Horizontalgeschwindigkeit (V_H, in km/h) und Sinkgeschwindigkeit (V_v, in m/s).

In jedem Punkt des erfliegbaren Geschwindigkeitsbereiches gibt uns die Polare Auskunft über unsere Horizontalgeschwindigkeit sowie das dazugehörige Sinken. Wir erkennen auch, daß in diesem Beispiel unser Gerät erst ab etwa 25 km/h fliegt *(Stall-Geschwindigkeit im Punkt A),* und daß es bei 30 km/h mit nur 0,9 m/s das geringste Sinken aufweist *(Geschwindigkeit des geringsten Sinkens im Punkt B).* Die Tangente vom Nullpunkt des Koordinatensystems an die Polare gelegt, zeigt die *Geschwindigkeit des besten Gleitens* bei 35 km/h, wobei die Sinkgeschwindigkeit sich auf 1 m/s erhöht hat *(Punkt C),* denn hier ist das Verhältnis zwischen verbrauchter Höhe h und zurückgelegter Strecke D sichtlich am günstigsten – alle anderen Relationen zwischen D und h auf der Polare sind schlechter. Rechnen wir den Höhenverlust h und die zurückgelegte Strecke D auf einheitliche Maße (beide in m, km, oder feet) um, so können wir außerdem das **Gleitverhältnis** unseres Gerätes *(= D:h)* ermitteln.

BESTES GLEITEN BEI WIND

Nun hilft uns die Polare nicht nur bei der Optimierung des Fluges in ruhiger Luft, sondern auch bei Horizontal- und Vertikalbewegungen, d.h., bei Rücken- und Gegenwind oder bei Auf- und Abwinden. Angenommen, wir haben bei 15 km/h **Gegenwind** gerade noch genügend Höhe, um bei optimaler Fahrt den Landeplatz zu erreichen. Die Frage lautet nun: »Wie schnell muß ich fliegen, damit ich bei diesem verdammten Gegenwind noch ans Ziel komme?«
Mit Hilfe der Polare fällt die Antwort nicht schwer. Unser bestes Gleiten über Grund finden wir, wenn wir die Polare um 15 km/h nach links verschieben, denn gegenüber Grund büßen wir aufgrund des Gegenwinds diese Geschwindigkeit ein (genausogut könnten wir das Koordinatenkreuz um 15 km/h nach rechts versetzen – der Einfachheit halber machen wir dies). Wenn wir jetzt die Gleitwinkel-Tangente durch den neuen Nullpunkt an die Polare legen, so können wir die Geschwindigkeit des besten Gleitens bei 15 km/h Gegenwind ablesen: Bei etwa 38 km/h (V_{HP}) erreichen wir unter den gegebenen Bedingungen das beste Gleiten bzw. das optimale Gleitverhältnis. Gegenüber Null-Wind-Verhältnissen hat sich dieses jedoch enorm ver-

a) 15 km/h Gegenwind

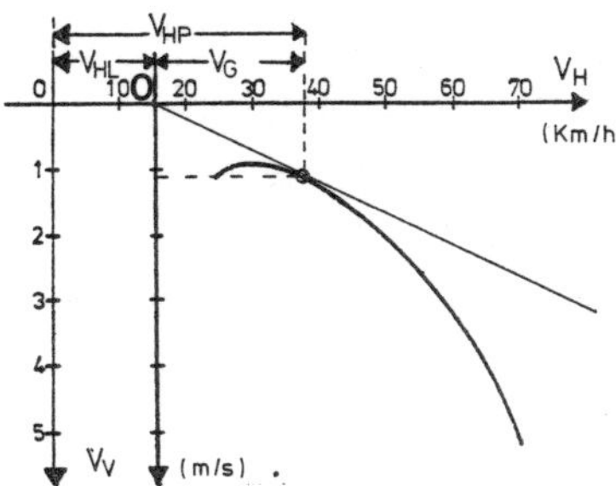

b) 15 km/h Rückenwind

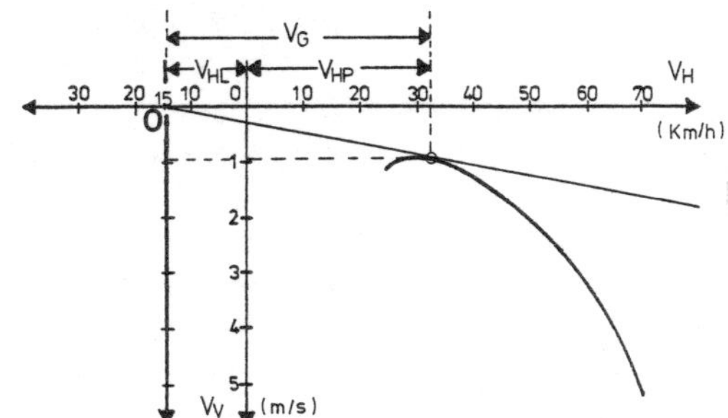

c) 2 m/s Abwind

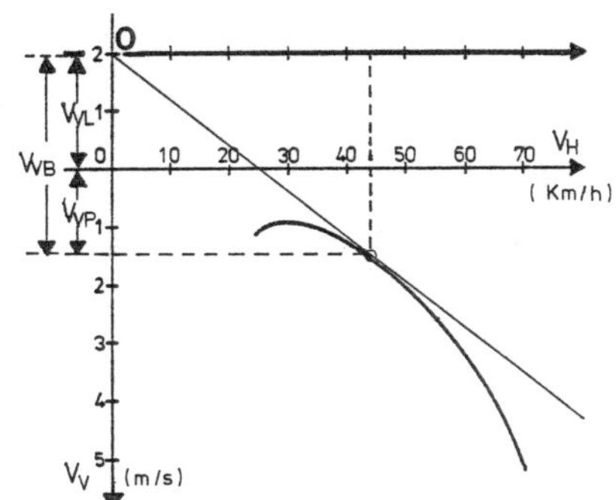

Abkürzungen:
V_{VL}: Vertikalgeschwindigkeit der Luft (des Aufwindes [+] oder des Abwindes [–])
V_{VP}: Polares Sinken des Gerätes
V_{VB}: ›Brutto-Sinkgeschwindigkeit‹ ($V_{VL}+V_{VP}$)
V_{HL}: Horizontalgeschwindigkeit der Luft bzw. des Rückenwindes (+) oder Gegenwindes (–).
V_{HP}: Polare Horizontalgeschwindigkeit des Gerätes (Eigengeschwindigkeit)
V_G: Grundgeschwindigkeit ($V_{HP}+V_{HL}$)

Abb. 53: **Bestes Gleiten über Grund bei unterschiedlichen Verhältnissen**
Um das beste Gleiten über Grund zu ermitteln, müssen wir die Polare entsprechend den herrschenden Verhältnissen verschieben. Zur Vereinfachung können wir auch das Koordinatenkreuz versetzen und die Gleitwinkeltangente vom neuen Nullpunkt (fettgedruckt) an die Polare legen.

schlechtert, denn die *Relation zwischen über Grund zurückgelegter Strecke* (Summe von V_{HP} und V_{HL}: ergibt nur noch eine *Grundgeschwindigkeit V_G* von 23 km/h) und *verbrauchter Höhe* (V_{VP} = 1,1 m/s) zeigt uns, daß wir ohne Gegenwind fast doppelt so weit fliegen würden. Wenn wir jedoch schneller oder langsamer als die ermittelten 38 km/h fliegen, verschlechtern wir unsern Gleitwinkel in jedem Falle – wenn's knapp wird, kann uns die Polare also wichtige Aufschlüsse liefern (siehe Abbildung 53 a).

Bei einem **Rückenwind** von 15 km/h verschiebt sich die Polare logischerweise um diesen Betrag nach rechts bzw. das Koordinatenkreuz nach links – erfreulicherweise können wir nun mit einem verbesserten Gleitverhältnis rechnen. Aus unserem Schaubild (Abbildung 53 b) können wir herauslesen, *daß bei starkem Rückenwind die Geschwindigkeit des besten Gleitens in die Nähe der Geschwindigkeit des besten Sinkens rückt.*

Auch bei **Auf- und Abwinden** müssen wir die Polare bzw. das Koordinatensystem verschieben, und zwar vertikal. Steigt z.B. die Luft mit 0,9 m/s (V_{VL} = + 0,9 m/s)

bedeutet dies ja nichts anderes, als daß wir mit unserem Gerät, das ein geringstes Sinken von 0,9 m/s aufweist, geradeaus fliegen, ohne Höhe zu opfern. Die Polare ist nun um 0,9 m/s nach oben gewandert und die Geschwindigkeit des geringsten Sinkens ist zugleich auch die Geschwindigkeit des besten Gleitens.
Ist auf der anderen Seite jedoch ein Abwindgebiet zu durchfliegen (in unserem Beispiel — 2 m/s), so rückt die Polare nach unten bzw. das Koordinatensystem nach oben. Die Geschwindigkeit des besten Gleitens beträgt nun 44 km/h bei einem polaren Sinken des Gerätes von V_{VP} = 1,4 m/s (Abbildung 53 c).
Natürlich treffen wir in der Praxis meist auf eine *Kombination von Auf-, Ab-, Rücken- und Gegenwinden.* Auch dann können wir das Koordinatenkreuz nach dem bewährten Verfahren verschieben: Bei 2 m/s Abwind und 15 km/h Rückenwind zunächst um 2 m/s nach oben und dann um 15 km/h nach links. Legen wir nun vom neuen Nullpunkt die Gleitwinkel-Tangente an die Polare, so erhalten wir eine Geschwindigkeit des besten Gleitens von 40 km/h bei einem Bruttosinken ($V_{VB} = V_{VL} + V_{VP}$) von 3,2 m/s. (Vgl. Abbildung 54.)

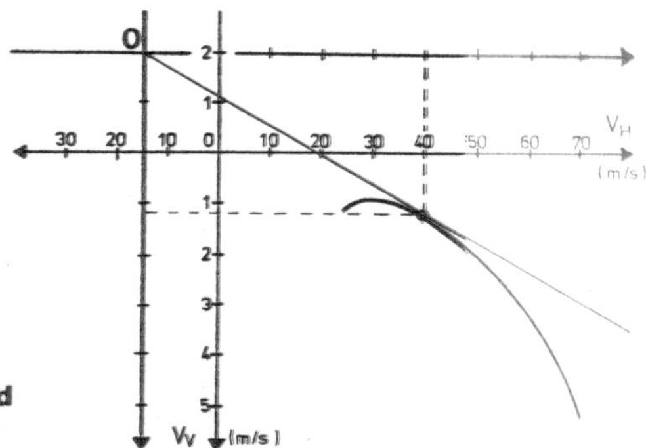

Abb. 54: **Bestes Gleiten bei 15 km/h Rückenwind kombiniert mit 2 m/s Abwind**

Aus den bisherigen Gedankengängen können wir ***zwei Faustregeln*** *zum besten* ***Gleiten über Grund*** ableiten (die Geschwindigkeit des geringsten Sinkens bleibt unberücksichtigt, weil sie sich auch unter wechselnden Verhältnissen nicht ändert):

① ***Bei Abwind und bei Gegenwind:*** **schneller fliegen als mit der Geschwindigkeit des besten Gleitens.**

② ***Bei Aufwind und bei Rückenwind:*** **Langsamer fliegen als mit der Geschwindigkeit des besten Gleitens (ungefähr mit der Geschwindigkeit des geringsten Sinkens).**

Auch für den Drachenflug mit engen Geschwindigkeitsbereichen und steil abfallenden Polaren ist die Kenntnis dieser Faustregeln nicht nur in kritischen Situationen nützlich: Sie können uns vor dem Absaufen bewahren und uns helfen, möglichst weite Strecken zurückzulegen.

Der MacCready-Ring

Zwar reichen die Faustregeln zum besten Gleiten für den Flugalltag völlig aus; *Helmut Denz* flog seine 191 km (siehe S. 194) nach diesen Prinzipien und nannte seine Methode ›MacCready nach Gefühl‹ – er flog dabei allerdings nach eigenen Angaben zu schnell, so daß er einmal beinahe abgesoffen wäre.
Bei größeren Herausforderungen, besonders bei extremen Windverhältnissen, sollten wir deshalb nichts dem reinen Gefühl überlassen, sondern müssen dieses mit dem erforderlichen ›Know-how‹ paaren. Auf den ersten Blick ein schwieriges Unterfangen, denn in der Luft können wir schließlich keine Tangenten an die Polare legen.
Durch eine genial einfache Methode hat der amerikanische Segelflug-Exweltmeister und bekannte Konstrukteur *Paul MacCready jr.* in dieser Frage weitergeholfen: Mit dem nach ihm benannten, drehbaren Ring. *Am Vario angebracht, zeigt der MacCready-Ring die zu jeder angezeigten Sink- oder Steiggeschwindigkeit gehörende optimale Fluggeschwindigkeit für bestes Gleiten über Grund an.* Für diese Methode benötigen wir einen zuverlässigen Geschwindigkeitsmesser, ein Vario – möglichst mit weit gespreiztem Rundinstrument (die übersichtlichere Analog-Anzeige ist der Digital-Anzeige vorzuziehen, obwohl auch bei der Digital-Anzeige ein MacCready-Ring möglich ist – wir müssen diesen nur mit den entsprechenden Sinkwerten des Varios versehen und um die analoge Anzeige des Geschwindigkeitsmessers herum anbringen.) – und einige Gedankengänge, die wir gleich nachvollziehen wollen.

DER MACCREADY-RING FÜR NULL-WIND

Zur Vereinfachung setzen wir einmal horizontal ruhige Luft ohne Rücken- oder Gegenwind voraus, denn hier gilt die Formel ›Eigengeschwindigkeit gleich Grundgeschwindigkeit‹. Wollen wir alle möglichen Vertikalgeschwindigkeiten der Luft berücksichtigen, müssen wir für jede Sinkgeschwindigkeit der Luft bzw. für jedes angezeigte ›Brutto-Sinken‹ (dieses entspricht der Vario-Anzeige) die entsprechende optimale Fahrt ermitteln. Steigt die Luft mit derselben vertikalen Komponente, die unser Drachen bei der Geschwindigkeit des geringsten Sinkens opfert (0,9 m/s), heben sich V_{VL} und V_{VP} auf und unser vom Vario angezeigtes ›Brutto-Sinken‹ beträgt Null. *Beginnend vom Betrag des geringsten Sinkens legen wir nun im Abstand von jeweils 1 m/s Gleitwinkel-Tangenten an die Polare und erhalten so für jede ›Brutto-Sinkgeschwindigkeit‹* V_{VB} *die dazugehörige Sollfahrt* V_{SOLL}.
Das Verhältnis zwischen Sollfahrt und dazugehörigem Brutto-Sinken läßt sich leicht in der **Sollfahrt-Kurve,** auch **›MacCready-Funktion‹** genannt, darstellen: *Von den jeweiligen Sollfahrten-Werten auf der Abszisse aus tragen wir die dazugehörigen Brutto-Sink-Werte senkrecht nach oben auf und verbinden die ermittelten Punkte zur sogenannten ›MacCready-Kurve‹ (punktiert). Aus ihr läßt sich zu jedem Vario-Anzeigewert (›Brutto-Sinken‹) die entsprechende Sollfahrt entnehmen.* Zur besseren Über-

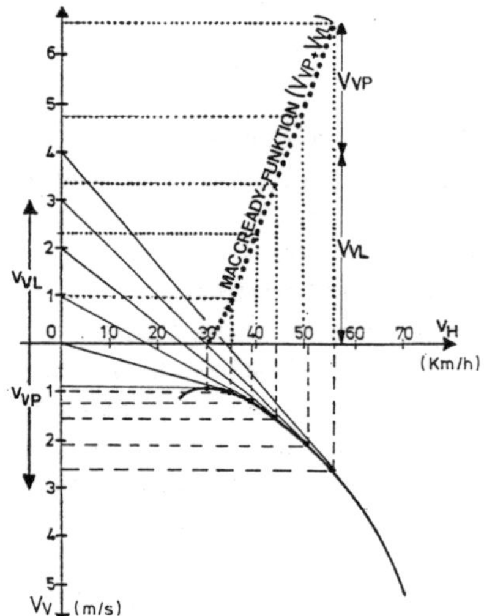

VARIO-ANZEIGE (›Brutto-Sinken‹) in m/s	SOLLFAHRT in km/h
0	30
1,0	35
2,3	40
3,4	45
4,8	50
6,7	55

Abb. 55: **Konstruktion der MacCready-Funktion (Sollfahrtkurve) für Null-Wind**

sicht lesen wir die Sollfahrt-Werte entsprechend der auf unserem Geschwindigkeitsmesser markierten Geschwindigkeitswerte ab: Bei 30 km/h, 35 km/h, 40 km/h usw. (Vgl. Abbildung 55.)

Der Rest ist einfach:

> *Auf einem um die Varioanzeige herum angebrachten Ring tragen wir bei den entsprechenden Sinkwerten des Varios die Sollfahrt-Werte ein und erhalten so einen MacCready-Ring für Luft ohne Horizontalbewegungen. Beim Fluge bleibt uns nur noch die Aufgabe, unsere Eigengeschwindigkeit dem durch die Varionadel angezeigten Wert auf dem Ring anzugleichen.* (Vgl. Abbildung 56.)

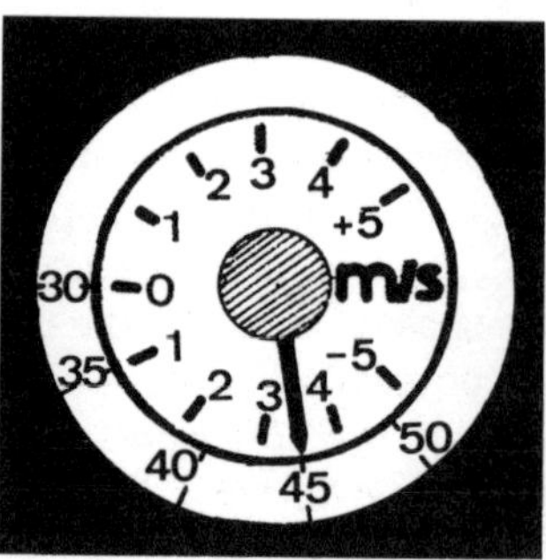

Abb. 56: **MacCready-Ring für Null-Wind**
Auf einer neben dem Vario angebrachten Ringscheibe werden gegenüber den aus der MacCready-Funktion abgelesenen Brutto-Sinkwerten die Sollfahrtwerte aufgetragen (mit wasserfestem Filzstift oder ›Rubbel‹-Zahlen). Die Fahrt ist dem angezeigten Brutto-Sinkwert – hier 45 km/h bei 3,4 m/s Sinken – anzupassen.

DER MACCREADY-RING FÜR GEGENWIND

Da wir Drachenflieger selten auf Null-Wind-Verhältnisse treffen und Rücken- bzw. Gegenwind unsere Sollfahrt mehr oder weniger erheblich beeinflußt, sind wir mit unseren Überlegungen noch nicht am Ende. Im Gegensatz zum Segelflug, bei dem horizontale Luftbewegungen keinen nennenswerten Einfluß auf die Werte des MacCready-Ringes haben (Segelflieger drehen bei starkem Gegenwind allenfalls den Ring etwas nach rechts), *können wir beim Drachenflug auf Sollfahrt-Werte für unterschiedliche Windbedingungen nicht verzichten.* Um keinen unnötigen Daten-Wirrwarr zu erzeugen, wollen wir vorab klären, für welche Windverhältnisse uns die Ringanzeige etwas bringt.

Bei Rückenwind müssen wir nach unseren Faustregeln relativ langsam fliegen, um die beste Gleitgeschwindigkeit über Grund zu erzielen. Ziehen wir Abbildung 54 zu Rate, so stellen wir fest, daß lediglich bei stärkeren Abwinden eine deutliche Fahrterhöhung über die Geschwindigkeit des besten Gleitens hinaus erforderlich ist. *In der Regel erübrigen sich* daher *Sollfahrtwerte für Rückenwind* – wer allerdings Streckenflüge mit Hilfe stärkerer Rückenwinde plant, kann seinen MacCready-Ring in dieser Richtung erweitern.

Bei *Gegenwind* hingegen zahlt es sich aus, genauer hinzuschauen, denn hier können wir die Sollfahrtwerte schwerlich über den Daumen peilen. Für die Praxis reichen zwei Gegenwind-Werte, z.B. 15 und 30 km/h oder 20 und 40 km/h, völlig aus. Mit der uns schon bekannten Methode ermitteln wir zeichnerisch die MacCready-Funktion und übertragen die gewünschten Sollfahrt-Werte auf eine ausreichend breite Ringscheibe. Um eine bessere Übersichtlichkeit zu erzielen, sind in unserem Beispiel die Sollfahrt-Werte für Gegenwind (innerer Skalenkreis: 15 km/h Gegenwind, äußerer Skalenkreis: 30 km/h Gegenwind) von denen für Null-Wind (große Zahlen im inneren Kreis) deutlich getrennt. Diese Trennung ist allerdings nur bei einer ausreichend gespreizten Vario-Anzeige und einer Verstellbarkeit des Ringes möglich. Bei 15 bzw. 30 km/h Gegenwind müssen wir die Dreiecksmarke des Ringes auf die Null-Marke des Varios einstellen und können dann ablesen, daß wir in unserem Beispiel bei 15 km/h Gegenwind eine Sollfahrt von 40 km/h einhalten müssen, während wir bei 30 km/h Gegenwind schon zwischen 45 und 50 km/h fliegen müssen. (Siehe Abbildung 57.)

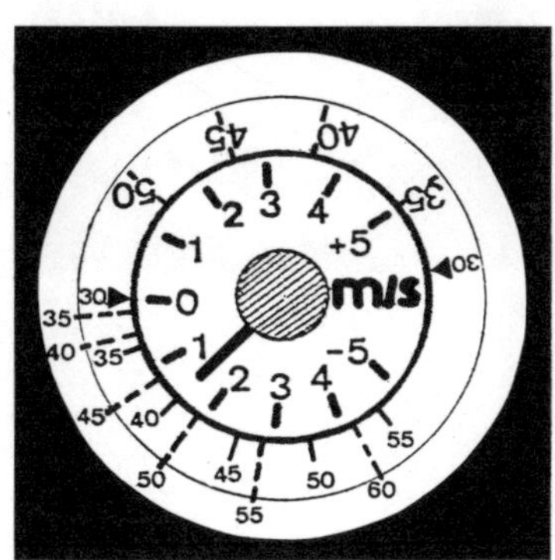

Abb. 57: **MacCready-Ring für Nullwind, 15-km/h- und 30-km/h-Gegenwind**
Dieser MacCready-Ring wird drehbar gelagert. Bei Gegenwind von 15 km/h bzw. 30 km/h wird die Dreiecksmarke (▶) für die Sollfahrtwerte bei Gegenwind auf die Nullanzeige des Varios eingestellt. So beträgt die hier abzulesende Sollfahrt bei 15 km/h-Gegenwind 40 km/h, bei 30 km/h-Gegenwind ca. 47 km/h.

ÜBERLEGUNGEN ZUR ANWENDUNG DES SOLLFAHRT-RINGES

Zwar *können wir die Windgeschwindigkeit und -richtung nur abschätzen (Segelflug-Wetterbericht, Wolkenschatten, Geschwindigkeit des Gleiters über Grund, sonstige Beobachtungen)* und fliegen selten bei Windgeschwindigkeiten, die genau den zugrunde gelegten Werten entsprechen – der MacCready-Ring gibt uns dennoch genügend Hinweise zur Optimierung der Sollfahrt. Ein Irrtum von 5 bis 10 km/h dürfte angesichts der Schwierigkeiten, den Wind abzuschätzen, der Ungenauigkeit unserer Polare sowie der Instrumente kaum zu vermeiden sein und wirkt sich im übrigen nicht dramatisch aus.

Bei normalen Thermik-Verhältnissen wird unsere Hauptsorge sein, oben zu bleiben, um den nächsten Aufwind überhaupt zu erreichen – ginge es uns nicht, wie oben schon erwähnt, um eine Trennung der Sollfahrtwerte für Nullwind und für Gegenwind, so könnten wir den Ring fest und unverstellbar ans Vario montieren. Wenn wir jedoch bei sogenanntem ›Hammer-Wetter‹ (hier soll sogar ein hochgeworfener Hammer in der Luft bleiben!), das mit seinen ungewöhnlich regelmäßigen Aufwinden mit guten Steigwerten ein Obenbleiben fast garantiert, die Reisegeschwindigkeit steigern wollen, benötigen wir einen drehbaren Ring; es lohnt sich also in jedem Fall, die Ringscheibe durch Schrauben o. ä. drehbar zu lagern, falls nicht schon der Vario-Hersteller einen verstellbaren MacCready-Ring im Zubehör-Programm anbietet. In Kapitel VI. werden wir die Flugtaktik nach dem MacCready-Ring genauer unter die Lupe nehmen.

VI Schneller, höher, weiter – Fliegen für Fortgeschrittene

Der Flug im thermischen Aufwind

Bei unseren Freunden, den Segelfliegern, feierte der thermische Streckenflug gerade sein 50jähriges Jubiläum, als dieses Neuland auch für unseren Sport erschlossen wurde. Kein geringerer als der legendäre *Wolf Hirth* ›kurbelte‹ als erster die aufsteigenden Bärte mit Hilfe eines gerade entwickelten Varios bewußt aus und gewann so die erforderliche Höhe für einen respektablen 53-km-Streckenflug.
Lassen wir den Pionier selbst berichten:

> »Die ›Thermik‹ dagegen, so erkannte ich jetzt, treibt als unsichtbarer Luftballon, als ›Thermik-Blase‹ immer mit dem Wind fort und kann nur dann bestens ausgenützt werden, wenn man sich ohne Beachtung des Hanges in ihr kreisend ebenfalls vom Wind forttreiben läßt.
> Als ich dies, am 2. Okt. 1930, am südlich Elmira gelegenen South Hill segelnd zum ersten Mal versuchte und in dem schnell steigenden Aufwind enge Kreise flog, hatte ich sofort Erfolg und stieg von der bisher im Hangwind erreichten Höchsthöhe von 400 m über Start auf beinahe 1000. Bei dem folgenden Streckenflug hatte ich noch mehrmals auf dieselbe Weise kreisend große Höhen erreicht. Da wurde mit bewußt, daß von diesem Tag an der Segelflug einen enormen Aufschwung nehmen würde.«

Natürlich wurden im weiteren Verlauf die Flugtechnik und das Pilotenwissen um dieses Phänomen laufend verbessert und schon beim Rhönwettbewerb im darauffolgenden Jahr nutzte Wolf Hirth seine frisch erworbenen Fertigkeiten zu einem 192-km-Flug bis an die ferne Mosel. Eine neue Flug-Aera hatte begonnen...
Nach den ersten Hüpfern und den darauffolgenden Dauerflügen, kam der *Thermikflug im Deltasport* erst Mitte der siebziger Jahre auf. Die Fluggeräte der 2. Generation sowie ein Leistungsaufschwung bei den Piloten ermöglichten eine schier unglaubliche Entwicklung, die noch lange anhalten wird. Auf den nächsten Seiten wollen wir das Phänomen ›Thermik‹ in seiner Entstehung, seiner Ausformung und vor allem in seiner Ausnutzung durch den Drachenflieger näher untersuchen.

Adiabatische Vorgänge

Jeder weiß, daß warme Luft aufsteigt und daß Thermik nichts anderes ist als aufsteigende Warmluft.

Nun ist es aber relativ, was unter ›Wärme‹ zu verstehen ist. In absoluten Temperaturangaben ist sie jedenfalls nicht zu bestimmen, *vielmehr müssen wir die Wärme eines aufsteigenden Luftpakets im Verhältnis zur Temperatur der Umgebungsluft sehen: Je größer dieser Temperaturunterschied, desto stärker der Auftrieb.* Denn Warmluft hat sich ausgedehnt, hat eine geringere Dichte und ist deshalb leichter als die kältere bzw. dichtere Umgebungsluft. Pro 1 Grad Erwärmung wird ein Kubikmeter Luft um 5 g leichter – ein simples Beispiel verdeutlicht die Kraft, welche die erwärmte Luft zum Aufstieg zwingt: Wird die Luft über einem Städtchen von nur 600 Metern Durchmesser bis in 20 Meter Höhe um 3 Grad erwärmt, so ist sie schon um fast 85 Tonnen leichter geworden!

Löst sich ein Warmluftpaket vom Boden und steigt wie ein Luftballon auf, so dehnt es sich aufgrund des fallenden Druckes der Atmosphäre aus und verliert – die Ausdehnung kostet Energie – Wärme. Diesen Vorgang, bei dem wir Mischungsvorgänge mit der Umgebungsluft vernachlässigen können, nennen wir *›adiabatische‹ Abkühlung.* Ein trocken auf- bzw. absteigendes Luftpaket verliert bzw. gewinnt ein Grad Celsius Wärme pro 100 m Höhe **(Trockenadiabate).** Trocken bedeutet in diesem Falle, daß die Luftfeuchtigkeit keine 100% erreicht hat und daß noch keine Wolken- oder Nebelbildung infolge von Kondensation eingetreten ist (Abbildung 58 a).

Unter *feuchter Luft* verstehen wir ein Luft-Dampf-Gemisch, in dem der vorhandene Wasserdampf kondensiert und Wolkenbildung eintritt – die Luftfeuchte liegt hierbei

a) Trockenadiabate: 1°C/100 m

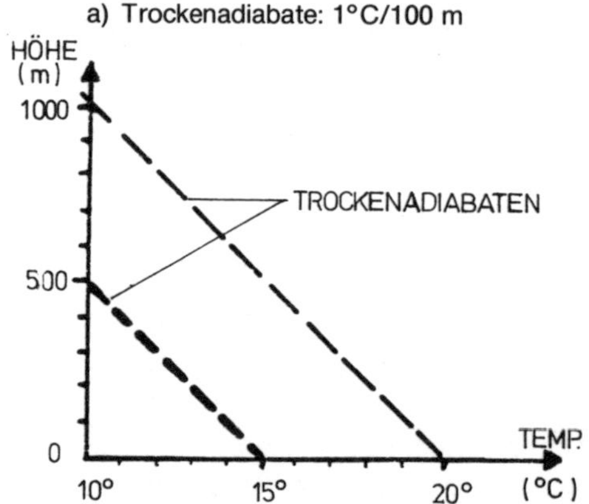

b) Feuchtadiabate: 0,5°C–0,6°C/100 m

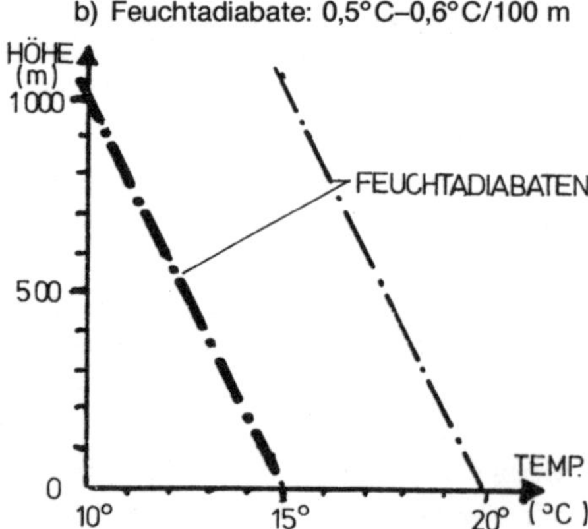

Abb. 58: **Adiabatische Vorgänge**
Steigt ein Luftpaket auf, so kühlt es sich infolge Ausdehnung von innen heraus (adiabatisch) ab. Bei trockener Luft beträgt die Temperaturänderung 1°C/100 m, während sie bei feuchter Luft – hier kondensiert der Wasserdampf zu Wolken – nur noch etwa die Hälfte beträgt. Die Adiabaten, die hier durch 15°C und 20°C laufen, zeigen die Temperatur eines aufsteigenden Luftpaketes zu jeder beliebigen Höhe an.

um 100%. Beim Übergang des Wassers vom gasförmigen zum flüssigen Zustand wird Kondensationswärme frei und die feucht aufsteigende Luft kühlt sich daher in geringerem Maße ab als trockene. Da nun der höchstmögliche Wasserdampfgehalt der Luft bei hohen Temperaturen größer ist als bei tiefen Temperaturen, ist hier auch die frei werdende Kondensationswärme größer bzw. die adiabatische Abkühlung geringer. Bei fallenden Temperaturen hingegen wird der feucht-adiabatische Temperaturgradient **(Feuchtadiabate)** größer und nähert sich dem Wert der Trokkenadiabate. *Je nach Luftfeuchte und Temperatur haben wir eine Feuchtadiabate von etwa 0,4°C bis 0,9°C pro 100 m, wobei wir in Mitteleuropa erfahrungsgemäß von 0,5°C bis 0,6°C pro 100 m ausgehen können* (Abbildung 58 b).

Gleichgewichtszustände der Atmosphäre – die Temperaturzustandskurve

Wir wissen jetzt, daß sich aufsteigende Warmluft abkühlt und zwar trockene schneller als feuchte. Nun wird's spannend: Schrumpft der Temperaturvorsprung gegenüber der Umgebungsluft (= Atmosphäre) schneller, so wird der Steigvorgang rasch beendet sein. Vergrößert sich hingegen der Temperaturvorsprung des aufsteigenden Luftpakets, so wird sich der Steigvorgang in verstärktem Maße fortsetzen. Denn nur wärmere und damit leichtere Luft steigt freiwillig auf, wobei die Steiggeschwindigkeit von der Temperaturdifferenz zur Umgebungsluft bestimmt wird. Da die Werte für adiabatische Vorgänge mehr oder weniger feststehen, müssen wir uns die Umgebungsluft genauer anschauen: *Auf die Atmosphäre kommt es an!*

Die ›**Standard-Atmosphäre**‹ hat einen *Temperaturgradienten von etwa 0,65°C pro 100 m* – kühlt sich also etwa in feuchtadiabatischen Beträgen ab. Diese Faustregel sagt jedoch wenig über den tatsächlichen Temperatur-Verlauf einer konkreten Luftmasse aus. Durch den Aufstieg von Radio-Sonden wird an bestimmten Orten u.a. die *Temperatur-Schichtung der Atmosphäre* vermessen und kann mit Hilfe der *Temperatur-Zustandskurve* graphisch veranschaulicht werden. Schauen wir uns in Abbildung 60 einmal die fettgedruckte Zustandskurve einer konkreten Luftmasse an: In den ersten 200 m nimmt die Lufttemperatur um 2,5°C zu – wir haben es mit einer sogenannten *Inversion* (a) zu tun. Erst dann nimmt die Temperatur mit zunehmender Höhe ab: Zwischen 200 m und etwa 1100 m in stärkerem Maße (b) als zwischen 1100 und 2600 m (c). Zwischen 2600 m und 3000 m haben wir es mit einer *Isothermie* zu tun, denn hier bleibt die Lufttemperatur mit zunehmender Höhe unverändert (d). Danach geht die Lufttemperatur weiter zurück (e).

Was können wir aus dieser Temperatur-Zustandskurve, oft auch kurz *Temp* genannt, entnehmen? Im Prinzip ist dies ganz einfach: *Wir müssen die Temperatur-Zustandskurve mit dem Verlauf der Adiabaten vergleichen und schon können wir Aussagen über das Verhalten eines aufsteigenden Luftpaketes machen.*

Kühlt sich die Atmosphäre im selben Maße ab wie ein adiabatisch aufsteigendes Luftpaket, so sprechen wir von **indifferentem Gleichgewicht;** wird ein Luftpaket, z.B. im Hangaufwind, hochgehoben, hat es zu jedem Zeitpunkt des Hebungsvorganges dieselbe Temperatur wie die Umgebungsluft. Es wird stehenbleiben, wenn die äußere Ursache der Aufwärtsbewegung aufhört zu wirken. Das indifferente Gleichgewicht, auch adiabatisches Gleichgewicht genannt, können wir mit dem

a) Indifferentes Gleichgewicht

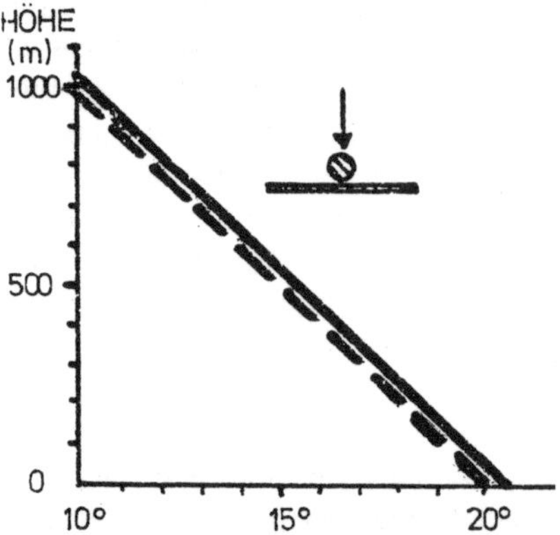

Kühlt sich ein aufsteigendes Luftpaket (Trockenadiabate = gestrichelte Linie) im gleichen Maße ab wie die Umgebungsluft (Schichtungsgradient oder Zustandskurve = durchgezogene Linie), verharrt es an jedem Punkt, an den es gebracht wurde.

b) Labiles Gleichgewicht

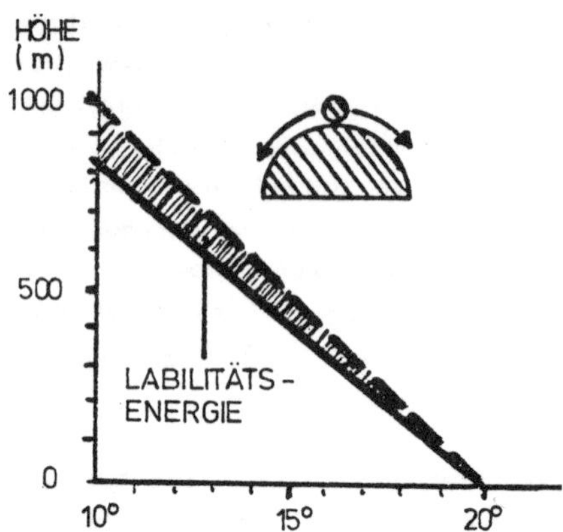

Nimmt die Temperatur der Umgebungsluft schneller ab als die des aufsteigenden Luftpakets, ist dieses leichter und steigt weiter auf. Je größer die Temperaturdifferenz bzw. Labilitätsenergie, desto stärker das Steigen.

c) Stabiles Gleichgewicht

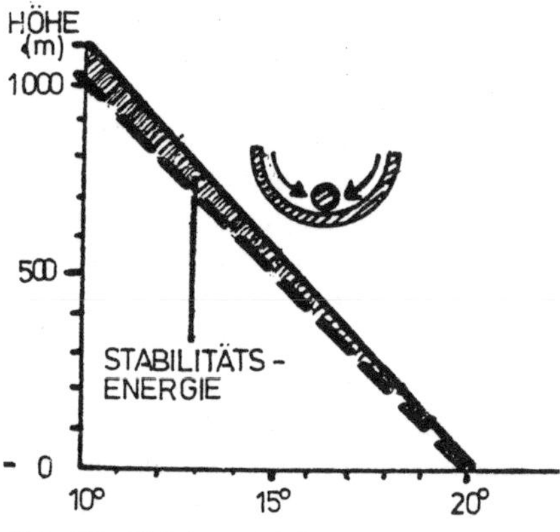

Abb. 59: Gleichgewichtszustände der Luft

Hier kühlt sich das aufsteigende Luftpaket schneller ab als die Umgebungsluft und bleibt dadurch immer schwerer als diese. Wenn nun die äußere Ursache der Aufwärtsbewegung (z. B. Hangwind) wegfällt, sinkt das Luftpaket in seine ursprüngliche Lage zurück.

Die Kugeln auf den verschiedenen Ebenen symbolisieren das Verhalten der Luft bei verschiedenen Gleichgewichtszuständen. Als Faustregeln können wir uns merken:

a) Zustandskurve auf der Adiabate: Indifferenz
b) Zustandskurve links der Adiabate: Labilität
c) Zustandskurve rechts der Adiabate: Stabilität

einer Kugel vergleichen, die sich auf einer horizontalen Ebene befindet und an jedem Punkt verharrt, an den sie gebracht wurde. Der Schichtungsgradient beträgt bei indifferentem Gleichgewicht 1°C pro 100 m. (Vgl. Abbildung 59 a.)
Ist der Schichtungsgradient mit z.B. 1,2°C pro 100 m *größer als die Adiabate, so bleibt die aufsteigende Luft immer wärmer als die Umgebungsluft und wird auch dann noch aufsteigen, wenn die ursprüngliche Ursache der Aufwärtsbewegung* (Hangwind, Erwärmung der bodennahen Luft) *aufgehört hat zu wirken.* Wird die Temperaturdifferenz mit der Höhe größer, werden wir es mit einem schnelleren Steigen zu tun

haben. Ist der Schichtungsgradient größer als 1°C pro 100 m, haben wir es mit einem **labilen Gleichgewichtszustand** (überadiabatisches Gleichgewicht) zu tun und können diesen mit dem einer Kugel vergleichen, die auf einer gewölbten Platte liegt und sich durch den geringsten Anlaß immer weiter von ihrer Ruhestellung entfernt. (Siehe Abbildung 59 b.)

Ist auf der anderen Seite *der Schichtungsgradient kleiner als der Hebungsgradient bzw. die Adiabate des Luftpaketes, wird die Luft stets bestrebt sein, in ihre Ausgangslage zurückzukehren, sobald die Ursache der Aufwärtsbewegung wegfällt.* Dieses **stabile Gleichgewicht** (unteradiabatisches Gleichgewicht) können wir mit dem einer Kugel vergleichen, die ohne äußere Einwirkung immer am tiefsten Punkt einer Schale zum Liegen kommt (Abbildung 59 c).

Bei unseren bisherigen Betrachtungen sowie in den Schaubildern sind wir von trockenadiabatischen Vorgängen ausgegangen. *Für feuchtadiabatische Vorgänge gilt sinngemäß dasselbe – allerdings muß hier der Schichtungsgradient der Umgebungsluft nicht mehr als 1°C pro 100 m betragen, damit wir labile Verhältnisse vorfinden, sondern nur größer als 0,5°C bis 0,6°C (Feuchtadiabate) sein.* Da sich ein feucht aufsteigendes Luftpaket relativ langsam abkühlt, können wir bei Wolkenbildung mit einem Labilitätssprung rechnen.

Fassen wir das Wesentliche zusammen:

Indifferenz liegt vor, wenn der Schichtungsgradient der Umgebungsluft 1°C pro 100 m bei einem trocken aufsteigenden Luftpaket und 0,5 bis 0,6°C pro 100 m bei einem feucht aufsteigenden Luftpaket beträgt.

Von **Labilität** können wir sprechen, wenn sich die Umgebungsluft bei einem trocken aufsteigenden Luftpaket um mehr als 1°C pro 100 m abkühlt; bei einem feucht aufsteigenden Luftpaket genügt schon ein Schichtungsgradient von 0,5°C bis 0,6°C pro 100 m.

Stabilität ist dann gegeben, wenn der Schichtungsgradient bei einem trocken aufsteigenden Luftpaket kleiner als 1°C pro 100 m ist, während er bei einem feucht aufsteigenden Luftpaket kleiner als 0,6°C bis 0,5°C pro 100 m sein muß.

Das ›Stüve-Diagramm‹

Betrachten wir jetzt noch einmal unser Schaubild (Abbildung 60): In ihm ist sowohl die Temperaturzustandskurve eingezeichnet wie auch die *gestrichelten Trockenadiabaten* und die *strichpunktierten Feuchtadiabaten.* Daneben können wir noch die *punktierten Linien des ›Sättigungs-Mischungs-Verhältnisses‹* finden, welche die Bestimmung der *Wolkenbasishöhe (Wolkenuntergrenze = Konvektions-Kondensationsniveau)* ermöglichen.

Das Diagramm mit all diesen Linien und Kurven wird bei uns *›Temp-Blatt‹* oder *›Stüve-Diagramm‹* genannt und ist bei den nationalen Wetterämtern erhältlich. Es veranschaulicht uns und den Segelfliegern das konkrete Verhalten eines auf- und absteigenden Luftpaketes unter den gegebenen Schichtungsverhältnissen der Atmosphäre. Wir dürfen uns hierbei nicht von der Tatsache irritieren lassen, daß die waagrechten Linien gleichen Druckes (= Isobaren) mit zunehmender Höhe auseinanderrücken – die Druckabnahme erfolgt bekannterweise nicht linear. Daß sich die Kurvenschar der Feuchtadiabate mit zunehmender Höhe bzw. Kälte in ihrer

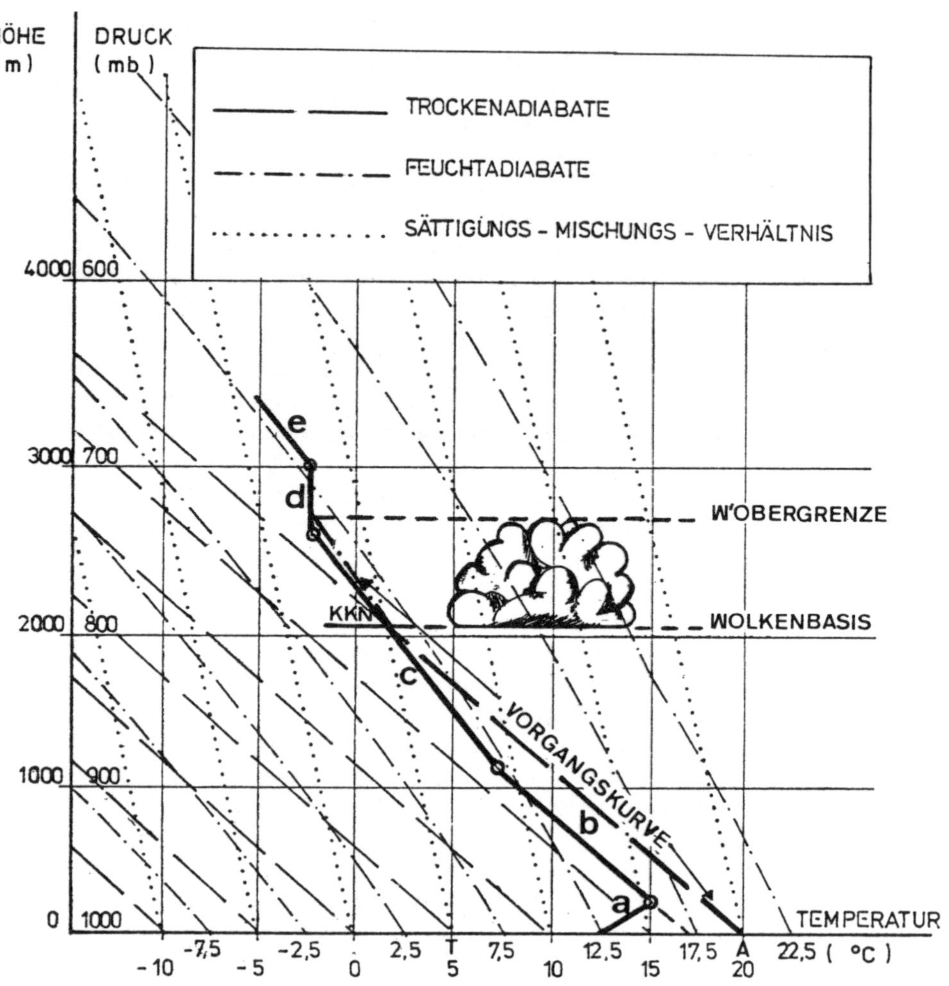

Abb. 60: **Ausschnitt aus einem ›Temp-Blatt‹ (Stüve-Diagramm)**
Die fett eingezeichnete Zustandskurve weist von 0 bis 200 m Höhe eine *Boden-Inversion* (a) auf, denn hier wird die Luft mit der Höhe wärmer (feucht-stabil, trocken-stabil). Zwischen 200 m und 1150 m haben wir trocken-indifferente und feucht-labile Verhältnisse (b), während wir zwischen 1150 m und 2600 m trocken-stabile und feucht-labile Verhältnisse vorfinden (c). Zwischen 2600 m und 3000 m herrscht eine *Isothermie,* denn hier bleibt die Lufttemperatur mit der Höhe gleich (d) und wir haben feucht- und trocken-stabile Verhältnisse. Ab 3000 m ist die Umgebungsluft trocken-stabil und feucht-indifferent (e). Aus dem Arbeitspapier können wir entnehmen, daß erst ab 17° C die Bodeninversion durchbrochen werden kann und bei 20°C in 2100 m *(Konvektions-Kondensationsniveau = KKN)* Wolkenbildung eintritt. Das KKN liegt im Schnittpunkt von Temperaturzustandskurve und der Linie des Sättigungs-Mischungs-Verhältnisses, die vom Boden-Taupunkt (T: 5° C) ausgeht. Die Trockenadiabate durch diesen Schnittpunkt schneidet in Bodenhöhe die Auslösetemperatur (A: + 20° C), die erreicht werden muß, damit Wolkenbildung überhaupt eintritt. Die adiabatischen Temperaturveränderungen eines isolierten Luftteilchens zeigt die Vorgangskurve, die bis zum Kondensationsniveau trocken-adiabatisch, dann bis zur Wolkenobergrenze feucht-adiabatisch verläuft.

Neigung immer mehr an die Trockenadiabate anlehnt, haben wir an anderer Stelle schon erfahren.
Wenn wir nun die Zustandskurve mit den Adiabaten eines aufsteigenden Luftpaketes *(Vorgangskurve)* vergleichen, können wir ziemlich genaue Prognosen für die thermische Ergiebigkeit eines Flugtages stellen. Bei der vorgegebenen Luftschichtung wird eine wirksame Thermikbildung zunächst einmal durch die – aufgrund der Abstrahlung in der Nacht morgens meist auftretende – Boden-Inversion gebremst werden, und erst ab etwa 17°C Bodenlufttemperatur können aufsteigende Luftpakete die Inversions-Sperrschicht durchstoßen. Erwärmt die Sonne den Boden und damit indirekt die Bodenluft weiter, werden die abgehenden Thermikblasen immer höher aufsteigen, bis aufgrund der adiabatischen Abkühlung schließlich Wolkenbildung bzw. Kondensation eintritt. *Ob überhaupt bzw. in welcher Höhe Wolkenbildung erfolgt, hängt* natürlich *von dem im aufsteigenden Luftpaket enthaltenen Wasserdampfgehalt ab* – haben wir am Boden eine Temperatur nur knapp über dem *Taupunkt (= Temperatur, die erreicht werden muß, damit 100% Luftfeuchte oder Kondensation eintritt),* so wird sich bei aufsteigender Luft rasch Wolkenbildung einstellen. In unserem Falle liegt der Taupunkt T jedoch bei 5°C und die große *Taupunktdifferenz (= Temperaturunterschied zwischen herrschender Temperatur und Taupunkt bei der herrschenden Feuchtigkeit, auch Spread genannt)* bewirkt, daß thermische Wolkenbildung erst in größeren Höhen eintritt. Wollen wir nun das *Konvektions-Kondensationsniveau (KKN)* bestimmen, müssen wir folgende Überlegung nachvollziehen:
Während sich trockene Luft beim Aufstieg bekannterweise um 1°C pro 100 m abkühlt, nimmt der Taupunkt um 0,2°C pro 100 m ab (weil sich die absolute Feuchte – pro m^3 – aufgrund der Ausdehnung des Luftpakets verringert). Demnach verändert sich die Taupunktdifferenz um 0,8°C pro 100 m oder um 1°C pro 125 m. Mit der **Hennig'schen Formel** können wir nun die Höhe der Wolkenbasis (KKN) leicht über den Daumen peilen: **Höhe KKN = Taupunktdifferenz mal 125 (in Metern);** in unserer konkreten Luftmasse beträgt diese Taupunktdifferenz bei 20°C Bodenlufttemperatur 15°C und wir können nach der Hennig'schen Formel mit einer Höhe der Wolkenuntergrenze von 1875 m (15 × 125) rechnen.
Ein genaueres Ergebnis erhalten wir, wenn wir die Zustandskurve mit der Linie des Sättigungs-Mischungs-Verhältnisses (SMV) durch den Taupunkt am Boden zum Schnitt bringen, denn die Linien des SMV zeigen die Abnahme der Temperatur des Taupunktes mit der Höhe an. *Im Schnittpunkt der SMV-Linie mit der Zustandskurve ist die Taupunktdifferenz auf Null zusammengeschmolzen, d.h., es tritt Wolkenbildung ein.* Gehen wir nun auf der Trockenadiabate, die das KKN schneidet, zurück zur Höhe Null, so können wir die sogenannte **Auslösetemperatur A** ablesen – unter den gegebenen Verhältnissen bei 20°C. *Die Auslösetemperatur muß in Bodennähe erreicht werden, damit ein Luftpaket überhaupt die Höhe des Konvektions-Kondensationsniveaus erreichen kann.*
Bei Temperaturen unterhalb der Auslösetemperatur kann es aber durchaus auch zu thermischer *Konvektion (= Auf- und Absteigen von Luftmassen)* kommen; reicht die Luftfeuchte oder die Bodenlufttemperatur nicht zur Hebung der Luftpakete bis zum Kondensationsniveau aus, haben wir es mit der wolkenlosen **Blauthermik** zu tun, die genauso auszufliegen ist wie die Wolkenthermik.

Auf der anderen Seite kann die Bodenlufttemperatur bei weiterer Einstrahlung über die Auslösetemperatur hinaus ansteigen und die nun aufsteigenden Warmluftpakete werden erst in größerer Höhe das Konvektions-Kondensationsniveau erreichen; *an einstrahlstarken Tagen können wir demnach mit einem Ansteigen der Wolkenbasis rechnen.* Die Basishöhe erhalten wir nun, wenn wir die Zustandskurve mit der Trockenadiabaten durch die augenblickliche Bodenlufttemperatur zum Schnitt bringen.

Bisher haben wir den Verlauf der Vorgangskurve über das KKN hinaus in unseren Betrachtungen ausgespart. Da bei der Kondensation – wie schon erwähnt – die beim Verdunsten verbrauchte Wärme wieder frei wird, *können wir bei Wolkenbildung mit einer Labilitätszunahme rechnen.* Die adiabatische Abkühlung beträgt bekanntlicherweise nur noch 0,5°C bis 0,6°C pro 100 m; mit anderen Worten: Die Vorgangskurve oberhalb des KKN ist mit der Feuchtadiabaten identisch. Verfolgen wir nun den weiteren Aufstieg der Wolkenluft entlang der Feuchtadiabaten, so müssen wir feststellen, daß durch eine *Isothermie* die Labilitätsenergie rasch abnimmt und der Steigvorgang in etwa 2700 m Höhe sein Ende findet; *der Schnittpunkt zwischen der Zustands- und der Vorgangskurve markiert also die Wolkenobergrenze.*

Anzeichen und Ursachen der Thermik

Nach all diesen theoretischen – für die Flugpraxis jedoch wertvollen – Ausführungen interessieren wir uns besonders für labile, thermikbegünstigende Verhältnisse, wobei wir den Begriff ›Labilität‹ etwas relativieren müssen. *Schon ein Schichtungsgradient von 0,6°C bis 0,95°C pro 100 m (also ein ›stabiler‹ Gradient!) garantiert uns bei entsprechender Sonneneinstrahlung gute Thermik und verringert die Gefahr einer Überentwicklung (dies rührt daher, daß die Temperatur-Zustandskurve meist Werte wiedergibt, die frühmorgens gemessen wurden).*

Welche äußeren *Anzeichen* sprechen nun *für* vorhandene bzw. zu erwartende **Thermik?** Wir wollen nur einige nennen:

> *• Am Startplatz ist es kühler als am Landeplatz (Schichtungsgradient), • Mäßige Temperaturen, • Gute Sicht, • Böige und unregelmäßige Winde aus wechselnden Richtungen, • Zerrissene Rauchfahnen mit Auflösungserscheinungen, • Cumulus-Wolken, • Kreisende Vögel (Bussarde, Mauersegler), Segelflugzeuge und Drachen.*

Auch ohne Sonne und im Winter kann es zu thermischer Konvektion kommen, wenn der Schichtungsgradient der Atmosphäre nur labil genug ist. Im wesentlichen führen folgende *Ursachen zur* **Labilisierung:**

① *Erwärmung bodennaher Luftschichten durch die von der Sonne angestrahlte Erdoberfläche* (dies trifft in unseren Breiten meist im Frühjahr und Sommer zu, während im Herbst und Winter das relativ warme Meer die unteren Luftschichten aufheizen bzw. labilisieren kann).

② *Heranführung von bodennaher Warmluft unter Kaltluft in der Höhe*

③ *Heranführung von Kaltluft in der Höhe über bodennaher Warmluft.*

Dreht der Höhenwind nach links, so ist dies ein zusätzliches Anzeichen für die Abkühlung der Atmosphäre in der Höhe bzw. für eine *Labilisierung.* Eine *Stabilisierung* der Atmosphäre hingegen *erkennen wir am Rechtsdrehen des Höhenwindes.*

WO FINDEN WIR THERMIK?

Der Witz ist alt und doch fallen jedesmal Leser von neuem herein, wenn in der April-Ausgabe ihres Flugmagazines Thermikbrillen angeboten werden. Schön wär's ja...

Zwar hilft uns eine *blendungsfreie, bräunliche Polaroidbrille* die ersten zarten Wolkenschleier schneller entdecken – ansonsten müssen wir aber schon einige Gedankenspaziergänge unternehmen, um ›fündig‹ zu werden.

Bekanntlich erwärmt die Sonne die unteren Luftschichten indirekt, und zwar über den Boden. Also müssen wir diesen besonders unter die Lupe nehmen, wenn wir ›Thermikquellen‹ entdecken wollen. Folgende **Faktoren, die auf die Thermikbildung Einfluß haben,** sind hierbei zu berücksichtigen:

① **Sonneneinstrahlung (Einstrahlwinkel)**

Am günstigsten ist natürlich ein Einstrahlwinkel von 90 Grad, denn hier erwärmt die Sonne den Boden am stärksten. *Je nach Tageszeit bzw. Sonnenstand finden wir die beste Einstrahlung an Hängen mit folgenden Ausrichtungen:*

Uhrzeit (MEZ)	*Hangausrichtung*
9–11 Uhr	Ost- und Süd-Ost
11–13 Uhr	Süd-Ost und Süd
13–15 Uhr	Süd und Südwest
nach 15 Uhr	Südwest und West

Natürlich dürfen wir die MEZ nicht mit der Sommerzeit verwechseln! Auch ohne Uhr und die nötige Tabelle finden wir das beste Steigen meist an den Hängen, die etwa 15 Minuten vorher der Sonne direkt zugewandt waren. Während wir beim hohen Sonnenstand um die Mittagszeit relativ flache (20 bis 30 Grad) Hänge

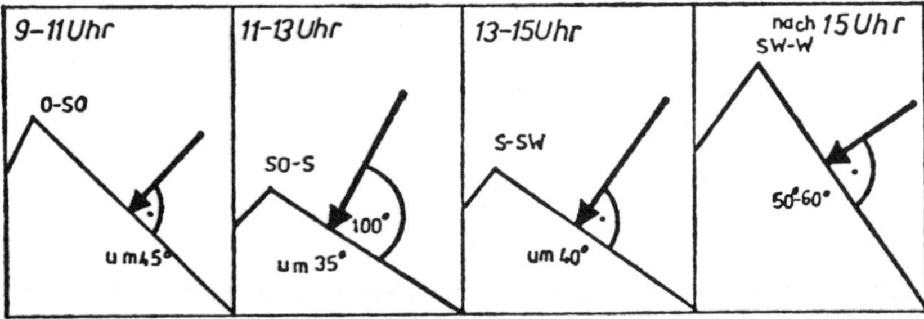

Abb. 61: **Sonnenstand und Hangneigung** *(aus: v. Kalckreuth, Segeln über den Alpen)*
Dem Auf- und Abstieg der Sonne angepaßt, werden morgens steilere, mittags nur mittelsteile und spätnachmittags wieder Hangflanken mit größerer Neigung angeflogen. Während der Stunden höchsten Sonnenstandes nimmt man einen etwas über 90° liegenden Einstrahlwinkel in Kauf, um auch jetzt bei Hängen von mindestens 25° Neigung nah an den Boden heranfliegen zu können. In dieser Zeit werden zwar etwas flachere Hänge noch stärker erwärmt (s. Einstrahl-Tabelle), doch ist die fortgesetzte Erwärmung beim Aufstieg der Hangluft dort geringer. Hier eine Zusammenstellung von Einstrahlwinkeln während der Streckenflugzeit, gültig jeweils am 15. der drei Monate für den Breitengrad Innsbruck (47° N 11° O):

	April	Juni	August
10 Uhr	43°	54°	46°
13 Uhr	51°	65°	56°
16 Uhr	30°	40°	34°

anfliegen sollten, finden wir morgens, nachmittags und abends die besten Steigwerte an Steilhängen mit bis zu 60 Grad Neigung. (Vgl. Abbildung 61.) Die Thermik im Flachland ist aufgrund des geringeren Einstrahlwinkels schwächer, im Normalfall jedoch auch großflächiger.

② **Bodenbeschaffenheit**

Je stärker der Boden die Sonnenstrahlen absorbiert und je weniger er sie reflektiert, desto eher wird er als Thermiklieferant von Interesse sein. Böden mit geringem Reflexionsvermögen *(Albedo)* sind als ideal zu bezeichnen. *Generell können wir sagen, daß trockene, rauhe und dunkle Böden günstiger sind als nasse, glatte und helle;* z.B. liefern Sandsteinböden eine weitaus bessere Konvektion als Kalksteinböden.

Zwar nehmen auch feuchte Böden Wärme auf – dies geht jedoch sehr langsam und mit einem großen Energieverlust durch Verdunstung vor sich, sodaß die Abgabe der gespeicherten Wärme oft erst spät erfolgen kann. *Eine mäßige Bodenfeuchte mit der ihr eigenen größeren Wärme-Speicherfähigkeit sorgt allerdings nach einer gewissen Anlaufzeit für regelmäßigere Aufwinde.* Erfahrene Piloten steuern deshalb besonders in der *Abendthermik* gerne aufgeheizte Feuchtgebiete und Nadelwälder an. Diese haben zudem den Vorteil, daß die von ihnen ausgehende feuchte Warmluft oft bessere Steigwerte produziert als trockene Luft.

Abschließend eine Übersicht über die *Albedo wichtiger Bodenarten,* welche die Einschätzung bestimmter Gebiete in puncto Thermikbildung erleichtert.

Bodenart	*Albedo in % der eingefallenen Strahlung (nach Kalckreuth)*
Schnee-Eis	30–85
Weißer Sand	34
Heller Kalkstein	18–29
Granit	12–18
Feuchter Boden	5–14
Grünes Gras	16–27
Getreide	10–25
Nadelwald	6–19
Laubwald	16–27

③ **Übertragungszeit vom Boden zur Luft**

Je ungestörter sich die Bodenluft erwärmen kann, desto länger dauern die Intervalle zwischen den einzelnen Ablösungen der Warmluft. Da der Temperaturunterschied zur Umgebungsluft jedoch bei längerer Erwärmung größer ist, haben wir stärkeres Steigen zu erwarten. In windgeschützten Bergmulden, Kornfeldern, Buschgruppen, Nadelwäldern oder in Leehängen bilden sich Warmluftpolster, die oft erheblich wärmer sind als die sie umgebende Bodenluft. Sie versprechen weniger, dafür aber um so stärkere Ablösungen.

Um die bisher genannten Faktoren gedanklich besser in den Griff zu bekommen, ist es ratsam, das von Helmut Reichmann empfohlene ›*Spaziergängerprinzip*‹ anzuwenden. *Dadurch, daß wir uns gedanklich als Spaziergänger auf den Erdboden versetzen und überlegen, wo es gerade am wärmsten sein muß, können wir ›Thermiklieferanten‹ besser ausmachen.*

④ Windstärke und -richtung

Nur in den seltensten Fällen – bei absoluter Windstille – wird die Thermik direkt am Entstehungsort aufsteigen. In der Regel wird sie indes als ›Warmluftqualle‹ vom Winde am Boden entlang gewälzt werden, um sich bei einem geeigneten Hindernis loszureißen und aufzusteigen. (Siehe Faktor 5.) Einmal in der Luft, wird die Thermik-Blase natürlich mit dem Wind versetzt – steigt sie mit einer Vertikalgeschwindigkeit von 5 m/s und weht der Wind mit derselben horizontalen Geschwindigkeit (18 km/h), so beträgt die Schräglage des Aufwindkamins schon 45 Grad! *Windstärke und Windrichtung beeinflussen also den Ort, von dem die Thermik vom Boden hochsteigt und die Richtung, in die sie abgetrieben wird.* Hierbei können Windscherungen der Thermik regelrechte Zickzack-Wege vorschreiben.

⑤ Auslöser

Bei Windstille kann schon ein lauter Knall, ein fahrendes Auto oder ein Temperaturgegensatz (Wasser/Land, Licht/Schatten – Wolkenschatten!, Feuer, Industrie-Schornstein) zur Ablösung der Warmluftblase führen. Wälzt sich die ›Warmluftqualle‹ mit dem Wind am Boden entlang, so genügt schon ein Wechsel des Bewuchses (Waldrand, Acker/Wiese, Buschgruppe), eine Geländekante, die Schneegrenze oder ein Berggrat als *Auslöseimpuls* bzw. als *Abreißkante.*
Besonders interessant sind Düsen und Bergflanken, die als ›Kollektoren‹ die einzelnen Thermik-›Bäche‹ zu einem ›Fluß‹ vereinigen und so den Aufwindstrom verstärken und verstetigen können. Abbildung 62 verdeutlicht einige dieser Überlegungen.

Abb. 62: Entstehung thermischer Aufwinde *(aus: Reichmann, Segelfliegen)*

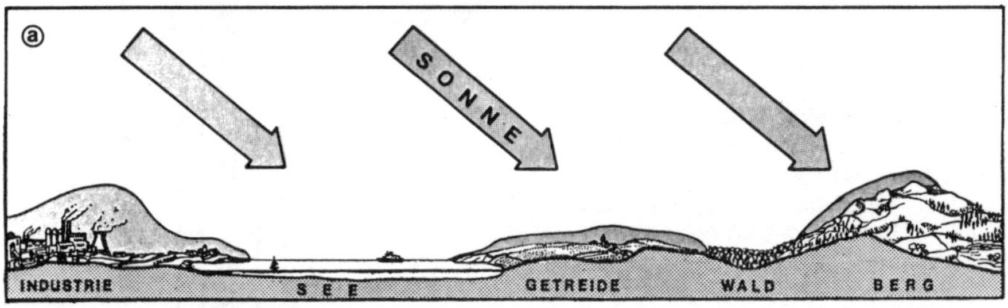

a) Die Sonnenstrahlung heizt die Erdoberfläche unterschiedlich stark auf. Über den erhitzten Stellen bildet sich Warmluft.

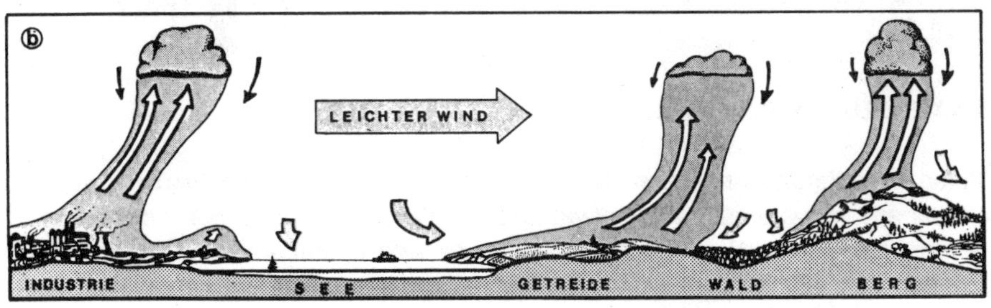

b) Durch leichten Wind ausgelöst, steigt die Warmluft an begünstigten Stellen auf.

STRÖMUNGSSCHEMA EINER THERMIK-BLASE

Bevor wir uns – eine gewisse fliegerische Routine ist Voraussetzung – an die Praxis des Thermikfluges heranwagen, sollten wir uns von der Struktur der Thermik ein Bild machen können. Da die Thermik in allen möglichen Variationsformen auftritt, müssen wir mit einem *idealtypischen Thermik-Bart* vorlieb nehmen (Abbildung 63): Während an seinem *Rand Turbulenz und Sinken* vorherrscht, (Vorsicht – mit etwas Überfahrt einfliegen!), wird das Steigen zur Mitte hin immer stärker und gleichmäßiger. In Folge dieses *Aufwindgradienten* werden wir deshalb vom Thermikkern oft regelrecht ›hinausgeworfen‹. Da die ›Kappe‹ des Thermik-Bartes den Weg durch die Umgebungsluft bahnen muß, spielen sich in diesem Bereich natürlich turbulente Mischungsvorgänge bei gebremsten Steigwerten ab. Hilfsweise können wir den Bart mit einer Dampfwolke vergleichen, die einem Kochtopf entweicht, oder einem Ring, den ein leidenschaftlicher Zigarettenraucher in die Luft bläst: Das Innere dieser Gebilde wird um eine ringförmige Achse nach außen gestülpt, weshalb wir auch die größten Vertikalbewegungen in der Ringmitte vorfinden.

In der Natur werden wir natürlich keine Thermik-Bärte in dieser ebenmäßigen Form vorfinden. Meist sind sie zerrissen, uneinheitlich und haben mehrere Steigkerne – vor allem in den ersten 300 m über Grund wird die Thermik oft aus mehreren Quellen gespeist, die erst weiter oben zusammenwachsen. Der so entstandene ›Thermik-Schlot‹ verbreitert sich mit der Höhe oft auf den doppelten Durchmesser.

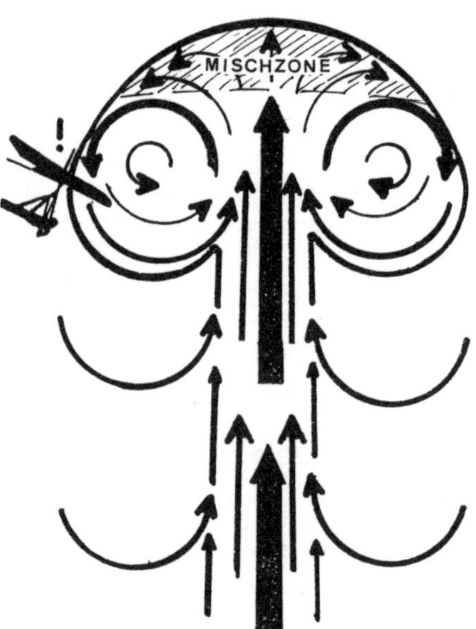

Abb. 63: **Struktur einer Thermikblase**
Zu erkennen ist der idealtypische Aufbau einer Thermikblase, wobei die Pfeillängen in etwa die Relativgeschwindigkeiten andeuten. Im Zentrum des Wirbelkopfes ist das Steigen am größten, wobei das Innere der Thermikblase nach außen gestülpt wird und Umgebungsluft in das entstehende Vakuum nachströmt. Durch die Turbulenzen und Walzen ist erhöhte Wachsamkeit geboten!

PRAXIS DES THERMIK-FLUGES

Planen wir aufgrund vielversprechender Anzeichen einen Thermik-Flug, so ist spätestens am Vortage die *Wetterentwicklung sorgfältig zu beobachten* – die Prognosen des (Segelflug-) Wetterberichtes sind dabei eine unentbehrliche Hilfe.

Befinden wir uns oben am Startplatz, wird sich beim Einsetzen thermischer Konvektion zunächst ein zaghafter, dann stärker werdender *Hangaufwind* einstellen.

Nur im Ausnahmefall wird beim Kurvenflug der Körper um die Hochachse gedreht und so das Gewicht stärker zur Kurveninnenseite verlagert. Zu beachten ist der größere Tunnel auf der kurveninneren Flügelhälfte (→ schwimmende Kieltasche!). (Christiane Scholl)

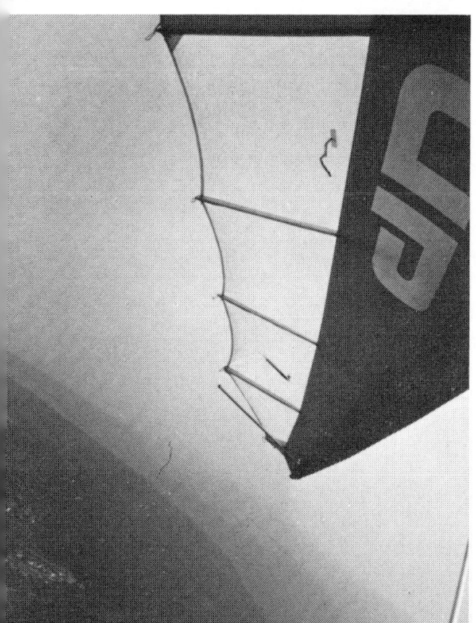

Strömungsfädchen – Strömungsabriß an der Flügelinnenseite (Uli Blumenthal)

Gefährlicher Klippenstart bei Windstille (Andrea Koehler)

60°-Vollkreis (Stanko Petek)

Silvester 1976: Erstflug vom Kilimandjaro – Letzte Vorbereitungen (Thomas Finsterwalder)

›Fallschirmrettung‹ – erschwerte Kontrolle des Drachens (Franco Vercelli)

Beim Kurbeln: Augen auf und Abstand halten! (Thomas Finsterwalder)

Getümmele im Aufwind (Michael Weingartner)

Im Aufwind zur Wolke (UP)

Dieser ermöglicht im Laufe des Tages zwar oft das Soaren, seine vertikale Mächtigkeit wird jedoch kaum über 100 m hinausgehen. Erwärmt dann die Sonne den Erdboden bzw. die bodennahen Luftschichten stärker, wird's ›bockig‹, hervorgerufen durch stärkere *Thermikablösungen* und Mischungsvorgänge. Die Temperaturkurve des ›Thermographen‹ (Temperatur-Schreiber) steigt nun nicht mehr relativ ungestört an, sondern ist durch die von Mischungsvorgängen hervorgerufenen Zickzack-Bewegungen gekennzeichnet. Am Start- und Landeplatz bemerken wir diese Vorgänge an der unruhigen und ständig die Richtung wechselnden *Windfahne.* Bei etwas Aufmerksamkeit können wir die Zeitabstände zwischen den einzelnen Ablösungen feststellen und uns ein Bild von der Intensität der Thermik machen.
Glücklicherweise deuten bestimmte Anzeichen auf das Herannahen bzw. Vorhandensein von Ablösungen hin: Wenn es im Walde rauscht und die Blätter der Laubbäume ihre silbrig-glänzenden Unterseiten zeigen, wenn Staubfahnen kreisend den Hang herauftanzen (im Extremfall können diese sogenannten ›dust-devils‹ sogar Steine mit sich führen und sind im Owens-Valley schon manchem Drachen zum Verhängnis geworden). Wenn Rauchfahnen durcheinander gewirbelt werden, wenn unsere Flugkameraden kreisend Höhe machen, sind Ablösungen bzw. thermische Aufwinde die Urheber. Löst sich die Warmluft vom Boden ab, hinterläßt sie zunächst ein Vakuum – es verwundert daher nicht, daß der *Bodenwind in Richtung unserer Ablösungen bläst. (Konfluente Rauchfahnen beobachten.)*
*Der **Start** direkt in eine Ablösung hinein spart natürlich unnötige Suchschleifen.* Wir sollten uns deshalb nach der Liegeprobe bereithalten, um den richtigen Start-Zeitpunkt abzupassen: Ist die Ablösung nur schwach und kurzlebig, sollten wir sie anfliegen, bevor sie den Startplatz erreicht hat; in größerer Höhe finden wir dann bessere Steigwerte vor und können bei ausreichendem Hangabstand leichter einkreisen. Ist die Ablösung dagegen stärker und langlebiger, warten wir mit dem Anlaufen, bis sie ihre volle Wirkung entfaltet.
Bei thermischen Extremverhältnissen mit den damit verbundenen Turbulenzen allerdings ist vor allem für wenig geübte Piloten besondere Vorsicht geboten! Gesellt sich zu dieser Vorsicht eine gehörige Portion Routine, so ist der thermische Drachenflug auch in Bodennähe kein unverantwortliches Risiko – beim berühmt-berüchtigten X-C-Classic im Owens-Valley gab es noch keinen nennenswerten Unfall.
Einmal in der Luft, kurbeln wir den Aufwind zunächst in *Achterschleifen,* bei ausreichendem Hangabstand in *Vollkreisen* aus. Geht unserem Thermik-Bart die Puste aus, so muß der nächste gesucht werden. Wir haben uns an anderer Stelle schon gefragt, wo wir Thermik finden können – *um potentielle Aufwinde auszumachen, stellen wir uns aufgrund der bisherigen Überlegungen drei **Fragen zur Thermiksuche***

① ***Windrichtung und -stärke – wohin wird die Thermik abgetrieben?***
② ***Wo ist es am Boden gerade am wärmsten? ›Spaziergänger-Prinzip‹!***
③ ***Wo sind Auslöser?***

Sind diese Fragen in der vorgegebenen Reihenfolge beantwortet, können wir *mit der Geschwindigkeit des besten Gleitens das Gebiet der vermuteten Thermik ansteuern, das wir in weiten Suchschleifen abfliegen.*

Zentrier-Methoden

Das *erste Anzeichen für Aufwinde* ist, so paradox es klingt, fürchterliches *Sinken.* Wir lassen uns dadurch und durch die auftretenden Turbulenzen nicht ins Bockshorn jagen – denn bald geht's aufwärts!

Fliegen wir nicht geradewegs und mit der Nase voraus in die Thermik hinein, so wird zunächst eine Flügelseite hochgerissen. Nun beginnt der immer wieder faszinierende Kampf: *der Drachen muß dahin, wo er nicht hin will.* Hebt es also den linken Flügel, so muß, je nach Anflugwinkel und Durchmesser der Thermik, schnellstens eine 45–90°-Linkskurve eingeleitet werden – dahin, wo sich das Steigen bzw. die hochgerissene Flügelhälfte befindet. Nur wenn uns die Stärke der Thermik in Verbindung mit einem trägen Gerät daran hindert, auf direktem Wege einzukreisen, können wir den Aufwind über den Umweg einer 270°-Kurve suchen, mit der Gefahr allerdings, im ›besten‹ Sinken abzusaufen.

Zur Vereinfachung stellen wir uns einmal einen relativ symmetrischen *Aufwind im Querschnitt* vor (Abbildung 64): Nach dem Durchfliegen einer turbulenten Sinkzone wird die linke Flügelhälfte angehoben. Wir reagieren sofort, *kreisen mit einer 45°- bis 90°-Kurve ein und warten – je nach Bartdurchmesser 1 bis 4 s – bis das Steigen merklich zunimmt (Anschwellen des Fahrtgeräusches, Varioanzeige, verstärkter Druck im Gurt). Erst jetzt kreisen wir mit stärkerer Kurvenneigung ein,* sind bei etwas Glück schon im Kern des Steigens und können mit gleichbleibender Varioanzeige weiterkurbeln.

Geht das Steigen allerdings zurück oder fallen wir ganz aus dem Bart heraus, muß neu zentriert werden. Segelflug-Altmeister *Heinz Huth* empfiehlt folgende Methode:

- *Fluglage und Drehgeschwindigkeit beibehalten*
- *Das starke Steigen abwarten*
- *Nach kurzer Verzögerung eine enge 300°-Steilkurve fliegen und so den Steigkern neu zentrieren.*

Nach 1 bis 2 Versuchen müßten wir wieder ›drinnen‹ sein.

Leider oder gottseidank – Schwierigkeiten und Herausforderungen sind das Salz in der Suppe ambitionierter Piloten – *sind wir meist gezwungen, ständig neu zu zentrieren.* Unsere *Aufwinde* haben in der Regel *mehrere Steigkerne* und sind *alles andere als symmetrisch:* Wer Mauersegler, Adler oder Bussarde schon beim Aufwindfliegen beobachtet hat, weiß, daß diese ihre Schräglage und sogar ihre Drehrichtung laufend den neuen Gegebenheiten anpassen. Für den Drachenflieger ist es zwar nicht empfehlenswert, beim geringsten Anlaß gleich die Drehrichtung zu ändern, zumal er meist seine ›Schokoladenseite‹ hat und auch die Anbringung der Instrumentierung Links- oder Rechtskurven begünstigt; *es ist aber ratsam, durch Variieren der Schräglage bzw. des Kurvenradius' die Thermik optimal zu nutzen – im Ausnahmefall kann sogar die Drehrichtung gewechselt werden.*

Angesichts der Unregelmäßigkeit von Aufwinden und der Notwendigkeit, das beste Steigen immer wieder von neuem aufzufinden, gibt uns der 3fache Weltmeister im Segelflug, *Helmut Reichmann,* ***drei Tips zum Zentrieren:***

① ***Das Steigen wird besser → flacher kreisen***
② ***Das Steigen wird schlechter → steiler kreisen***
③ ***Das Steigen bleibt gleich → gleichbleibende Schräglage***

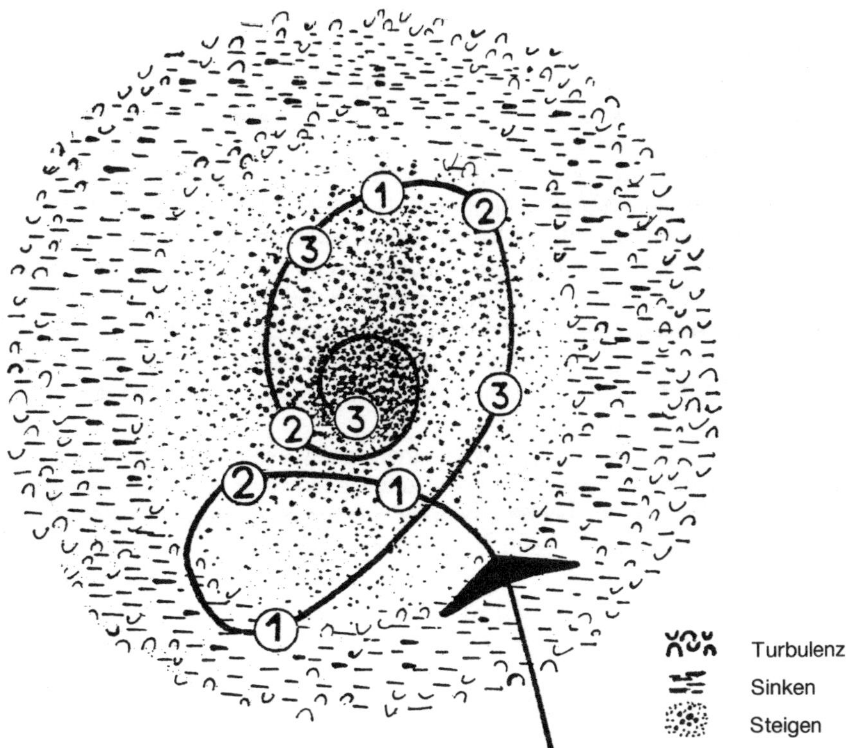

Abb. 64: **Zentrieren der Thermik**
Der Pilot hat die Sinkzone und die Turbulenzen fast durchflogen und kreist – er erwartet enge Thermik – etwas zu rasch ein. Befolgt er die Zentrierregeln nach H. Reichmann, ist er dennoch bald am Ziel bzw. im stärksten Steigen.
① Steigen wird besser → flacher kreisen (10–20° Schräglage)
② Steigen wird schlechter → steiler kreisen (bis 60° Schräglage)
③ Steigen bleibt gleich → gleichbleibende Schräglage (10–50° Schräglage)

Wichtig, daß wir auf die Tendenz des Steigens, die wir unmittelbar am Druck des Gurtes spüren, sofort reagieren und nicht erst, wenn die Varionadel wandert!
Extrem starke und enge Thermik kann es nahelegen, dauernd *sehr steil (bis 50°) zu kurbeln* – die *optimale Fluggeschwindigkeit* liegt auch hier aus Sicherheitsgründen zwischen bestem Sinken und bestem Gleiten.
Bei starkem Wind besteht die Gefahr, durch die horizontale Komponente des Windes leewärts versetzt zu werden und aus der Thermik herauszufallen. Damit wir im Kern des Steigens verbleiben, sollten wir unsere Kreise in Luvrichtung etwas weiter ausfliegen. *Haben wir unseren Aufwind* dennoch *verloren,* so stellt sich natürlich die Frage, ob wir ihn erneut suchen sollen: War er überdurchschnittlich stark und nur zu einem Bruchteil seiner Höhe ausgeflogen, lohnt sich die Suche – aus oben genannten Gründen am besten in Luvrichtung – bestimmt. Bei schwächeren und weitgehend ausgekurbelten Thermik-Schläuchen scheint es besonders bei Streckenflügen jedoch sinnvoller, mit dem Wind von neuem auf Thermiksuche zu gehen.

Abb. 65: **Hangprofil und Thermik** *(aus: v. Kalckreuth, Segeln über den Alpen)*
a) Über einem gleichmäßig aufsteigenden Hang kann sich die Hangluft beim Aufströmen besser erwärmen (ihr werden mehr zusätzliche Wärmeenergien zugeführt) als über einer Flanke, die mehrere Abreißkanten hat. Die ›Hangadiabate‹ über Hang A wird z. B. nur 0,85 betragen, die von Hang B dagegen 0,65. Das ergibt bei gleicher Hanglänge, Höhe und Auslösetemperatur am Gipfel einen Unterschied der Differenz-Temperatur von über 2 Grad. Stärke und Höhe der Thermik von Hang B sind größer.

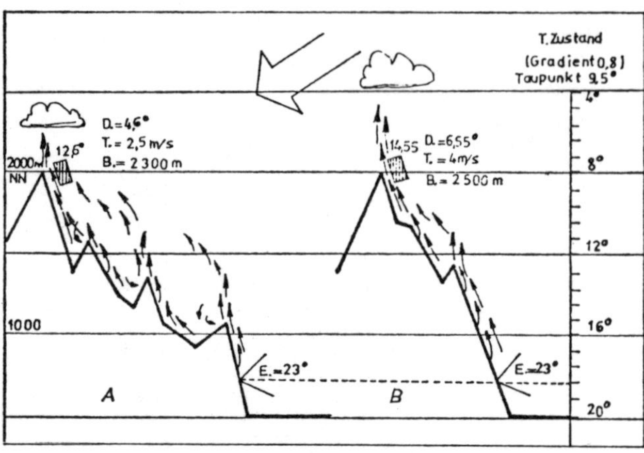

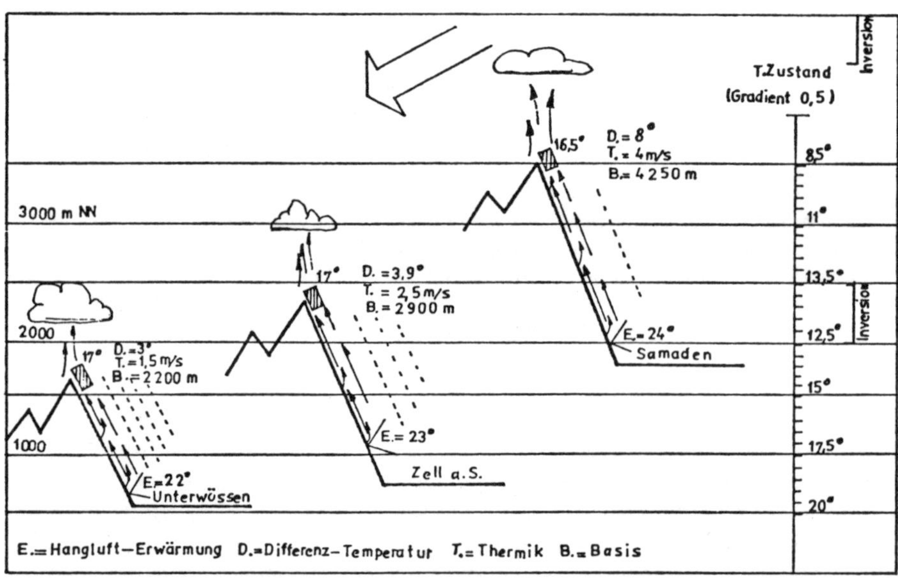

b) Diese Darstellung vergleicht die Thermikstärke und Höhenwirkung im Gebiet dreier bekannter Alpenflugplätze bei recht stabilem Hochsommerwetter (Gradient 0,5, Höheninversion zwischen 2000 und 2500 m NN). Mit zunehmender Geländehöhe wird die Atmosphäre reiner, Einstrahlung und Hangerwärmung dadurch stärker. Dieses Beispiel geht von drei gleich günstigen Bergflanken aus; eine ›Hangadiabate‹ von 0,5 wurde angenommen. Die Wolkenbasis ist dort eingezeichnet, wo Temperaturausgleich eintritt. Da die Luft der niedrigen Alpengebiete jedoch stets feuchter ist als die des Hochgebirges, liegt der Taupunkt (auch wegen der schwächeren Hangerwärmung durch Dunstluft) dort in niedrigerer Höhe. Diese Darstellung entspricht den immer wieder beobachteten Flugverhältnissen an einem sommerlichen Streckentag: Höhenlage des Hanges, Länge der Hangdiagonale und Einstrahlintensität – diese drei Faktoren bestimmen über Stärke und Höhe der Bergthermik.

Thermik am Hang

Zwar ist Thermik an sich unsichtbar, jedoch sprechen bekannterweise äußere Anzeichen für ihr Vorhandensein, und bei etwas Phantasie können wir uns ihre Struktur vorstellen. Oft können wir die Thermik förmlich riechen – dann nämlich, wenn die Warmluft nach ihrem Entstehungsort (Heu, Wald, Feuer, Kuhmist...) duftet. *Extrem günstig zum Auffinden der begehrten Thermik sind Cumuli und ›tragende‹ Geländekanten, denn diese liefern uns ›gebündeltes‹ Steigen und lassen sich leicht lokalisieren.*

Betrachten wir zunächst einmal das **Hangprofil** und darin vorkommende **Geländekanten.** Je gleichmäßiger ein Hang ansteigt und je weniger sein Profil durch Rippen ›gestört‹ wird, desto stärker wird das Steigen sein. Durch die Zuführung neuer Wärmeenergien kann sich die ›Hangadiabate‹ besonders bei hohen Hängen der ›Feuchtadiabaten‹ von etwa 0,6°/100 m annähern. (Vgl. Abbildung 65 a, b.) Besonders günstig sind Hänge von Seitentälern, deren unterer Bereich vom stabilisierenden Talwind (der bis in 1000 m Höhe reichen kann!) abgeschirmt ist und die deshalb ungestört erwärmt werden können.

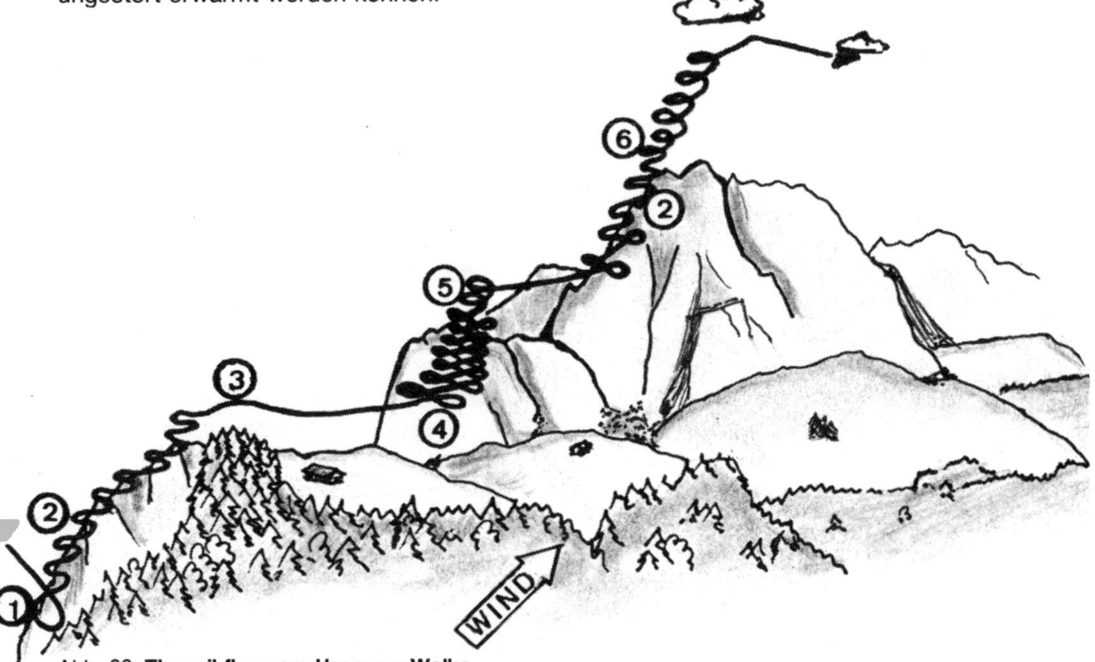

Abb. 66: **Thermikflug vom Hang zur Wolke**

Hinweise zur Technik und Taktik:

① Hang immer von der luvwärtigen Seite her anfliegen und den ersten Hangkreis talwärts einleiten.

② ›Hinaufreiten‹ in zum Gipfel versetzen Grat-Achten. Die Wenden werden hangnah und in gutem Steigen ausgeführt.

③ Vorsicht! In der Mulde (Alm) sind Leewirbel und Sinkzonen nicht auszuschließen. Also: Genügend Ausgangshöhe und Höhenreserve für sicheren Abschwung.

④ Hang-Achten im thermischen und dynamischen Aufwind.

⑤ Vollkreise über Zwischenabreißkante (Vorgipfel).

⑥ In sicherer Höhe über der Hauptabreißkante (Gipfel) zum Gipfelcumulus kreisen.

Zwischen 12 und 16 Uhr erreicht der Aufwindstrom in etwa 30 bis 50 m Abstand vom Hang sein Tagesmaximum und fließt an guten Tagen ohne Unterbrechung. Da die *Steigwerte im unteren Teil des Hanges oft nur 1/3 des Gipfelsteigwertes betragen,* sollten wir versuchen, den *Hang möglichst hoch anzufliegen.* Schon während wir *im spitzen Winkel auf den Hang zufliegen,* achten wir auf ›tragende‹ Kanten, die uns den Aufstieg erleichtern sollen. Zwar liefert ein von Geländerippen durchsetzter Hang per Saldo geringere Steigwerte als ein ungestörtes Hangprofil – als deutlich sichtbare Abreißkanten können diese Rippen gerade an schwachen Tagen jedoch die Aufwindsuche deutlich verkürzen und uns vor dem Absaufen bewahren. Natürlich sollten wir unser Augenmerk auf wirklich lohnende Hangkanten legen, die wir mit dem Aufwind in *Achten* hinaufreiten können. Wie beim Flug im dynamischen Hangaufwind sind auch hier *gelände- bzw. windbedingte Gefahrenquellen* (Leewirbel hinter Wald- und Geländekanten, Seilbahnen, andere Hindernisse) zu meiden. Bei einem entsprechenden Hangabstand und günstigeren Steigwerten können wir im Kreisflug weitersteigen, wobei die *Kreise immer talwärts eingeleitet* werden. Interessant dürfte in diesem Zusammenhang noch sein, daß sich der Aufwindstrom bei Hangneigungen von über 25° trotz Zwischenabreißkanten wieder an den Berg anschmiegt. Sind wir einmal in der Höhe des Bergkammes angelangt, versuchen wir, die meist sehr hoch liegende *Hauptabreißkante (Gipfel, Vorgipfel) nicht zu unterfliegen.* (Vgl. zu diesen Ausführungen Abbildung 66.)

Der Flug mit den Wolken

Spätestens über der Gipfelkante, die ja oft mit der Hauptabreißkante identisch ist, kann gekurbelt werden. Besonders bei langsamen Geräten mit steil abfallender Polare bzw. mit geringer *Penetration* (= Durchdringungsvermögen auch bei stärkerem Gegenwind) dürfen wir uns dabei *an Starkwindtagen nicht zu weit hinter die Hangkante abtreiben lassen* – selbst mit Geräten der neuesten Generation darf dieser Faktor besonders bei schwacher Thermik nicht unterschätzt werden.

Weist die Luft eine mittelhohe Feuchtigkeit auf, sind bei einem günstigen Gradienten der Zustandskurve etwa ab 10 Uhr morgens die ersten *Gipfelcumuli* zu erwarten. Vor euphorischen Stimmungen sei jedoch gewarnt, denn *nur etwa jede 3. Wolke liefert ausfliegbare Thermik;* wir müssen unsere Cumuli aus diesem Grunde schon genauer anschauen: *Scharfe Ränder, eine eingedellte, dunkle Unterseite und eine sich gegenüber der Basis verjüngende Kappe versprechen gute Aufwinde.* Steuern wir einen Cumulus im Zenit seiner Entwicklung an, besteht die Gefahr, ihn im Zerfall-Stadium anzutreffen – wir müssen also seine Entwicklung im Auge behalten. *Meist lohnt es sich, einen gerade entstehenden Wolkenschleier mit ›rauchenden‹ Teilen anzufliegen,* um die Aufwinde der Wolke während des Höhepunktes ihrer Entfaltung auszukurbeln. *Luvseitig unter der Wolke, oft durch eine dunkle Delle markiert, finden wir normalerweise das beste Steigen* und bei Schönwetterwolken können wir unter Einhaltung der Sichtflugregeln bis nahe an die Basis heranfliegen.

Befinden wir uns weit unterhalb des Kondensationsniveaus, orientieren wir uns weniger an den Wolken als an möglichen Thermikquellen, Auslösern und dem Windeinfluß; dasselbe gilt im übrigen für *Blauthermik-Verhältnisse,* wenn uns allenfalls Dunstkup-

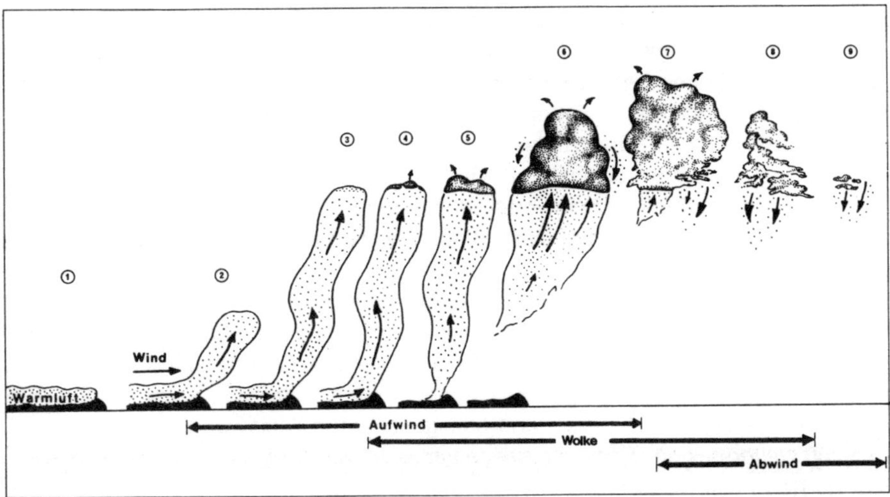

Abb. 67: **Lebenslauf der Thermik bei Cumulus humilis** *(aus: Reichmann, Streckensegelflug)*

① Warmluftquelle
② Ablösung
③ Thermikschlauch, Dunstkuppe
④ Wolkenballen in Basishöhe
⑤ Zusammengewachsene Wolkenbasis
⑥ Reifestadium
⑦ Maximale Größe, überreif, beginnender, Zerfall
⑧ Zerfall von der Basis her, Abwind
⑨ Auflösung, Abwind

pen den Weg weisen können. (Zur Entwicklung einer Cumulus-Wolke vgl. Abbildung 67.)

Obwohl wir nicht in die Schönwetterwolke einfliegen dürfen, haben wir bei entsprechend starkem Wind die Möglichkeit, an ihrer Luvseite, sozusagen im Hangaufwind, hochzusteigen; durch die Trägheit der Wolke (oder auch eines starken Bartes) wird der Wind abgelenkt und es entsteht ein respektables dynamisches Aufwindfeld, das Segelflieger schon auf über 10000 m Höhe hinaufgetragen hat! Voraussetzung allerdings ist ein stark ausgeprägtes Hindernis und ein mit der Höhe deutlich zunehmender Wind.

Breiten sich aufgrund hoher Luftfeuchte und einer starken Sperrschicht die Schönwetterwolken zu schichtförmigen *Strato-Cumuli* aus, so wird bald statt eines idealen Wolkenanteils von ein bis zwei Achteln der größte Teil des Himmels bedeckt sein. Die damit verbundene Abschirmung verhindert die Thermikbildung weitgehend (schon ab 3/8 Wolkenanteil kann es kritisch werden). Wir müssen nun unsere *Flugtaktik umstellen: Es sind jetzt mehr die Wolkenlücken und weniger die Wolken selbst, die uns das Steigen anzeigen.* Wir beobachten, wo sich der Boden noch über längere Zeit aufheizen kann und suchen auf der Luvseite der Wolkenlücken die rar gewordene Thermik (Abbildung 68).

ÜBERENTWICKLUNG.

Vorsicht ist jedoch geboten bei hochreichend labiler und feuchter Atmosphäre: Die Entwicklung des willkommenen Cumulus-humilis (Schönwetterwolke) zum gefährlichen Cumulus-congestus oder gar zur Gewitterwolke (Cumulonimbus) geht oft

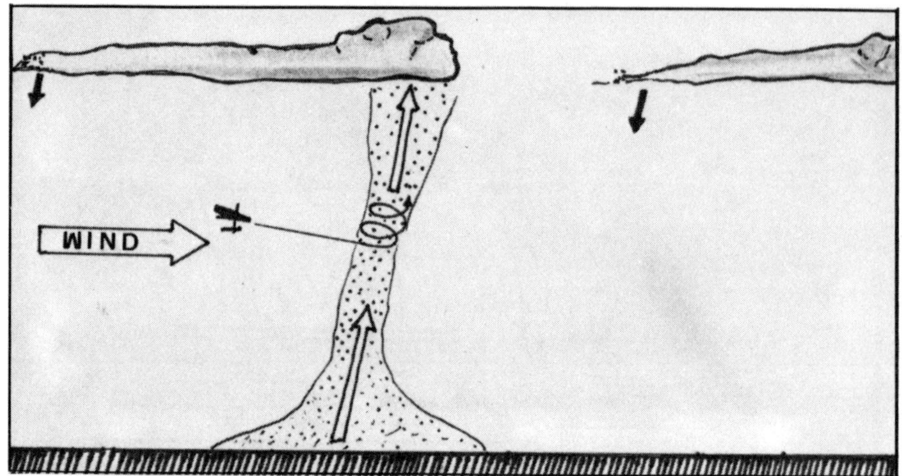

Abb. 68: **Thermik bei Stratocumuli**
Kommt infolge Abschirmung durch Stratocumuli die Thermik weitgehend zum Erliegen, ist am ehesten am leeseitigen Wolkenende mit Aufwinden zu rechnen: Hier konnte die Sonne durch die Wolkenlücke den Boden noch aufheizen.
Wir können bei Stratocumuli unsere Faustregel, daß der beste Aufwind meist am luvseitigen Wolkenrand zu erwarten ist, nicht anzuwenden.

rasend schnell vor sich. Bei Steigwerten von bis über 40 m/s, extremen Fallzonen, zerstörenden Turbulenzen, Blitzen und Niederschlägen wird der Flug in diesen bis 15000 m hochreichenden Kolossen selbst für Segelflieger zum Vabanque-Spiel und *wir Drachenflieger müssen bei drohender Überentwicklung mit Gewitterbildung sofort landen oder auf schnellstem Wege der Gefahr davonfliegen.*
Die Geschichte der beiden Piloten, denen eine Gewitterwolke am Tegelberg das Fluggerät zerstörte und die dann am Fallschirm hängend unfreiwillige Streckenflüge absolvierten, bis sie mit schwersten Erfrierungen wieder ›entlassen‹ wurden, sollte als Warnung genügen.

Wolkenstraßen

Unter bestimmten Bedingungen kommt es zur Bildung von sogenannten Wolkenstraßen, die das Herz jedes Streckenfliegers höher schlagen lassen. Hierfür sind – neben einer ausreichenden, aber nicht zu hohen Luftfeuchtigkeit – *drei Voraussetzungen* erforderlich:

① *Eine nicht sehr hoch reichende labile Schichtung,* die durch eine stabile Schicht (Inversion, Isothermie) nach oben begrenzt ist. So wird eine Überentwicklung verhindert.
② *Stärkerer Wind, dessen Maximalgeschwindigkeit innerhalb der labilen Schicht erreicht wird,* sowie ein *Windsprung* im Grenzbereich zwischen labiler und stabiler Schicht.
③ *Ein gleichmäßiges Gelände,* das durch Berge, Wasser und andere Störfaktoren nur wenig beeinflußt wird.

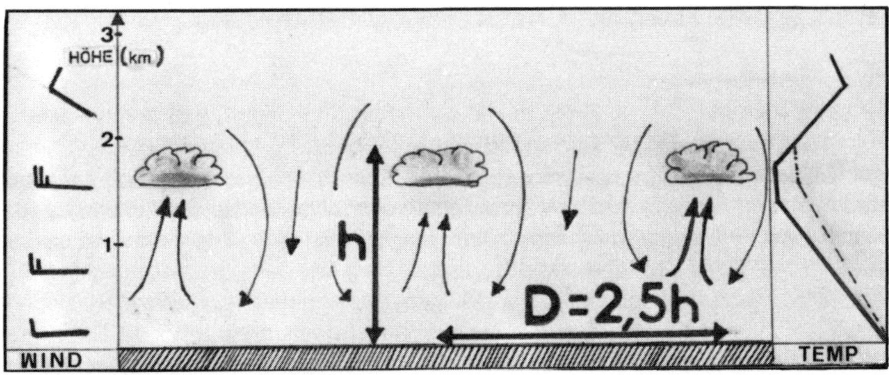

Abb. 69: **Wolkenstraßen**
Unter bestimmten Bedingungen kommt es zur Ausbildung von regelmäßigen Aufwindreihungen. Hierbei spielen das Windprofil, die Temperaturschichtung und das Gelände eine entscheidende Rolle. Es ist zu erwarten, daß die horizontalen Abstände (D) der einzelnen Aufwindstraßen das 2½fache der Konvektionshöhe (h) betragen.

Besonders über störungsfreiem Flachland (Schweden und Finnland liefern hier die auffälligsten Beispiele) können diese in Windrichtung liegenden Aufwind-Straßen bis über 50 km lang sein und von Horizont zu Horizont reichen. Mit Steigwerten von 3 bis 5 m/s garantieren sie besonders bei Flügen mit dem Wind hohe Durchschnittsgeschwindigkeiten. *Der Abstand zwischen den einzelnen Wolkenaufwinden beträgt – wie bei störungsfreier thermischer Konvektion überhaupt – etwa das 2½fache der Höhe h der instabilen Schicht.* Bei einer Konvektionshöhe von 2000 m z.B. beträgt der mittlere Wolkenabstand D etwa 5000 m. Je niederer also die labile Schicht, desto näher liegen die Aufwinde beisammen; eine Sperrschicht in etwa 1500 m Höhe ist deshalb ideal für schnelle und weite Streckenflüge. (Vgl. Abbildung 69.) Selbst in Mitteleuropa können wir bei Nordost-Lagen mit Streckenflügen bis über 300 km unter Wolkenstraßen rechnen: Bei 8 nutzbaren Thermikstunden und einer mittleren Reisegeschwindigkeit von 20 km/h kommen wir ohne Windunterstützung schon 160 km weit. Kalkulieren wir eine Windunterstützung von 20 km/h ein, sind wir schon bei 320 km angelangt.
In der Regel werden wir der Wolkenstraße möglichst weit auf direktem Weg folgen, es sei denn, wir würden zu weit vom Kurs abweichen. *Helmut Reichmann* empfiehlt nach *K. Ahrens* und *P. Sand* folgende **Verhaltensweisen unter Wolkenstraßen:**
«Es lohnt sich, Wolkenstraßen länger zu folgen, wenn

- *sie wenig vom Kurs abweichen,*
- *sie gegen einen starken Wind entlang geflogen werden,*
- *die Reisegeschwindigkeit (gegenüber Luft) unter der Straße im Verhältnis zur Reisegeschwindigkeit anderer Kurse deutlich höher liegt.«*

Beim Wechsel von Wolkenstraßen vergegenwärtigen wir uns, daß dieser mit einem hohen Absaufrisiko verbunden ist. Falls der Wechsel unumgänglich wird, wählen wir einen Abflugwinkel von 90° und fliegen nach der Taktik »so hoch wie möglich«. Weitere Hinweise zur Flugtaktik unter Wolkenstraßen finden wir im nächsten Kapitel.

DIE SOLLFAHRT: FLUGTAKTIK NACH DEM MACCREADY-RING

Die Sollfahrt-Regel

In Kapitel ›Der MacCready-Ring‹ haben wir schon angedeutet, daß durch Rechtsdrehen der Ringscheibe die Reisegeschwindigkeit gesteigert werden kann – für den Drachenflieger allerdings nur bei extrem günstigen Verhältnissen. *Fliegen wir bei ›Hammer-Wetter‹ entlang tragender Bergkanten oder unter Wolkenstraßen und ist bei diesen Aufwindreihungen der nächste Bart gewiß, so können wir die Dreiecksmarke der Ringscheibe auf den Wert des erwarteten Anfangssteigens des nächsten Aufwindes stellen.* Sind wir uns bei gleichmäßigen Bedingungen einigermaßen sicher, dieses Anfangssteigen im nächsten Aufwind anzutreffen, drehen wir die Dreiecksmarke der Ringscheibe auf diesen Wert. Erfahrungsgemäß sollte beim Rechtsdrehen der Ringscheibe Vorsicht walten: Ein Wert von 1 m/s hat sich in der Praxis als sinnvoll erwiesen und kann bei Bedarf leicht erhöht werden.

Dieses **mittlere Steigen** *errechnet sich aus dem Höhengewinn, der in einem Bart erflogen wird, geteilt duch die Gesamtzeit, während der man kurbelt;* dazu gehört die Zeit, die fürs Suchen, Zentrieren, Steigen und für das Herausfliegen aus der Thermik benötigt wird. Ein Beispiel: Wir gewinnen in einem Bart 600 m Höhe und benötigen von der Aufwindsuche bis zum abschließenden Geradeausflug 10 min. Unser mittleres Steigen beträgt demnach 600 m : 600 s = 1 m/s – sind wir uns bei gleichmäßigen Bedingungen einigermaßen sicher, dieses mittlere Steigen im nächsten Aufwind anzutreffen, drehen wir die Dreiecksmarke der Ringscheibe auf diesen Wert, der schätzungsweise die Hälfte des Maximalsteigwertes im Aufwind beträgt.

In Abbildung 70 ist ersichtlich, daß wir nun im Geradeausflug zum nächsten Aufwind unsere Fahrt gegenüber der Normaleinstellung erhöhen müssen. Auf diese Weise können wir wertvolle Zeit einsparen und damit in einem gegebenen Zeitraum zusätzliche Streckenkilometer sammeln.

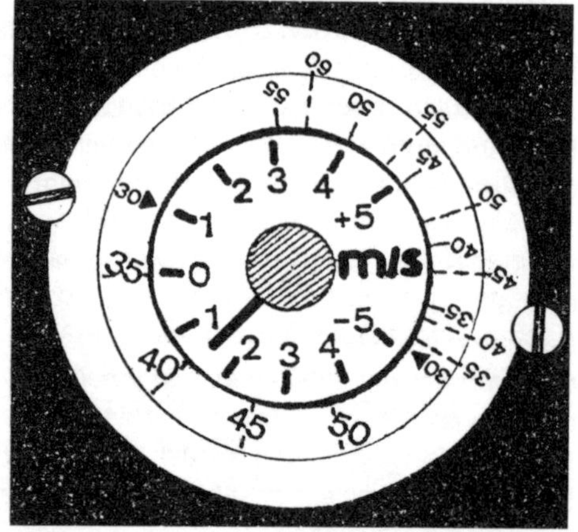

Abb. 70: **Sollfahrt: Ringeinstellung bei Null-Wind und einem erwarteten mittleren Steigen von 1 m/s**
Durch *Rechtsdrehen des MacCready-Ringes* auf den Wert des erwarteten *mittleren Steigens* kann die Durchschnittsgeschwindigkeit gesteigert werden. In unserem Fall beträgt die Sollfahrt 40 km/h.

Abgesehen davon, daß diese Praxis für den Drachenflieger nur an Ausnahmetagen in Betracht kommt, müssen wir uns vor Augen halten, daß ein Rechtsdrehen des MacCready-Ringes selbst für Segelflieger in ihren leistungsstarken ›Super-Orchideen‹ ein riskantes Unterfangen darstellt. Denn die ganzen Spekulationen beruhen letztlich auf Wahrscheinlichkeiten, keineswegs aber auf sicheren Fakten. So ist das Gelingen eines Streckenfluges nach ›MacCready‹ in hohem Maße abhängig vom

Abstand der einzelnen Aufwinde und davon, ob das vermutete Steigen überhaupt oder im erwarteten Umfang eintritt. Für die richtige Einstellung des Ringes spielt das Wissen, die Erfahrung und die Routine des Piloten eine dominierende Rolle. Aufgrund dieser Faktoren, die ihm die Einschätzung der aktuellen Situation erleichtern, kann der Pilot auch entscheiden, ob er nachlassende Aufwinde verlassen soll, um schneller zum Ziel zu gelangen.

Die Sollfahrtregel:

> *›Endsteigen, bevor man den Aufwind verläßt*
> *= Ringeinstellung*
> *= Anfangssteigen des erwarteten nächsten Aufwindes‹*

ist aufgrund verschiedener Imponderabilien (Abstand zum nächsten Aufwind, Einstiegshöhe in den nächsten Aufwind und dessen Anfangssteigwert) nicht exakt anwendbar und kann nur tendenziell angewendet werden.
Hören wir hierzu *Helmut Reichmann:*

> »Dennoch sollten wir wenigstens versuchen, unsere Höhe im bestmöglichen Aufwind zu gewinnen, also nach der Tendenz Anfangssteigen = Endsteigen. Wir sollten uns im schwächer werdenden Aufwind fragen, ob wir im nächsten Bart nicht wohl doch besser steigen könnten, und falls dies wahrscheinlich ist, sofort abfliegen. Dies ist es, was die Reisegeschwindigkeit deutlich erhöht! Die Sollfahrtregel selbst bleibt ein ständig anzustrebendes Idealziel, das leider niemand je erreichen wird.«

Die Sollfahrtregel beinhaltet auch, daß wir Aufwinde nur noch dann annehmen, wenn sie über den durch den Dreieckszeiger markierten Steigwert hinausgehen. Nur bei ›Hammer-Wetter‹ können wir diese Überlegungen relativ risikolos in die Tat umsetzen – *ansonsten ist besonders für uns Drachenflieger mit einem relativ engen Aktionsradius (und damit auch verringerten Chancen, den erwarteten starken Aufwind auch wirklich zu erreichen = Eintreffwahrscheinlichkeit) Vorsicht geboten.* Bei großer Flughöhe, guter Thermik, auf windsicheren Hauptabreißkanten und hoher Basis ist das Fliegen nach der Sollfahrtregel relativ problemlos, wobei wir stärkere Abweichungen von der horizontalen Kurslinie (auf die Dauer zuviel Höhengewinn oder -verlust) durch eine Korrektur der Ringeinstellung nach oben bzw. unten korrigieren können.
Leicht zentrierbare, starke Bärte bringen in kurzer Zeit einen großen Höhengewinn und werden im Regelfall ausgekurbelt. Wird das durchschnittliche Steigen schwächer, so ist ohnehin jede sich bietende Gelegenheit zum Höhengewinn anzunehmen und der MacCready-Ring wieder in Nullstellung zu bringen. Eine sichere Operationshöhe ist selbst einem ansehnlichen Zeitgewinn, verbunden mit einem verlockenden Superbart, vorzuziehen.
Wie schon gesagt: wer garantiert uns, ob wir den erwarteten Aufwind auch wirklich erreichen, ganz abgesehen davon, ob er dort steht, wo wir ihn erwarten. Befindet sich allerdings ein ›reifer‹ Cumulus in Reichweite, so können wir die Sollfahrt ruhig erhöhen, um seine Aufwinde noch zu erreichen, bevor er zerfällt. Das Beispiel von *Helmut Reichmann* (Abbildung 71 mit Text) konkretisiert diese, zugegebenermaßen komplexen, Überlegungen.

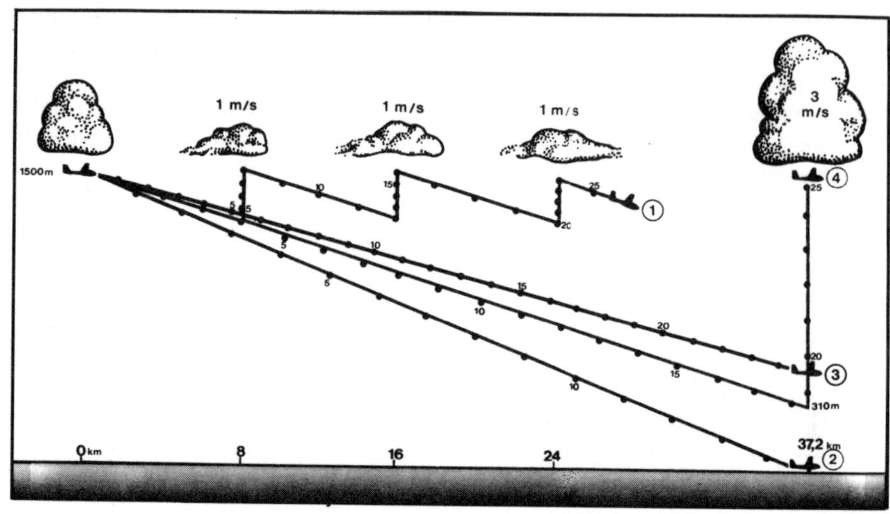

Abb. 71: **Für den Gesamtschnitt ist es am wichtigsten, Steigzeit zu sparen** *(Abb. aus: Reichmann, Streckensegelflug)*
Dieses einfache Beispiel aus dem Segelflug verdeutlicht die Spekulation, auf der die praktische Anwendung der Sollfahrt-Theorie aufbaut:
Während Pilot ① ganz auf Sicherheit geht und jeden Aufwind auskurbelt (er fliegt nach der Taktik ›so hoch wie möglich‹ und verliert dadurch viel Zeit – die Punkte geben die geflogenen Minuten an!), geht Pilot ② aufs Ganze und stellt seinen Ring auf 3 m/s erwartetes Steigen; er sitzt aber schon nach 15 min auf einer Landewiese direkt unter der Wolke und muß sehnsüchtig seinen Kameraden nachschauen. Pilot ③ wählt die Nulleinstellung auf dem Ring und steuert im Delphinstil den erwarteten starken Aufwind an: nach 25 min kommt er in sicherer Höhe unter der Wolke an und braucht weitere 5 min, bis er unter die Basis in 1500 m Höhe gestiegen ist.
Pilot ④ hat es am besten gemacht, denn er wählt eine Ringeinstellung von 1 m/s und fliegt nach MacCready zur dicken Wolke, deren Aufwinde er nach etwa 18 min in 310 m Höhe erreicht; insgesamt benötigt er etwa 25 min bis zum Erreichen der Basis. Er hat die Piloten ① und ③ deutlich hinter sich gelassen (Pilot ② wäre schneller gewesen, wenn er den Aufwind der Wolke noch hätte auskurbeln können).
Die Schnittgeschwindigkeit der einzelnen Piloten beträgt: Pilot ①: 68,2km/h, Pilot ③: 73km/h, Pilot ④: 88km/h. Wir sehen am Beispiel des Piloten ②, daß die Ringeinstellung auf genau den erwarteten Steigwert eine riskante Sache ist – hier werden das Gespür und die Erfahrung des Piloten bezüglich der ›Eintreffwahrscheinlichkeit‹ des nächsten starken Aufwindes die entscheidende Rolle spielen.

Fahrtoptimierung beim Geradeausflug: Der Delphinflug

Fliegen wir im Geradeausflug nach der Sollfahrt-Theorie MacCready's, so wird dies ***Delphin-Flug*** *genannt.* Auf diese Weise können wir unter Aufwindreihungen längere Strecken ohne zu kurbeln oder Höhe zu verlieren überbrücken. Vielfach wird beim Flug unter Wolkenstraßen fälschlicherweise dicht unter der Basis geflogen, wo dann die besonders starken Steigwerte durch Ziehen kompensiert werden müssen – wir hören dann: »Mann, habe ich kämpfen müssen, daß ich nicht in die Wolke hineingezogen wurde.« Auf der anderen Seite wird dann versucht, in den Zonen schwächeren Steigens oder in Sinkzonen durch langsameres Fliegen die Höhe zu halten bzw. möglichst wenig Höhe zu verlieren. Auf diese Weise wird wertvolle Zeit

verschenkt, denn die Sollfahrtregeln sind auf den Kopf gestellt: Anstatt sich möglichst lange im Steigen und möglichst kurz im Sinken aufzuhalten, ist das Gegenteil der Fall (Abbildung 72a).
Fliegen wir jedoch im Delphin-Stil (Abbildung 72b), also im Geradeausflug unter Beachtung der Sollfahrt-Theorie, so halten wir einen den thermischen Bedingungen angepaßten Abstand zur Wolkenbasis ein. Auf diese Weise sparen wir eine Menge Zeit und laufen nicht Gefahr, in die Wolke einzufliegen.
Gerade *unter Wolkenstraßen und anderen Aufwindreihungen können wir den Sollfahrt-Ring schrittweise auf den Wert einstellen, bei dem der geplante Flugweg ohne größere Abweichungen nach oben oder unten eingehalten werden kann.*

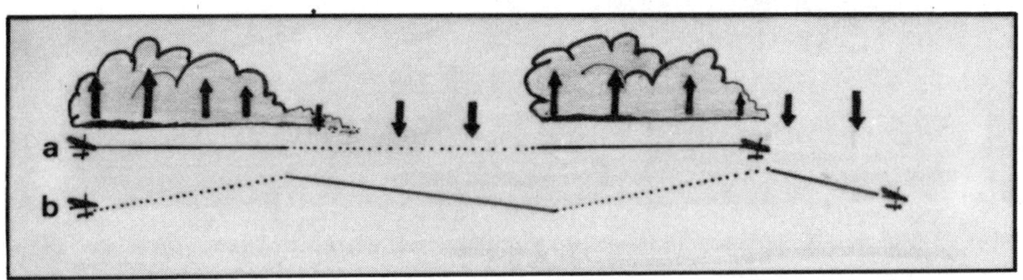

——— Schnellflug ...... Langsamflug

Abb. 72: **Delphinflug unter Wolkenstraßen** *(nach Reichmann).*
Der höher fliegende Pilot (a) fliegt zu dicht an die Wolkenbasis heran. Um nicht in die Wolken hineingesogen zu werden, zieht er seinen Steuerbügel durch – er fliegt also im Steigen zu schnell. Zudem mißachtet er die Sollfahrtregeln, indem er im Fallen zu langsam fliegt.
Der zweite Pilot (b) kann durch einen entsprechenden Wolkenabstand die Sollfahrtregeln voll anwenden und so seine Schnittgeschwindigkeit deutlich steigern.

Neben den Wolkenstraßen bieten erfahrungsgemäß längere, einstrahlgünstige Bergzüge die besten Gelegenheiten zum Delphin-Flug: Allerdings müssen wir jetzt darauf achten, die sichere Operationshöhe (in der Regel ist dies die als Hauptabreißkante fungierende Kammlinie) nicht zu unterfliegen.
Wer sich in diese komplexen Zusammenhänge einarbeiten will und wem die mathematisch-grafische Herleitung der Sollfahrt-Theorie keine unüberwindlichen Schwierigkeiten bereitet, dem ist das Lehrbuch von *Helmut Reichmann (Streckensegelflug, Motorbuch Verlag, Stuttgart)* dringend zu empfehlen. Es sei jedoch davor gewarnt, blind nach ›MacCready‹ zu fliegen und schon bald auf einer Wiese sitzend neidisch den Vögeln (noch schlimmer: den Flugkameraden!) nachzublicken.

FLUGREGELN IN DER THERMIK

Meist sind wir bei ausfliegbarer Thermik nicht allein am Himmel. Um uns und unsere Flugkameraden vor unnötiger Gefährdung zu schützen, sind bestimmte Regeln unumgänglich. Natürlich gelten die *Hangflugregeln* wie *›Rechts vor links‹* oder *›Rechts ausweichen‹* unverändert weiter. Ebenso dürfte es selbstverständlich sein, daß wir *andere Piloten nicht behindern oder gefährden,* z.B. durch *knappes Unter- bzw. Überfliegen* oder durch *abrupte Wechsel der Drehrichtung,* ohne die in der Nähe fliegenden Kameraden zu beachten. *Generell bestimmt der zuerst einen Bart erreichende Pilot die Drehrichtung;* neu hinzukommende Piloten müssen sich – ohne die Kreise der schon Kurbelnden zu stören – vorsichtig zum Steigzentrum vortasten; logisch, daß beim Kurbeln im Pulk kaum noch Zeit für einen Blick auf die Instrumente bleibt. Aufgrund ihres größeren Überblicks kommt den höher kreisenden Piloten eine besondere Verantwortung zu – sie müssen *den schneller steigenden Kameraden Vorfahrt gewähren!*

FEHLERQUELLEN BEIM THERMIK-FLUG

(z. T. nach Reichmann)

Fehlerquellen	**Abhilfe/Gegenmaßnahmen**
① **Thermiksuche** *Absaufen, obwohl genügend Thermik zum Obenbleiben vorhanden ist*	– *Vorausschauende und konzentrierte Thermiksuche* (vgl. Kap. ›Wo finden wir Thermik?‹) – *Automatisierung der Steuerbewegungen,* so daß der Blick frei wird für Thermikanzeichen – also: *Augen weg von den Instrumenten* (ein akustisches Vario hilft dabei).
② **Einfliegen in die Thermik** *Einkurven in die falsche Richtung und/oder zum falschen Zeitpunkt*	– Immer *dahin kurven, wo der Drachen nicht hin will* (in Richtung Steigzentrum) *und erst dann voll einkreisen, wenn der Beschleunigungsdruck nachläßt* bzw. wenn die Vario-Anzeigenadel wieder zurückwandern will *(Im Normalfall nach 1 bis 4 s).*
③ **Zentrieren der Thermik** *Unsaubere Kurventechnik: Schieben und Schmieren* *Verlieren der Thermik*	– *Trainieren des sauberen Kurvenfluges bei ruhigen Bedingungen.* Ein Vario mit Sinkton zeigt den unsauberen Kurvenflug akustisch, Strömungsfädchen auf dem Segel optisch an (vgl. Kap. ›Von der Acht zum Vollkreis: Richtiges Kurven‹). – Wir machen uns ein *Bild von der Lage, Neigung und Struktur der Thermik* und beziehen Sonnenstand, Bodenmerkmale, Abreißkanten, Wind sowie Wolken mit in unsere Überlegungen ein. – *Konsequente Anwendung der Zentrierregeln*
④ **Sollfahrt** *Im Steigen wird zu schnell, im Fallen zu langsam geflogen*	– Korrektur erfolgt am besten mit Hilfe eines *MacCready-Ringes. Faustregel: Bei Sinken und Gegenwind schneller, bei Steigen und Rückenwind langsamer fliegen.*

Natürlich gibt es kein Patentrezept, die Thermik am effektivsten auszukurbeln. Theoretisches Wissen, Aufmerksamkeit und viel Erfahrung machen den überdurchschnittlichen Thermikflieger aus. Es gibt aber typische Fehlerquellen, die wir uns durch eine genaue Analyse nach jedem Flug vergegenwärtigen sollten, um sie nach und nach ganz abzustellen.

Die Nutzung sonstiger Aufwindquellen

Abschließend einige Gedanken zu Aufwindquellen, die aufgrund ihrer Möglichkeiten für den Drachenflieger zwar interessant sind, wegen ihrer Eigenschaften und Gefahren für die vergleichsweise langsamen Drachen jedoch bisher nur ansatzweise erprobt wurden.
Während der Frontflug aufgrund seiner Entstehung dem Thema ›Thermik-Fliegen‹ zugeordnet werden könnte, ist der dynamische Wellenflug eher mit dem Fliegen im Hangaufwind verwandt. Lassen wir diese systematischen Spitzfindigkeiten beiseite und versuchen, die Chancen und Grenzen von Front- und Wellenflug für uns Drachenflieger abzutasten. Der dynamische Flug kommt wegen der großen Turbulenzen und der erforderlichen hohen Windgeschwindigkeiten (bisher!) höchstens für die schnelleren Segelflieger in Betracht.

DER FRONTFLUG

Die Seewindfront

Beginnen wir mit dem an Küstengebieten bekannten Phänomen der Seewindfront. Wegen des Temperaturgegensatzes See-Land bildet sich bekannterweise tagsüber ein mehr oder weniger stark ausgeprägter Seewind. Hat sich das Landesinnere entsprechend aufgeheizt, so kann sich die kältere und schwerere Seeluft keilartig unter die warme Landluft schieben. Dieser kaltfrontähnliche Vorgang ist oft mit einer Wolkenbildung parallel zur Küstenlinie verbunden. *Gute Thermikverhältnisse und ein leichter, ablandiger (= vom Land zur See wehender) Wind begünstigen das*

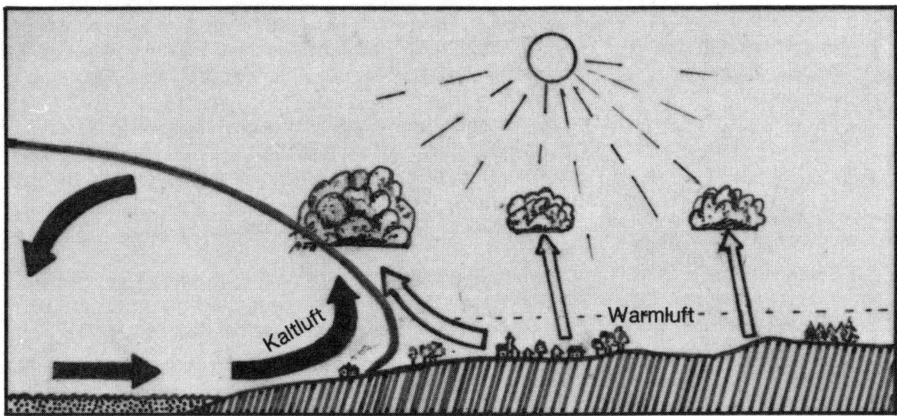

Abb. 73: **Die Seewindfront**
Die kaltfrontartige ›Seewindfront‹ dringt bis zu 100 km ins Landesinnere ein und hebt dabei die erwärmte Landluft nach oben. Im Frontbereich können sich größere Cumuli bilden, ansonsten ist die feuchte und merklich kühlere Seeluft oft an ihrer Trübung zu erkennen. Wir nutzen die Seewindfront, indem wir in der Aufwindzone der thermisch aktiven Landluft wie bei der Kaltfront vor der Grenzfläche entlangfliegen.

Entstehen der Seewindfront, die bis über 100 km landeinwärts wandern kann. Ist sie nicht durch einen Cumulus-Streifen markiert, können wir sie oft an der meist trüben Seeluft erkennen. Auf jeden Fall ist es ratsam, bei Herannahen der Front rechtzeitig zu starten, um im thermisch aktiven Landluftsektor Höhe zu machen, denn die thermisch inaktive Seeluft bringt in der Regel Fallen mit sich und kann sogar die Thermik im Landesinneren durch ihre stabilisierende Wirkung zum Erliegen bringen (Abbildung 73).

Der Flug entlang der Seewindfront ähnelt technisch und taktisch dem Delphinflug unter Wolkenstraßen: *Im Geradeausflug fliegen wir den Aufwindbereich parallel zur Längsachse der Front aus und machen bei Bedarf in den Steigzentren Höhe;* je nach Vorhaben ist es auch möglich, mit und in Richtung der vorrückenden Front auf Strecke zu gehen.

Warmfront und Kaltfront

Wie schon bei der Seewindfront erkennbar, handelt es sich bei einer *Front* um die *Grenzfläche zwischen zwei verschiedenartigen und unterschiedlich temperierten Luftmassen.*

Diese Grenzfläche ist geneigt, wobei die leichtere Warmluft oberhalb, die schwere Kaltluftmasse unterhalb der Luftmassengrenze liegt. Rückt nun Warmluft in einem

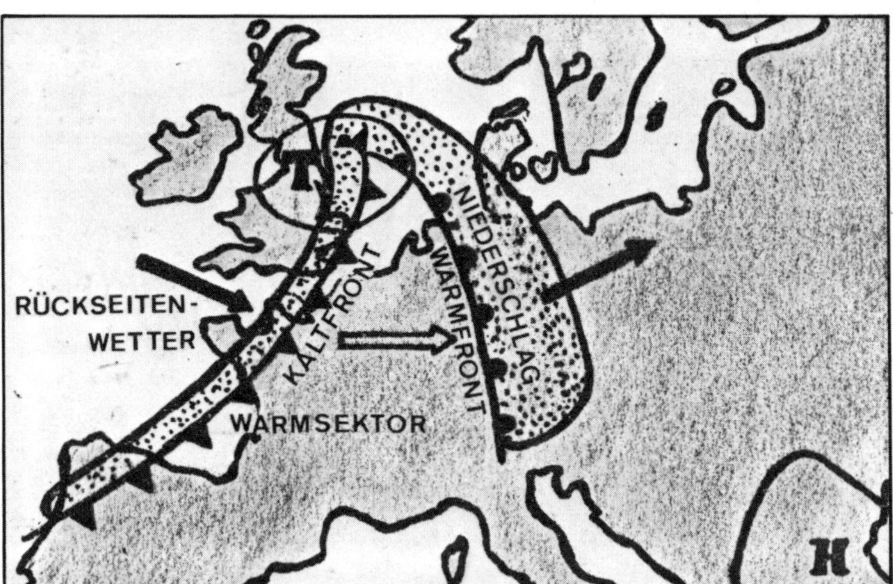

Abb. 74a: **Wetterablauf beim Durchzug einer Zyklone**
Auf die relativ langsam vordringende Warmfront folgt nach einer Phase der Wetterberuhigung (Warmsektor) die schneller vordringende Kaltfront. Hat die Kaltfront die Warmfront eingeholt, sprechen wir von einer Occlusion.

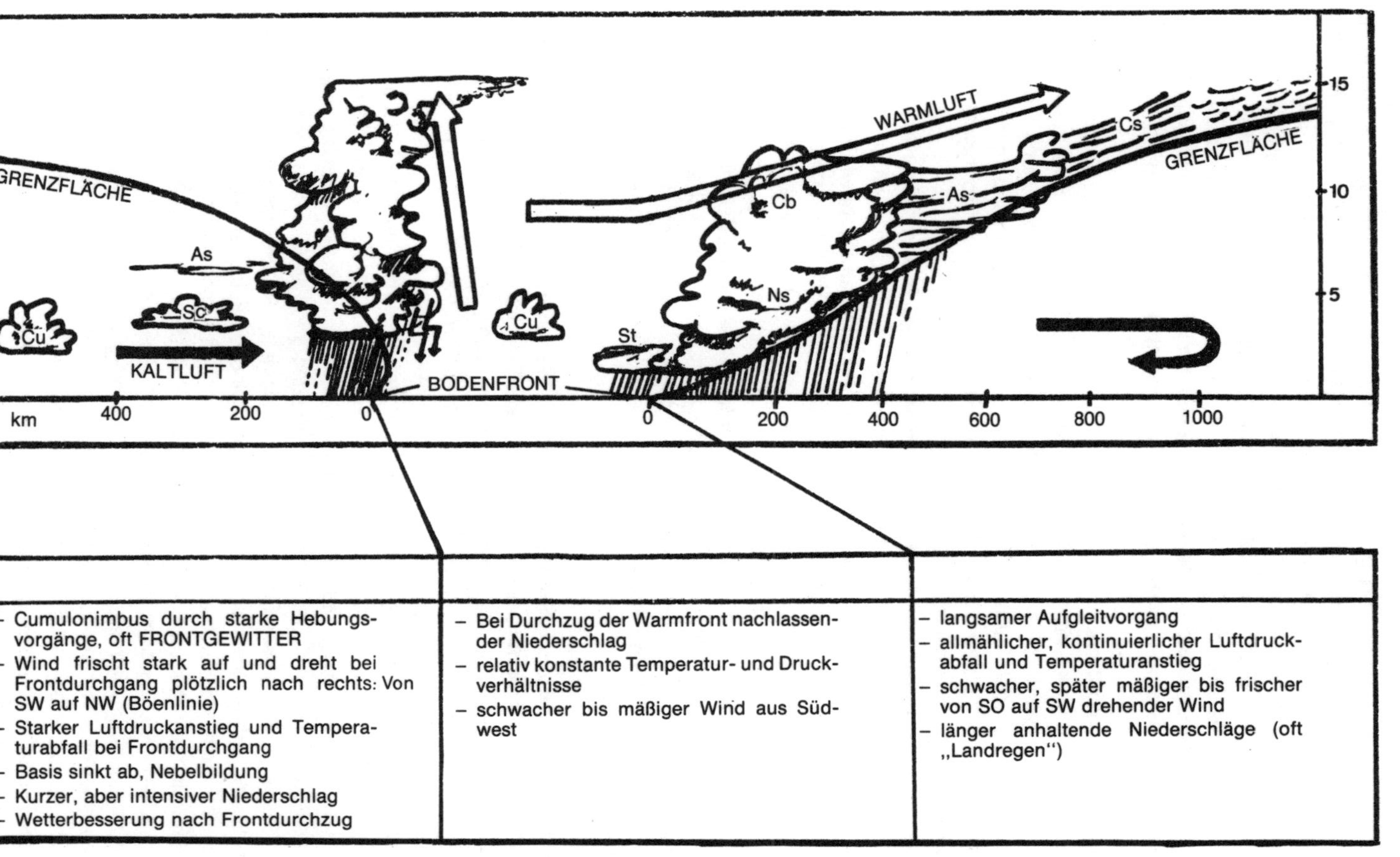

– Cumulonimbus durch starke Hebungsvorgänge, oft FRONTGEWITTER – Wind frischt stark auf und dreht bei Frontdurchgang plötzlich nach rechts: Von SW auf NW (Böenlinie) – Starker Luftdruckanstieg und Temperaturabfall bei Frontdurchgang – Basis sinkt ab, Nebelbildung – Kurzer, aber intensiver Niederschlag – Wetterbesserung nach Frontdurchzug	– Bei Durchzug der Warmfront nachlassender Niederschlag – relativ konstante Temperatur- und Druckverhältnisse – schwacher bis mäßiger Wind aus Südwest	– langsamer Aufgleitvorgang – allmählicher, kontinuierlicher Luftdruckabfall und Temperaturanstieg – schwacher, später mäßiger bis frischer von SO auf SW drehender Wind – länger anhaltende Niederschläge (oft „Landregen“)

Abb. 74 b

allmählichen Aufgleitvorgang gegenüber der Kaltluft vor, sprechen wir von einer *Warmfront* – verdrängen relativ kalte Luftmassen die Warmluft, indem sie diese ziemlich gewaltsam emporheben, haben wir eine *Kaltfront* vor uns. *Bestimmend für unser Wetter ist die relativ regelmäßige Abfolge von Frontsystemen (Zyklonen).*
Anzeichen, Eigenschaften und Begleiterscheinungen beim Durchzug einer Zyklone verdeutlichen die Abbildungen 74a und b. Von rechts nach links betrachtet ergibt sich der charakteristische Wetterablauf beim Frontdurchzug, wobei eine labile Schichtung natürlich zu einem lebhafteren Wetterablauf führen wird.

Fliegen mit der Kaltfront

Im August 1926 geriet *Max Kegel* unfreiwillig in eine Gewitterfront und wurde in der Wolke auf ungefähr 1500 m hinaufgetragen – fortan hieß er nur noch ›Gewitter-Maxe‹. Dies war der Auftakt zu den ersten systematischen Frontflügen ab 1929: *Robert Kronfeld, Günther Grönhoff* und *Wolf Hirth* segelten vor Frontsystemen bis 200 km weit und das bei max. Steigwerten von 8 m/s.
Als der US-Pilot *Jerry Katz* im Juli 1977 mit seinem ›Alpine‹ vor einer Front in der Sierra zum ersten Mal die 100-Meilen-Marke überflog, wurden auch den Drachenfliegern die phantastischen Möglichkeiten dieser Aufwindquelle bewußt.
Der unvergessene *Ali Schmid,* Konstrukteur der Falke-Baureihe, stand Jerry nicht nach und erreichte am 23. Mai 1982 mit einem Falke V vor einer Gewitterfront 165 km. Sein Flug dauerte etwas länger als 3 Stunden (Schnittgeschwindigkeit: 50 km/h!) und führte vom schwäbischen Messelberg bei Göppingen ins ferne Königstein bei Grafenwöhr. Unterwegs mußte Ali immer wieder Achterschleifen und Kreise fliegen, um dem wolkenfreien Aufwindbereich der Front nicht zu enteilen. Auf der anderen Seite mußte er höllisch aufpassen, um nicht mit dem relativ langsamen Drachen in die böig-turbulenten Auf- und Abwinde der Wolkenfront (Böenwalze) zu geraten.
Wir merken uns: Ausreichenden Abstand zur Wolkenfront (mind. 200 m) halten, aber den ungefährlichen, wolkenfreien Aufwindbereich nicht verlassen! Da sich bei entsprechender Labilität weitere Frontlinien bilden können, dürfen wir unsere Augen nicht allein auf die hinter uns liegende Wolkenfront fixieren – wir könnten sonst ›eingeschlossen‹ werden.
Rechtzeitig vor der Landung verlassen wir die Steigzone mit dem Wind, um aus der verbleibenden Höhe noch möglichst viel Strecke zurückzulegen und vor allem schon am Boden zu sein, bevor die Böenlinie (›squall line‹) mit dem Windsprung von Südwest auf Nordwest und böig auffrischenden Winden den Landeplatz erreicht.
Der *Einstieg in den Aufwindbereich der Front* gelingt am leichtesten und gefahrlosesten in der Luft – beim Soaren im Hangaufwind oder in der Thermik, denn es erscheint mehr als waghalsig, mit dem plötzlichen Umspringen des Windes zu starten. Einmal in der Luft, können parallel zur Frontlinie weite Strecken zurückgelegt werden – wer es nicht so eilig hat oder wem diese Flugrichtung nicht paßt, der kann sich auch in Zugrichtung der Front fortbewegen.
Meteorologische Voraussetzung für Frontflüge sind labile Verhältnisse im Vorfeld einer Kaltfront – bei hoher Luftfeuchte können sich hierbei sogar Frontgewitter bilden. Typische Vorboten sind türmchenförmige Haufenwolken (Altocumuli castellani), die sich bei labilisierender Kaltluftzufuhr in der Höhe gerne bilden.

Etwas vor oder unmittelbar mit der Kaltfront erscheint die sogenannte Böenlinie, die sich parallel zur Front oft über mehrere hundert Kilometer erstreckt und wie diese meist quer zur allgemeinen Windrichtung angeordnet ist. Mit der Frontlinie erscheinen mächtige (Gewitter-) Wolken, deren ausfließende Kaltluft sich keilförmig unter die Warmluft im Vorfrontbereich schiebt und so für eine Zone mit kräftigen Aufwinden sorgt. Zuweilen bildet sich vor der Front eine Cumulusreihe, deren Aufwinde ebenfalls ausgeflogen werden können. (Vgl. Abbildung 75.)
Allein die extremen Steigwerte einer Front mahnen uns zu äußerster Vorsicht. Die Prognose des Segelflugwetterberichtes im Hinblick auf Gewitterbildung, Windgeschwindigkeit und Böigkeit ist neben den eigenen, kritischen Beobachtungen unabdingbar – *wir sollten uns nur an schwächer ausgeprägte Fronten ohne Gewitterbildung heranwagen.* ***Im Zweifelsfalle jedoch: Finger weg vom Frontflug*** – dies gilt besonders für das Gebirge, wo eine unter die Kammhöhe absinkende Wolkenbasis und Lee-Effekte lebensgefährliche Risiken mit sich bringen.

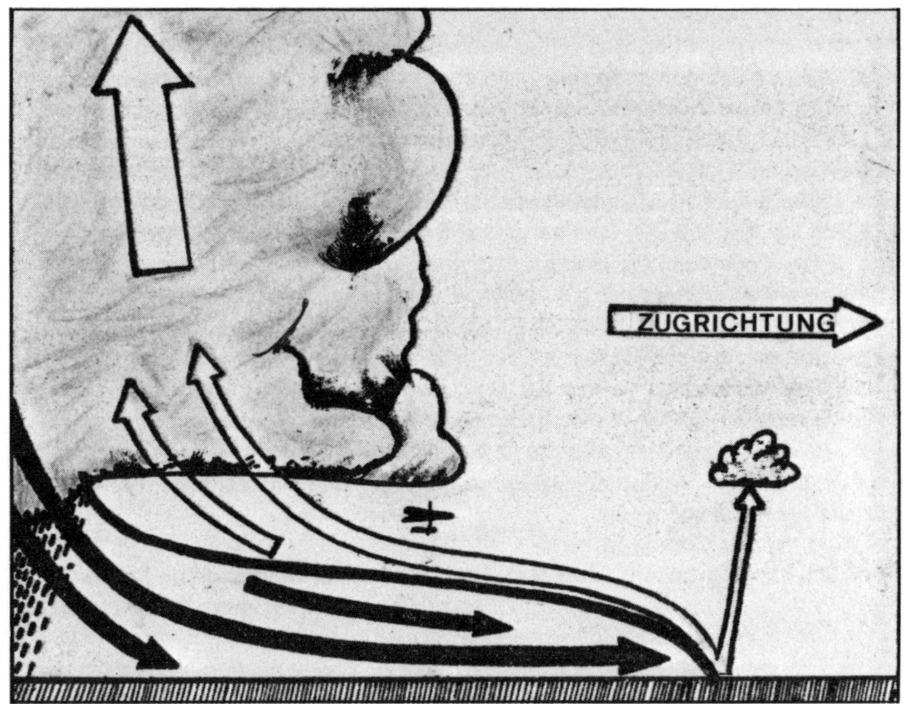

Abb. 75: **Fliegen vor einer Kaltfront**
Das Fliegen vor der Kaltfront darf nur bei schwächer ausgeprägten Fronten ohne Gewitterentwicklung und unter Beachtung der Sichtflugregeln durchgeführt werden. Durch den ausfließenden Kaltluft-Keil entsteht parallel zur Front ein Streifen laminaren Aufwindes, in dessen unmittelbarer Nachbarschaft Schauer, Turbulenzen und u. U. auch Gewitter (!) auftreten. Im Aufwind parallel zur Frontlinie können wir weite Flüge unternehmen – bei entsprechender Fluggeschwindigkeit des Drachens bzw. Zuggeschwindigkeit der Front, ohne zu kreisen! Man beachte die Cumulusreihe, die der Front oft vorauswandert. Das enge Nebeneinander von ruhigen Aufwinden und extremen Turbulenzen stellt im Bereich der Grenzfläche eine große Gefahr dar.

DER WELLENFLUG

Genaueres über den Wellenflug können wir bisher nur von unseren Segelfliegerkameraden erfahren. Zu mager sind bisher die Erfahrungen der Drachenflieger mit dieser interessanten Aufwindquelle, die in der amerikanischen Sierra Segelflug-Piloten schon auf über 14000 m Höhe hinauftrug. Zwar gab es auch im Drachenflieger-Lager Berichte über ›wundersame‹, weder thermisch- noch hangbedingte Aufwinde; was allerdings die Kenntnisse über die Nutzung der Wellenaufwinde angeht, stecken wir allesamt noch in den Kinderschuhen.
Für Segelflieger wird der Wellenflug erst bei Windgeschwindigkeiten interessant, bei denen wir den Drachen meist wieder einpacken: *zur Bildung von wirksamen Wellen sind hohe Windgeschwindigkeiten erforderlich, so daß dem Drachenflieger wegen der mangelnden Penetrationsfähigkeit seiner Geräte nur ein schmaler Grenzbereich zum Wellenflug bleibt.* Schwache Wellenlagen, bei denen die Strömung noch nicht bis zum Boden durchgegriffen hat, sind jedoch auch für den Drachenflug nutzbar.
Die *Welle* ist eine Form des dynamischen Aufwindes. Ähnlich wie das Wasser schaukelt sich eine Luftströmung wellenförmig auf, wenn sich ein Hindernis in den Weg stellt. Dieses **Hindernis in Form eines Bergzuges sollte möglichst rechtwinklig zum Wind (nicht mehr als 30° Abweichung) liegen, sowie hoch (mindestens 150 m) und breit (ca. 1 Wellenlänge = Entfernung von Wellenberg zu Wellenberg) genug sein, um eine wirksame Wellenbildung zu ermöglichen.** *Günstig sind außerdem eine konkave Luvseite und ein steil abfallender Leehang des Bergzuges.*
Sind diese Bedingungen gegeben, so erzeugt ein Bergmassiv in der Regel 3 brauchbare Wellen. *Steht nun ein leeseitig nachgelagerter Bergzug mit dem wellenerzeugenden Bergmassiv ›**in Resonanz**‹, d.h., entspricht sein Abstand zum ersten Bergmassiv der ein- oder mehrfachen Wellenlänge, so wird die* ***Amplitude (= ½ Wellenhöhe)*** *nochmals verstärkt.* Stehen die Bergzüge allerdings nicht ›in Resonanz‹, ist damit zu rechnen, daß die Wellen abgeschwächt werden (Abbildung 76 a, b, c).
Da die Wellenlänge λ in Relation zur Windgeschwindigkeit steht, ist es möglich, an Starkwindtagen für bestimmte Bergzüge günstige Wellenverhältnisse vorherzusagen. *Die Formel lautet:*

Wellenlänge λ (in km) = 0,3 × mittlere Windgeschwindigkeit (in Knoten)
(vgl. Abbildung 32 d).

Ferner sind folgende Fakten wissenswert: *In Kammhöhe* sollte die *Windgeschwindigkeit mindestens 30 km/h* betragen – als Drachenflieger müssen wir also wegen der möglichen Gefahren bei einem Auffrischen des Windes genau über die weitere Wetterentwicklung im Bilde sein. Um gefährliche Turbulenzen und Rotorenbildung in Hangnähe auszuschließen, sind *regelmäßig ansteigende* und damit laminare Aufwinde erzeugende *Hänge* aufzusuchen. *Bei Windsprüngen von mehr als 10 km/h bleibt der Drachen besser im Packsack.* Im übrigen *sollte der Wind mit der Höhe allmählich an Geschwindigkeit zunehmen, ohne seine Richtung stark zu ändern (Richtungsscherung max. 10° pro 1000 m). Labilität bis in Kammhöhe, darüber aber eine hochreichende, stabile Schichtung fördern die Wellenbildung zusätzlich.*

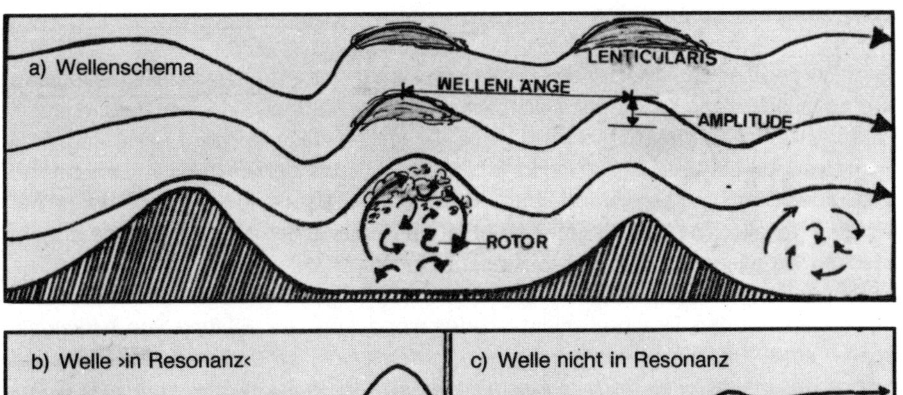

Abb. 76: **Wellen bei Föhn**

Abschließend sei noch darauf verwiesen, daß schnell heranfließende Luftmassen einer Front, die sich an trägeren Wolken- und Luftmassenbergen aufschaukeln, ebenfalls Wellenaufwinde erzeugen können.

Taktik des Wellenfluges

Fliegen wir parallel zum Bergzug in der Welle, verbleiben wir in der Zone aufsteigender Luftmassen. Dadurch erscheinen größere Streckenflüge möglich; auch lokale Wellenaufwinde können ausgeflogen werden, wenn sich der Pilot nach der Taktik des Hangstreckenfluges von Welle zu Welle der einzelnen Bergzüge vortastet.

Die klassischen Wellenparadiese wie Innsbruck mit seiner Nordkette oder Zell am See, deren Gebirgszüge quer zur Föhnrichtung verlaufen, sind aufgrund ihrer topographischen und wetterbedingten Eigenschaften für den Drachenflug nicht prädestiniert. Insbesonders droht hier die Gefahr von Rotoren und zu starken Winden in Kammhöhe. In Nord-Süd-Richtung verlaufende Täler, wie z.B. das obere Rheintal, erzeugen zwar durch Talverengungen nur relativ schwache Wellen, können von uns aber gefahrloser für den Föhnflug genutzt werden – Rotoren und Leeturbulenzen fallen hier weniger ins Gewicht und das Tal bleibt im Notfall als Fluchtweg offen. In Liechtenstein, wo sich das Rheintal düsenartig verengt, sollen nach neueren Berichten einige mutige Piloten in Föhnwellen schon 4000 m erreicht haben...

Selbst für mutige und routinierte Piloten mit leistungsstarken und vor allem schnellen Geräten (hohe Flächenbelastung!) läßt der Föhnflug nur einen relativ schmalen Toleranzbereich für die eigene Sicherheit und sollte deshalb genau durchdacht werden. Sicherlich werden die nächsten Jahre mit immer leistungsfähigeren Drachen und Piloten noch einiges in Richtung Wellenflug bringen; hoffentlich kommt dabei der Sicherheitsaspekt nicht zu kurz!

VII Streckenfliegen

Wer sich ans Streckenfliegen heranwagt, muß in theoretischer und praktischer Hinsicht zu den routinierten Piloten zählen. Landungen in unbekannten Gebieten, vielleicht auf einer von Leitungen und Obstbäumen ›garnierten‹ Hangwiese, müssen fliegerisch ebenso schadlos gemeistert werden, wie das traumhaft sichere Zentrieren der Thermik. Auch psychisch muß der Pilot den Bedingungen gewachsen sein, will er unbelastet und konzentriert die Aufwinde in Streckenkilometer umsetzen.
Vor größeren Aufgaben ist es jedenfalls ratsam, einmal den Hausberg zu verlassen, um in einem nicht vertrauten Gelände zu landen – ›weg vom Hang‹ heißt die Devise. Auch wenn die zurückgelegte Strecke nur wenig über die Standardroute hinausgeht – der Pilot sammelt das nötige Selbstvertrauen, sich auch in fremdem Terrain zurechtzufinden. Vor allem für die ersten Versuche sollten eventuelle Landeplätze vorher erkundet werden.
In diesem Bereich dürfen keine Fragen mehr offen sein, bevor wir auf Strecke gehen. Dank einer soliden Verbandsarbeit und großzügiger Referenten im Bundesverkehrsministerium ist die ›Krone des Drachenfliegens‹ – der Streckenflug – jetzt auch in der BRD möglich geworden. Den B-Schein mit Überlandberechtigung erhält jeder Pilot, der eine mindestens einjährige, qualifizierte Flugpraxis nachweist und eine 20stündige theoretische Ausbildung in den Fächern Luftrecht, Wetterkunde und Navigation erfolgreich mit einer Prüfung abschließt. Auch in Ländern, in denen solche Vorschriften fehlen, sollten sich die Streckenflugpiloten an diesen Leitlinien orientieren – schließlich teilen wir den engen Luftraum mit zahlreichen anderen Luftfahrzeugen und sind in meteorologischer und navigatorischer Hinsicht stark gefordert.

Flugwetter

George Worthington, der große alte Mann des Leistungs-Drachenfluges und Inhaber mehrerer Weltrekorde, gab 1 Jahr vor seinem tragischen Absturz mit einem Ultraleicht-Flugzeug (UL) folgendes *›Rezept‹ für Rekordflüge* zum besten:

»Man muß am richtigen Tag am Startplatz sein, zur rechten Zeit starten und genug Erfahrung haben, um die Wolken, den Wind und andere Wettererscheinungen richtig zu deuten.«

Schon lange bevor wir an konkrete Streckenplanungen gehen, müssen wir den Ablauf des Wettergeschehens analytisch in den Griff bekommen – soweit dies überhaupt zuverlässig möglich ist. Wir müssen uns in das Medium hineinversetzen, das uns so viel geben kann: Jochen von Kalckreuth z.B. hat durch eigene Beobachtungen feststellen können, daß nach einem warmen, trockenen März im Juni und Juli selten gute Strecken-Wetterlagen, dagegen im Mai ausgezeichnete Verhältnisse zu erwarten sind!

KREISWANDERUNG DER HOCHDRUCKGEBIETE

Alljährlich spielt sich in Europa etwa der gleiche Wetterzyklus ab: Da sich Festland und Meer jahreszeitlich unterschiedlich erwärmen bzw. abkühlen, wandern die Hochdruckgebiete kreisförmig um Europa herum. Im Winter, wenn das Festland

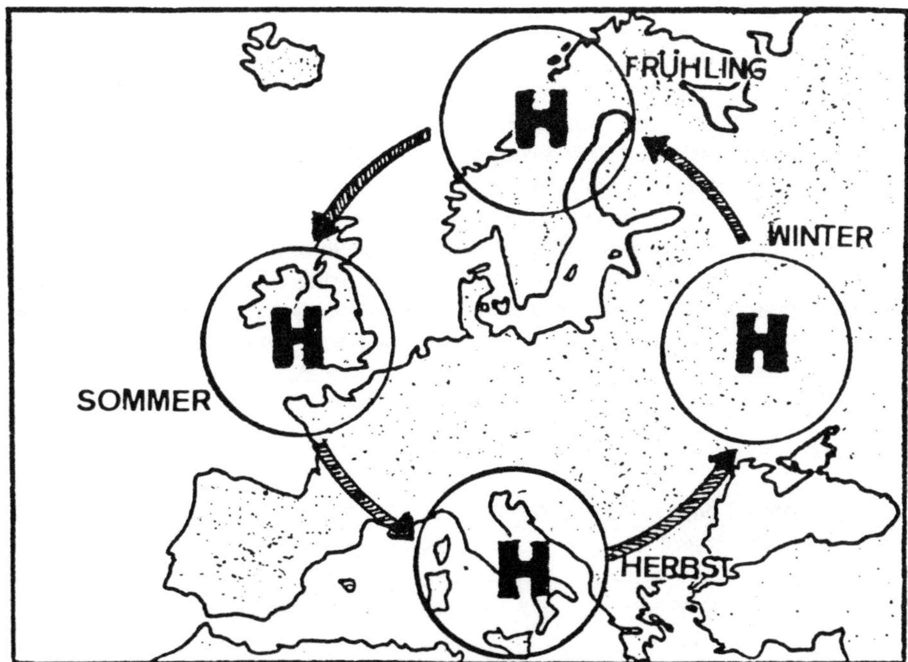

Abb. 77: **Jahreszeitliche Kreiswanderung der Hochdruckgebiete**
Aufgrund unterschiedlicher Erwärmung von Land und Wasser wird eine Wanderung der Hochs um Europa herum hervorgerufen: Im Winter bildet sich über dem relativ kalten Kontinent ein Kältehoch, das im Verlaufe des Frühjahrs und Sommers in Richtung Atlantik wandert (nun ist der Kontinent wärmer als das Meer). Durch thermische und dynamische Vorgänge entsteht dieser charakteristische Ablauf, der allerdings nur als grober Orientierungsrahmen gelten kann.

relativ kalt ist, finden wir den hohen Druck im Kältezentrum Rußland. Wenn sich dann im Frühjahr zunächst das südliche Europa erwärmt, wandert das Hochdruckgebiet allmählich nach Nordost-Europa (Nordrußland, Finnland), um im Spätfrühjahr – das Meer wird jetzt kälter als das Land – nach Skandinavien bzw. Großbritannien zu ziehen. Im Sommer schließlich liegt das Kältezentrum und somit auch das Zentrum hohen Druckes über dem Atlantik. Der Kreislauf wird, wie in Abbildung 77 ersichtlich, abgeschlossen.
Für uns Piloten ist die Kenntnis dieser allgemeinen Tendenz, verbunden mit dem Wissen über die den Druckzentren zugehörige *Windsysteme (Hoch: im Uhrzeigersinn, Tief: gegen Uhrzeigersinn)* und die lokale Wettergestaltung Grundlage der Beurteilung von fliegerischen Möglichkeiten. Da Hochdruckgebiete in der Regel Schönwettergebiete sind, eignen sie sich naturgemäß für den Drachenflug, zumal die Sonne bei entsprechender Atmosphäre für Labilität und somit für gute Thermik sorgt. Für den Streckenflieger bringen Frühjahr und Frühsommer mit ihren typischen Ost- bis Westlagen das beste Wetter, da die Stärke der Sonneneinstrahlung meist mit der Zufuhr relativ kühler – und damit leicht labilisierbarer – Luftmassen verbunden ist.

WETTERLAGEN IN MITTELEUROPA

Nachfolgend werden nach *Georgii, Kreipl, von Kalckreuth und Reichmann* die typischen Strecken-Wetterlagen in ihrer jahreszeitlichen Häufung bzw. mit ihren charakteristischen Ursachen und Bedingungen dargestellt.
Trotz der Besonderheiten des konkreten Wetterablaufes eines Segelflugjahres, konnten allgemeine Regelmäßigkeiten bezüglich guter und sehr guter Streckenperioden festgestellt werden. Unter dem Vorbehalt, daß Faktoren wie eine späte Schneeschmelze, übergroße Trockenheit oder schlicht von der Norm abweichende Großwetterlagen beträchtliche Unsicherheitsfaktoren darstellen, können wir mit den unten genannten allgemeinen Tendenzen unsere Planungen unterstützen.

Streckenperioden

April

In diesem Monat beginnt die eigentliche Thermik-Saison, wobei im Alpenraum eine frühe Schneeschmelze den Streckenflug begünstigt. Bei einer Thermikdauer von ca. 7 Std. kann bei geringer Luftfeuchte in den Tagen um den 10. und 20. April sowie gegen Monatsende mit guten Streckenfluglagen gerechnet werden.

Mai

Statistisch gesehen verheißt der Mai mit Abstand die besten Streckentage. Im Gebirge allerdings kann eine späte Schneeschmelze und eine damit verbundene hohe Luftfeuchte bzw. niedere Basis diese Aussage etwas relativieren. Nach günstigen Verhältnissen in den ersten Maitagen ist besonders ab Mitte des Monats mit rekordträchtigem »Hammer-Wetter« zu rechnen – die im Mai häufigen Zwischenhochs verdienen unsere besondere Aufmerksamkeit!

Juni
Wenn die feucht-kühlen atlantischen Tiefdrucksysteme durch Hochdruckeinfluß abgeblockt werden, steht dieser Monat dem Mai nicht nach. Besonders am Monatsanfang und um die Monatsmitte häufen sich Perioden mit ausgezeichneter Thermik – jetzt, wo das jährliche Einstrahlmaximum erreicht wird, können wir im günstigsten Fall mit ca. 10 nutzbaren Thermikstunden pro Tag rechnen.

Juli
Besonders in der 1. Monatshälfte bietet der Juli immer wieder gute Streckenperioden und auch das letzte Monatsdrittel verdient eine aufmerksame Wetterbeobachtung. Gerade wenn der Vormonat unter dem Einfluß atlantischer Tiefdrucksysteme litt, kann der Juli noch einiges wettmachen. Da sich jetzt aber schon der hochsommerliche Einfluß in Form von stabilisierenden Inversionen störend bemerkbar machen kann, sollten wir unsere Aktivitäten in die noch labilen Gebirgsräume nördlich des Alpenhauptkammes verlegen.

August
Inzwischen hat sich die Atmosphäre bis in große Höhen erwärmt bzw. stabilisiert. Streckenflüge sind jedoch möglich, wenn frisch eingeströmte Luftmassen für eine – meist kurzfristige – Labilisierung sorgen: Erfahrungsgemäß bringen die Tage um den 7. und 15. August noch brauchbare Streckenlagen.

Zwar beinhaltet diese Aufstellung, statistisch gesehen, die günstigsten Streckenflugperioden der vergangenen Jahre – sie darf jedoch nicht, wie schon erwähnt, blindlings für Flugplanungen herangezogen werden; der März kann z.B. in südlicheren Regionen schon brauchbare Konvektion liefern, und auch die Monate September, Oktober und November sind für Überraschungen gut.

Meteorologische Voraussetzungen für Streckenflüge

Der ›Hofmeteorologe‹ vieler bekannter Streckenflieger, *Manfred Kreipl,* untersuchte den Zusammenhang zwischen grundlegenden metereologischen Variablen und weiten Streckenflügen; *folgende* ***Faktoren*** *waren,* so seine Erkenntnis, *für* ***Rekord-Wetterlagen*** *verantwortlich:*

① *Hoher* ***Luftdruck*** *am Boden und in der Höhe* (besonders günstig: Luftdruckanstieg auf der Vorderseite eines Höhenhochkeiles – die 500-mb-Höhenwetterkarte dient deshalb als wichtige Planungshilfe).

② *Statistisch gesehen bieten* ***Winde*** *(Richtung in ca. 1500 m Höhe) aus NO (45 %), O und NW (je 33 %), N (30 %) und W (24 %) die besten Chancen für Streckenflüge* – d.h., wir können ungefähr an jedem 3. Tag mit NW- oder Ostwinden mit guter bis sehr guter Thermik rechnen; bei Südwest- bzw. Südwinden sinken unsere Chancen auf 20 bzw. 14 % (diese Aussagen beziehen sich auf die Monate April bis August und basieren auf der Auswertung von Streckenflügen beim Segelflug, die in Deutschland über 500 km hinausgingen).
Eine *Windgeschwindigkeit zwischen 10 und 25 km/h hat sich als äußerst günstig erwiesen – falls wir durch Leegebiete fliegen oder Ziel-Rück-bzw.*

Dreieckflüge planen, sollte die Windgeschwindigkeit 10 km/h nicht überschreiten. Eine Sonderstellung nehmen Streckenflüge bei Ost- und Nordostwinden ein: Hier kann die Windunterstützung besonders in dem Flachland ruhig über 25 km/h hinausgehen.

③ *Die* ***Luftfeuchte*** *sollte am Boden und in der Höhe niedrig sein* (fallender Druck in der Höhe kann u. U. durch Zufuhr trockener Luftmassen kompensiert werden).

④ *Für den Laien überraschend, wurde ein* ***idealer Temperaturgradient*** *der Atmosphäre* ***von ›nur‹ 0,65 bis 0,7° C/100 m*** ermittelt – besonders in den Bergen führt ein höherer Gradient zu Überentwicklung! Um diese zu verhindern, ist *im Gebirge eine kräftige Sperrschicht in 3000 bis 4000 m Höhe, im Flachland in spätestens 3000 m Höhe ideal,* ansonsten sind Schauer und Gewitter zu befürchten.

Günstige Streckenlagen

Um unseren Blick für ›kilometerträchtige‹ Wetterlagen zu schärfen, wollen wir uns nun einige typische und besonders günstige Druckverteilungen herausgreifen.

Nordost- und Ostlage

Zwischen einem nordeuropäischen Hoch und einem Mittelmeertief wird mit einer ausgeprägten nordöstlichen bis östlichen Strömung kühle und trockene Kontinentalluft herangeführt. Bei ungestörter Sonneneinstrahlung entwickeln sich schon frühzeitig bei Blauthermik oder flachen Cumuli (Wolkenstraßen!) *außergewöhnlich gute Streckenlagen.* Eingelagerte Inversionen zwischen 1000 und 2000 m verhindern zwar eine hochreichende Thermik, verkleinern andererseits aber die Abstände zwischen den starken Aufwinden. Bei einem wolkenstraßengünstigen Windprofil mit Geschwindigkeiten von manchmal über 50 km/h in Flughöhe können *weite Flüge in westlicher bzw. südwestlicher Richtung* gemeistert werden.
In Deutschland ist meist der 2. Tag nach Eintritt dieser Wetterlage am günstigsten, was in der Schweiz dem 1. ›Bisentag‹ entspricht.

Abb. 78: **Nordost- und Ostlage**
Gute Thermik und starke Winde ermöglichen besonders im Frühjahr Streckenflüge in westliche und südwestliche Richtung. Dank dieser Lage flog Hans-Werner Grosse 1460 km von Lübeck nach Biarritz! Auch im Drachenflug scheinen hier die weitesten Flüge möglich: über 300 km freie Strecke sind drin!

Im Falle hoher Luftfeuchte können die guten Aufwinde schon am frühen Nachmittag infolge von *Überentwicklung* durch Schauer und Gewitter zunichte gemacht werden. Hohen Bergen (Alpen, Schwarzwald, Schweizer Jura) sollte deshalb unter diesen Bedingungen am Nachmittag ausgewichen werden, während das Flachland die besten Streckenbedingungen bietet: Hans Werner Grosse flog am 25. April 1972 1460 km freie Strecke von Lübeck nach Biarritz! *Größte Häufigkeit dieser Lage: März bis Juni.* (Vgl. Abbildung 78.)

Nordwest-Lage

Ein Hoch über dem Atlantik (oft das sog. Azorenhoch) in Verbindung mit ausgedehnten Tiefdrucksystemen über dem Nordmeer führt polar-maritime Luftmassen nach Mitteleuropa. Setzt sich nach Durchzug der Kaltfront auf der Rückseite des Tiefs Hochdruckeinfluß durch, können bei nachlassender Schauertätigkeit und frischen Nordwestwinden *Streckenflüge mit dem Wind* durchgeführt werden. *Im Juli und August ist diese Lage am häufigsten anzutreffen* (Abbildung 79).

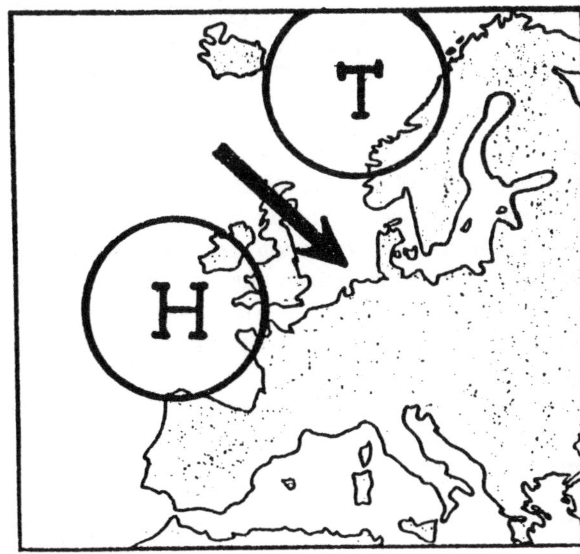

Abb. 79: **Nordwestlage**
Bei meist frischen Nordwestwinden behindert Schauertätigkeit oft den Streckenflug. Setzt sich das Hoch jedoch stärker durch, ist die Nordwestlage vielversprechend für Streckenflüge in südöstliche Richtung.

West- oder Schleifzonen-Lage

Zwischen einem Hochdruckgebiet über dem Mittelmeer und einem nordeuropäischen Tief herrscht in den vom Hoch beeinflußten Gebieten bei einer warmen Südwest- bis Westströmung heiteres Wetter. Aufgrund ihrer Labilität verheißt die aus dem Azorenraum herangeführte subtropische Warmluft im Sommer zwar gute Aufwinde, führt ohne kräftige Sperrschicht jedoch leider auch zu Schauer- und Gewittertätigkeit. Hat sich die Atmosphäre im Spätsommer und Herbst entsprechend stabilisiert, kann diese Lage zu *Dauerflügen im Hangwind oder in Wellenaufwinden* genutzt werden (Voraussetzung: in Nord-Süd-Richtung verlaufende Bergzüge wie Vogesen, Schwarzwald, Odenwald usw.).
Größte Häufigkeit: Spätsommer, Herbst; im übrigen tritt diese Lage das ganze Jahr über relativ häufig auf (Abbildung 80).

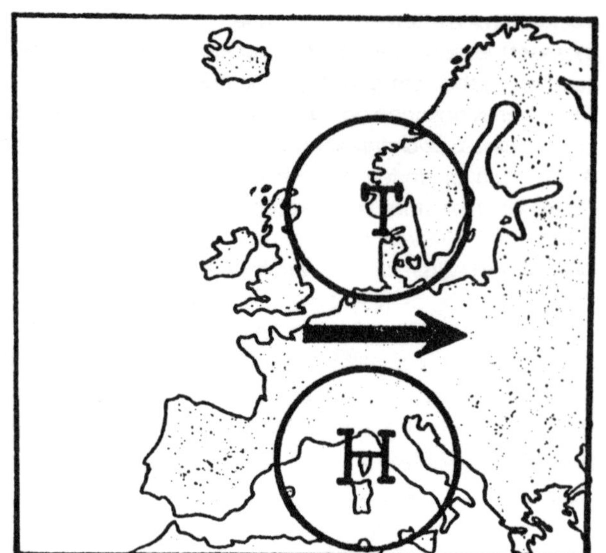

Abb. 80: **Westlage (Schleifzonenlage)**
Diese im Herbst häufige Wetterlage ist günstig für Dauerflüge im Hangaufwind. Bei genügender Labilität im Sommer auch als Streckenfluglage brauchbar.

Zentrales Hoch

Dieses über Mitteleuropa liegende, ausgedehnte Hochdrucksystem ist während der Zeit der besten Thermik – im Frühjahr und Frühsommer – leider recht selten. Es ist ab Juli oft gekennzeichnet durch eine schon relativ stabil geschichtete Atmosphäre, die infolge einer oft kräftigen Bodeninversion erst nach längerer Einstrahlung schwache bis mittlere Thermik zuläßt. Allerdings können sich besonders in bergigem Gelände nach Auflösung der Bodeninversion gute Streckenlagen ergeben: Relativ schwache Winde lassen *Dreiecksflüge* mit antizyklonaler (Uhrzeigersinn) Richtung und auch *Ziel-Rückkehr-Flüge* zu.

Leider können wir erst im Spätsommer und Herbst mit einer größeren Häufung dieser Lage rechnen – tritt sie aber in den Monaten von April bis Juli dennoch auf, sollte sie genutzt werden. (Abbildung 81).

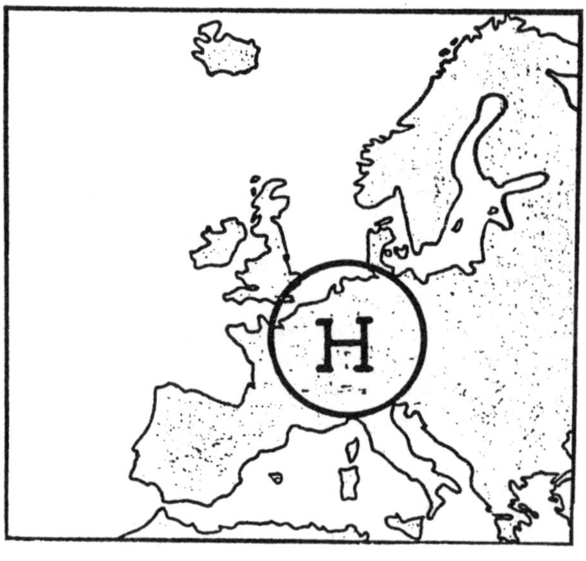

Abb. 81: **Zentrales Hoch**
Relativ schwache Winde und nach Auflösung der Bodeninversion mäßige bis gute Thermik begünstigen Zielrückkehr- und Dreiecksflüge in antizyklonaler Richtung (Uhrzeigersinn).

Rückseiten-Wetter

Diese oft kurzfristig und überraschend eintretende Wetterlage sorgt in der Streckenflug-Saison immer wieder für ausgezeichnete Verhältnisse. Nach dem Durchzug einer Kaltfront kommt die eingeflossene labile Polarluft allmählich unter den Einfluß eines *Zwischenhochs:* Die Schauertätigkeit nimmt ab und bei guter Sicht sowie nachlassenden – meist westlichen Winden – sind besonders im Flachland *Flüge mit dem Wind* erfolgversprechend. Verstärkt sich der Hochdruckeinfluß, so lassen der Windeinfluß und die Schauertätigkeit weiter nach; jetzt können wir *Zielrück- und Dreieckflüge,* auch über dem Bergland, in Angriff nehmen (Abbildung 82).

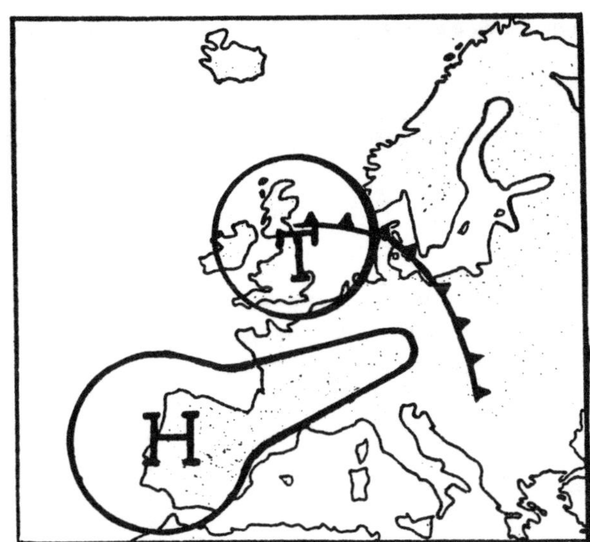

Abb. 82: **Rückseitenwetter**
Nach dem Durchzug einer labilisierenden Kaltfront sorgt Zwischenhocheinfluß bei westlichen Winden für nachlassende Schauertätigkeit und Aufwindreihungen.

WETTERBEOBACHTUNG – WETTERBERATUNG

Das regelmäßige Studium der Wetterkarten in Tageszeitungen und im Fernsehen bringt nur grobe Hinweise auf das Flugwetter, schärft aber unseren Blick für vielversprechende Wetterentwicklungen. Im Wetterbericht der regionalen Rundfunk- und TV-Programme hören wir Genaueres über den Wind (Richtung, Stärke, Böen), Labilität (z.B. ›Temperaturen 18 bis 21°C, in 800 bis 1000 m 14°C‹) und mögliche Überentwicklung (»Neigung zu Schauern und Gewittern«). Bei vielversprechenden allgemeinen Vorhersagen können wir über den *Segelflugwetterbericht* die restlichen Detail-Informationen erhalten. Besser noch – aber für die Meteorologen zeitraubend – ist die *individuelle Wetterberatung direkt durch die ›Wetterfrösche‹.*
Planen wir einen Streckenflug außerhalb unseres Heimatgebietes und müssen z. B. vom Schwarzwald in die Alpen fahren, geben uns die dort ansässigen Flug-Meteorologen gerne Auskunft über die aktuelle Lage und die voraussichtliche Entwicklung

in ihrem Vorhersagebereich. Oft gilt es dann, schnell zu schalten, denn gerade erfolgversprechende Zwischenhochs entwickeln sich bisweilen ohne Ankündigung und bringen für kurze Zeit streckengünstige Rekordlagen. Wohl dem Piloten, der aus beruflichen und zeitlichen Gründen in der Lage ist, immer auf dem Sprung zu sein! Um zur rechten Zeit am rechten Ort zu sein, sind zeitraubende Anfahrten auf den Vortag zu verlegen. Sind wir zur rechten Zeit am rechten Ort, wird schon früh morgens die Wettersituation mit den Prognosen verglichen: Bei weiterhin günstigen Anzeichen dient die individuelle Beratung durch den Meteorologen nun als letzte Entscheidungshilfe. Die wichtigsten Kriterien können etwa nach dem folgenden Schema abgefragt werden:

Formular für die Segelflug-Wettervorhersage *(aus: Reichmann, Streckensegelflug)*

SEGELFLUGWETTERVORHERSAGE

der Flugwetterwarte Saarbrücken-Ensheim für einen Umkreis von 100 km
Tel. (0 68 93) 20 81 oder 20 82 Datum:........................... 08.30 Uhr MEZ, Meteorologe:.......................

1) ALLGEMEINE LAGE

2) EINZELANGABEN					— zur Vorhersagezeit	— Entwicklung im Vorhersageraum, Zeit evtl. Änderung
a) WIND	Höhe, m	Boden	1000	1500	2000	
	Richtung					
	Stärke, km/h					
b) INVERSIONEN			Höhe, m			
c) WOLKEN	Höhe, m, NN					
	Menge					
	Art					
d) SICHT					m	

e) AUSLÖSETEMPERATUR	°C	zu erwarten um MEZ
TAGESMAXIMUM	°C	
Cu-BASIS	m üNN	zu erwarten um MEZ
OBERGRENZE der Konvektion	m üNN	zu erwarten um MEZ
THERMIK	— keine — mäßig — gut — verschieden — zerrissen —	

3) BESONDERHEITEN

4) AUSSICHTEN FÜR MORGEN

Zur Verdeutlichung der in der Segelflug-Wettervorhersage genannten Thermikgüte seien die dazugehörigen mittleren meteorologischen Steigwerke kurz genannt:
schwache oder geringe Thermik bis 1 m/s, mäßige Thermik 1 bis 2,5 m/s, gute Thermik mehr als 2,5 m/s.

Vorbereitung und Planung

AUSRÜSTUNG UND KÖRPERLICHE LEISTUNGSFÄHIGKEIT

Streckenflugausrüstung

Lange bevor im Frühjahr die eigentliche Streckenflugsaison eingeläutet wird, müssen umfangreiche Vorarbeiten abgeschlossen sein – in den an Thermik nicht gerade reichen Herbst- und Wintertagen dürften diese nicht allzu schwer fallen.
Zunächst einmal erstellen wir von unserem gut getrimmten Drachen eine *Polare* und basteln uns auf dieser Grundlage einen *MacCready-Ring.* Die Grundinstrumentierung *Geschwindigkeitsmesser – Höhenmesser – Variometer* sollte durch einen flüssigkeitsgelagerten *Kugelkompaß* (nicht in der Nähe von Stahlbeschlägen und der Elektronik anbringen!) sowie – falls erschwinglich – einen *Barographen* (Höhenschreiber) erweitert werden. Inzwischen gibt es auch für den Drachenflug brauchbare Barographen (›Kroneis‹, ›Lufft‹, ›Bräuniger‹), die aufgrund geringer Größe und geringen Gewichtes leicht am Trapez, am Kielrohr oder im Fußsack des Gurtes mitgeführt werden können. Zur Dokumentierung von Streckenflügen oder einfach für Erinnerungsfotos benötigen wir schließlich eine kleine und leichte, d. h. kompak-

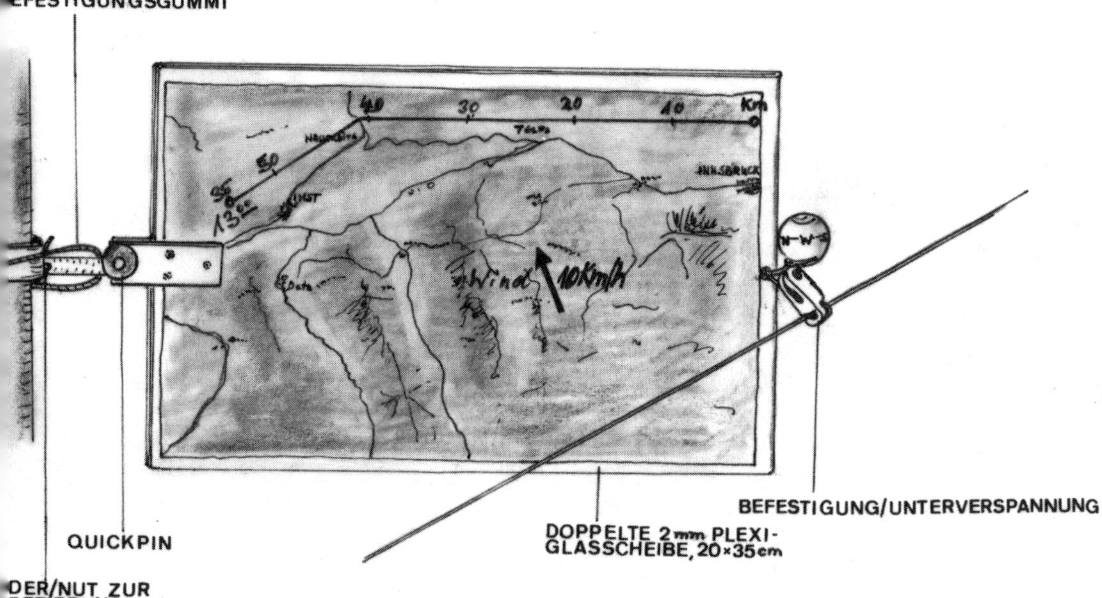

Abb. 83: **Kartenhalterung**
Die etwa 20 × 70 cm große Plexiglasscheibe wird U-förmig gebogen, so daß die Karte darin eingeklemmt werden kann. Die Halterung kann im Fluge umgedreht werden.

te, *Kleinbild-Motorkamera* mit automatischer Belichtung und Anschlußmöglichkeiten für Stativgewinde bzw. Halterung und Fernauslöser. Die Brennweite der Linse sollte 50 mm nicht überschreiten; am besten haben sich Brennweiten zwischen 35 und 40 mm bewährt. Inzwischen bieten die meisten renommierten Firmen solche Kameras, die in puncto Bildqualität überraschend gute Resultate liefern, in der unteren und mittleren Preisklasse an.

Am günstigsten ist es, die Kamera in einer Fototasche an einer gut erreichbaren Stelle des Gurtzeuges mitzuführen. Die Sicherung erfolgt mittels einer Gummischnur und Klettbandes (Vorsicht! Klettband auf Rückseite der Kamera in Scharniernähe aufkleben – sonst Gefahr einer unfreiwilligen Öffnung.)

Zur Navigation während des Fluges brauchen wir zusätzlich eine Kartenhalterung, die zwischen Verspannung und Trapez in Augenhöhe angebracht wird. Helmut Denz klemmt seine 1:200000-Generalkarte zwischen zwei durch Klettband zusammengehaltene Plexiglasscheiben, die etwa 35 cm lang und 20 cm hoch sind. Er kann so während des Fluges die Karte umfalten. Wem dies zu kompliziert ist, sollte eine Kartenhalterung gleicher Größe herstellen, die bei Bedarf einfach umgedreht werden kann (Abbildung 83). Heute gibt es im Handel aerodynamisch günstige Kartenhalterungen, die an der Basis montiert direkt im Blickfeld des Piloten liegen.

Streckenfliegen bedeutet oft Fliegen im Hochgebirge oder in anderen unwirtlichen Gegenden. Von daher versteht es sich von selbst, daß im Gurtzeug oder im Fliegerkombi die obligatorische *Notausrüstung* für Baumlandungen sowie Verbandspäckchen, Taschenmesser und ein *Signalgeber* (Taschenlampe, Trillerpfeife, Signalpistole, Metallspiegel) Platz finden sollten. Ganz vorsichtige Piloten führen gar einen leichten Biwacksack und Proviant mit sich – gar nicht so unnütz, wenn man bedenkt, daß gerade im Hochgebirge Stunden vergehen können, bis man aufgefunden und versorgt wird. Im Normalfall landen wir jedoch nicht im unwegsamen Hochgebirge und können die o.g. Utensilien teilweise vergessen. In jedem Fall sollten wir jedoch nach der Landung auf eine Badehose und ein Handtuch zurückgreifen können – fast jeder Ort nennt heute ein Schwimmbad sein eigen, in dem wir auf die Rückholmannschaft warten können (Falls keine Rückholer zur Hand sind, nehmen wir einige Meter Reepschnur zum Festbinden des Drachens mit – vielleicht kann ein Autofahrer in die Bresche springen . . .).

Übrigens soll es Piloten geben, die wegen fehlender *Ausweise* einen vielversprechenden Streckenflug vor der Grenze abbrechen mußten. Um dieses Malheur zu vermeiden, werden schon rechtzeitig die nötigen Ausweise bzw. Lizenzen sowie *Kleingeld* zum Telefonieren in ein wasserdichtes Plastikbeutelchen gegeben und in einer Tasche des Overalls deponiert (Vorsicht, Druckstellen).

Für europäische Fluggebiete, in denen die Basis auf max. 5500 m (Oberengadin bei St. Moritz) steigt, erübrigt sich für die meisten Piloten die Anschaffung eines *Sauerstoffgerätes*. Wer jedoch im Owens-Valley (Kalifornien) beim XC-Classic auf Streckenjagd gehen will, sollte sich nach einem kompakten Atmungsgerät umschauen – in den amerikanischen Fachzeitschriften werden schon drachenflugtaugliche Apparate angeboten. Beim XC-Classic wird das Mitführen eines *Funkgerätes* dringend empfohlen – auch beim Drachenflug wird sich der Funksprechverkehr immer stärker durchsetzen.

Gerade für längere Flüge in der noch kalten Frühjahrsluft sollten wir zumindest die

Helmut Denz in Streckenflugmontur: Mit Sauerstoff- und Wasserflasche sowie Funkgerät... (Michael Weingartner)

Windschlüpfriger ›Libreman‹-Schlafsackgurt mit integriertem Fallschirm (Hans Hauser)

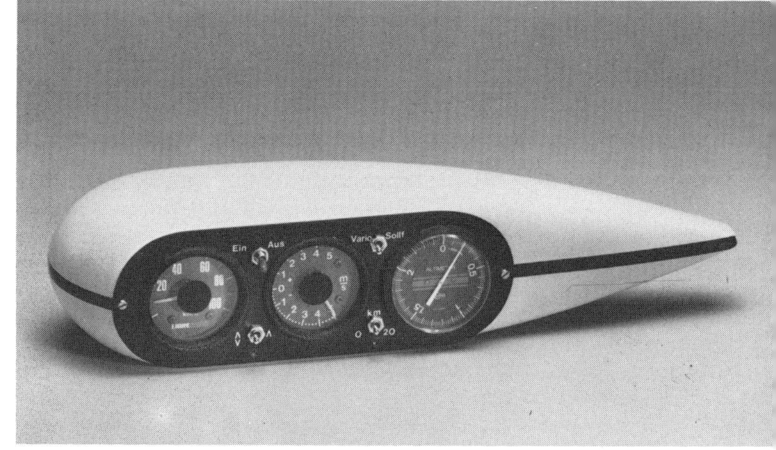

Aerodynamisch geformtes ›Cockpit‹. Nach Eingabe der Drachenpolare wird die Sollfahrt akustisch oder optisch angezeigt (Hans Hauser)

›Kroneis‹-Barograph: Kompakter Höhenschreiber zur Beurkundung des Streckenfluges (Kroneis)

Im ›Pod‹ (Eric Raymond)

›Big George‹ Worthington
(G. Worthington)

Doppelte ›French connection‹, ›Speed-bar‹ und Trapezverkleidung (Michael Weingartner)

Rumour: Modernes Streckengerät (Solar Wings)

Griffstellen des Trapezes isolieren (Rohrisolierung vom Heizungsmonteur, Tesaband, Motorradgriffgummis). An der Basis angebrachte Verkleidungen, sogenannte ›Handfairings‹, schützen die Hände bei Bedarf vor Unterkühlung oder Erfrierungen. Auch die *Pilotenkleidung* darf keine Schwachstelle der Ausrüstung darstellen – wir haben uns schon an anderer Stelle darüber ausgelassen. (In diesem Zusammenhang sei der warme Integralgurt nochmals empfohlen!)
Zu guter Letzt ein kleiner Hinweis: Die angeführten Ausrüstungsgegenstände sind als Empfehlung, als ›Checkliste‹ gedacht, welche individuellen Bedürfnissen angepaßt werden kann.

Verpflegung und Training

Wollen wir einen weiterführenden Streckenflug unternehmen, kommt dem Problem der *Verpflegung und ›Entsorgung‹* erhöhte Bedeutung zu. Voraussichtlich sind wir mehrere Stunden in der Luft und dürfen nicht durch Hunger, Durst oder durch sonstige Bedürfnisse in unserer Kondition bzw. Konzentration beeinträchtigt werden. Während es relativ einfach ist, sich durch regelmäßiges Entleeren vor dem Start und durch Übung das Problem der ›Entsorgung‹ für mehrere Stunden vom Hals zu schaffen, ist die Verpflegungsfrage nicht durch Gewöhnungsprozesse zu lösen. Körperliche Ermüdungserscheinungen, verbunden mit einem Flüssigkeits- und Mineralstoffverlust, verursachen schnell ein Abfallen der Leistungskurve, wenn nicht rechtzeitig für Nachschub gesorgt ist.
Bringen wir am Trapez eine für Radrennfahrer gedachte *Trinkflasche* (auch ein zweckentfremdeter Urinbeutel, der im Overall verstaut wird, leistet gute Dienste) an, können wir ein *Konditionsgetränk,* das den Salz- und Mineralstoffhaushalt in Ordnung hält, in der Luft zu uns nehmen. Diese Getränke finden wir auf dem Sportartikelmarkt, oder sie können selbst hergestellt werden: *Helmut Reichmann* empfiehlt eine Mischung aus Tee, Traubenzucker, Grapefruit- und Zitronensaft – eine Zusammenstellung, die nicht zu süß schmeckt und durch physiologisch geeignete Natrium- sowie Kaliumzusätze verbessert werden kann. Wer von solch aufwendigen Maßnahmen weniger hält, kann mit einem, möglichst sauren, Apfel vorlieb nehmen; auch saure Drops, Traubenzucker oder Früchteschnitten (Reformhaus) sind im Fluge nicht zu verachten. (Zum Transport dieser Utensilien können wir an einer gut erreichbaren Stelle ein Täschchen mit Klettband-Verschluß aufnähen.)
Nennenswerte Streckenflüge dauern in der Regel länger als 3 Std., was naturgemäß hohe Anforderungen an Kreislauf, Muskelstärke und -ausdauer stellt. Als *Vorbereitungs- und Ausgleichssportart* für den Drachenflug ist der *Skilanglauf* prädestiniert; in der Loipe können wir den Kreislauf trainieren und die Muskeln gerade im Bereich des Oberkörpers sowie der Arme auf die Anforderungen des Streckenfluges vorbereiten. Auch *Schwimmen, Waldlauf, Rudern und Radfahren* sind geeignete Sportarten zur Verbesserung unserer Kondition.
Regelmäßiges Fitness-Training mit Gymnastik – mind. 2 × pro Woche ½ Std. – soll den Körper fordern aber nicht überfordern (*eine Pulsfrequenz von 130 Schlägen/min.* erscheint für unsere Vorhaben angemessen).
Daß falsche Eßgewohnheiten, verbunden mit übermäßigem Alkohol- und Nikotingenuß die körperliche Leistungsfähigkeit nicht gerade steigern, versteht sich von selbst.

PLANSPIELE

Sicher ist es verlockend zu improvisieren – beim Streckenflug indes kommen wir mit dieser Methode im wahrsten Sinne des Wortes nicht weit (Ausnahmen bestätigen die Regel). Wie beim Problem der Ausrüstung und der körperlichen Fitness bedarf es bei der Planung der Flugroute und der sonstigen Formalitäten für einen längeren Streckenflug einer Vorbereitung von langer Hand: *In der Perfektion der Vorbereitung liegt der Schlüssel zum Erfolg!*

Festlegung der Flugroute

Natürlich wissen wir durch Berichte unserer Fachzeitschriften, in welchen Gebieten gerade wieder Superflüge stattfanden. Wir wissen z.B., daß die Zillertaler Höhenstraße als Ausgangspunkt für den ›*Pinzgauer Spaziergang*‹ jedes Jahr phantastische Flüge ermöglicht – das ›europäische Owens-Valley‹. Daneben existieren besonders in den *Alpen* zahlreiche weitere Startplätze für weite Streckenflüge, aber auch der *Schwarzwald,* die *Vogesen* oder der *Schweizer Jura* (bei der NO-Bisenlage sind von hier aus weite Flüge möglich) brauchen einen Vergleich kaum zu scheuen. *Gerade für die im Frühjahr häufigen Nordost-Lagen wurden die flacheren und weniger reliefstarken Gebiete bislang häufig unterschätzt.*
Wer über das nötige Kleingeld verfügt, kann auch in *Schweden* und *Finnland* (Wolkenstraßen!), im *spanischen Hochland, Südafrika,* in den *nordafrikanischen Küstenregionen (Seewindfront!), Australien* oder in den *USA* außergewöhnlich gute Reviere für die Streckenjagd finden.
Haben wir eine Flugregion ins Auge gefaßt, so besorgen wir uns zunächst einmal eine *reliefstarke Karte im Maßstab von 1:500000.* Wir können nun ermitteln, wo *langgezogene, streckengünstige Täler – möglichst in Ost-West-Richtung* – existieren. Schnell stellen wir fest, daß in den *Alpen die Flüsse Mur, Enns, Drau, Gail (Lesachtal), Salzach, Inn, Rhein und Rhône* von weitgehend zusammenhängenden thermik- und einstrahlgünstigen Bergzügen umsäumt werden. Auch *Adda- und Pustertal,* sowie der *nördliche* und *südliche Alpenrand* kommen für Streckenflüge in Betracht, wobei zu berücksichtigen ist, daß südlich des Alpenhauptkammes oft schon ab Mitte Mai feucht-stabile Warmluft aus der Poebene die Labilität deutlich mindert. Zu Beginn der Streckensaison ist allerdings der südliche Alpenrand äußerst erfolgversprechend, was die Wettbewerbe in Bassano del Grappa und Como oder die Rekord-Flüge von Helmut Denz schon zur Genüge bewiesen haben.
Im Hochsommer schließlich ist normalerweise nur noch in den geschützten inneralpinen Tälern sowie im Wallis (Fiesch) und Südfrankreich (St. André) mit überdurchschnittlichen Streckenlagen zu rechnen.
Haben wir uns aufgrund des Kartenstudiums auf ein Gebiet für konkretere Flug- bzw. Urlaubspläne entschieden, hilft uns eine *1:500000er ICAO-Karte* weiter: Wir ermitteln zunächst einmal *Sperrgebiete* sowie *Kontrollzonen* und klammern diese aus unseren Streckenplanungen aus.
Schließlich nehmen wir eine *1:200000er Generalkarte* zur Hand und setzen das Relief der Bergzüge in Beziehung zu Wind und Sonnenstand – wir erfahren auf diese Weise, wann und wo mit Thermik zu rechnen ist, bzw. welche Flugrouten überhaupt in Frage kommen (eine gute Planungshilfe ist die *Thermikkarte,* die *Man-*

fred Kreipl von der Flugwetterwarte Nürnberg für Süddeutschland ausgearbeitet hat). Beziehen wir jetzt den Einfluß von Windstärke und -richtung in unsere Planungen mit ein, können wir unsere *mittlere Reisegeschwindigkeit* grob abschätzen (wir wollen in diesem Rahmen auf eine detaillierte Herleitung dieser Größe verzichten – die Reisegeschwindigkeit gegenüber Grund ist abhängig vom mittleren Steigen, Gleitverhältnis, Windvektor in Flugrichtung und gewählter Eigengeschwindigkeit) – erfahrungsgemäß wird diese *bei Normalverhältnissen zwischen 20 und 30 km/h betragen;* bei Flügen vor der Front oder in starken Nordostwinden wurden aber schon über 50 km/h erzielt! ›Marschieren‹ wir nun mit der Reisegeschwindigkeit entlang der ins Auge gefaßten Route, werden wir bald feststellen, ob und wann sogenannte *›blaue Löcher‹* unseren Vormarsch voraussichtlich hindern; diese Sinkzonen können in Form von breiten Quertälern, Seen, Flüssen, sonnenabgewandten Bergseiten oder Leegebieten auftreten. Aufgrund unserer Erfahrung können wir, hoffentlich zuverlässig, abschätzen, ob die Hindernisse – notfalls über einen Umweg – überwindbar sind, oder ob die Flugroute neu überdacht werden muß. Falls irgendmöglich, sollten wir es nicht versäumen, unsere *Route von Segelfliegern oder einheimischen Drachenfliegern fachkundig kommentieren bzw. korrigieren zu lassen,* denn diese wissen am besten, wann und wo mit verläßlichen ›Hausbärten‹ zu rechnen ist.

Natürlich ist uns bei freier Strecke oder beim Zielflug eine Unterstützung durch den *Wind* höchst willkommen – in bergigem Gebiet sind allerdings 15 bis 20 km/h wohl die Obergrenze, da sonst die Thermik zerrissen wird und Leeturbulenzen das Leben unnötig schwer machen. Bei Flügen unter Wolkenstraßen über dem Flachland dagegen können 40 km/h Rückenwind durchaus für optimale Verhältnisse sorgen, wie es zuerst *Jim Lee* bei seinem spektakulären Flug in die Wüste Neu Mexikos (knapp 270 km) eindrucksvoll bewiesen hat.

Planen wir einen *Ziel-Rück-* oder *Dreieck-Flug* (hier muß der kürzeste Schenkel eines FAI-Dreiecks mindestens 28% der Gesamtstrecke betragen), *sollte die Gegenwind-Komponente 10 km/h nicht überschreiten,* sonst kommen wir nur unter großem Zeitverlust gegen den Wind an. Da es praktisch nie zu völliger Windstille kommt, legen wir die Flugroute nach Möglichkeit so, daß wir *zur Zeit der stärksten Thermik (zwischen 12 und 16 Uhr) gegen den Wind fliegen* müssen, um dann bei nachlassenden Aufwinden mit dem Wind im Rücken noch ans Ziel zu kommen. Um einigermaßen realistisch zu planen, ist es gerade bei Dreieck- und Ziel-Rück-Flügen ratsam, unter Zugrundelegung der Reisegeschwindigkeit *Spätestzeiten für die Umrundung der Wendepunkte* festzulegen; hierbei gilt es zu berücksichtigen, daß im Frühjahr nur etwa 7 Thermikstunden zur Verfügung stehen, während wir im Sommer unter günstigen Umständen mit mehr als 10 Std. rechnen können.

Die *Festlegung der* – möglichst markanten – *Wendepunkte* sollte so erfolgen, daß beim Anfliegen, Erkennen und Fotografieren kein unnötiger Zeitverlust entsteht: gut sichtbare Objekte am Berg oder in höheren Seitentälern sind demzufolge geeigneter als mitten im Haupttal liegende, nur unter großem Höhenverlust zu erreichende Wendemarken. Zur besseren Übersicht während des Fluges tragen wir die wesentlichen Ergebnisse der Planung mit wasserfestem Filzstift (der mit Spiritus o.ä. wieder entfernt werden kann) auf unserer Karte (diese sollte mit Klarsichtfolie überzogen sein) ein.

Selbstverständlich sind wir bei unseren bisherigen Planungen von einem gut erreichbaren und *hoch gelegenen Startplatz (beim Streckenflug-Rekordversuch darf die Höhendifferenz zwischen Start- und Landeplatz nicht mehr als 2% der geflogenen Strecke betragen!) – Ost- bzw. Südost-Hänge* liefern schon relativ früh ausfliegbare Aufwinde – ausgegangen. Bevor wir uns endgültig für ein bestimmtes Gelände entscheiden, fragen wir beim einheimischen Fremdenverkehrsbüro oder bei der Bergbahn-Gesellschaft, ob der Transport derzeitig problemlos vonstatten geht – nicht selten haben schon Reparaturarbeiten am Lift oder ungeräumte Bergsträßchen einen verheißungsvollen Streckenflug vereitelt (da wir rechtzeitig, je nach Verhältnissen zwischen 9 und 13 Uhr, startbereit sein müssen, kann jede verlorene Stunde entscheidend sein)!
Nicht versäumen sollten wir es, *mit den einheimischen Piloten Kontakt aufzunehmen,* um so wertvolle Tips zu erhalten und das ›Hausrecht‹ zu wahren. In Innsbruck werden wir bei dieser Gelegenheit erfahren, daß wir Streckenflüge bei der einheimischen Flugsicherung anmelden müssen. In Aviano (bei Venedig) ignorierten deutsche Piloten die einfachsten Sicherheitsregeln, landeten in der Einflugschneise des dortigen Nato-Flugplatzes und gefährdeten so den Flugbetrieb.
Bei rechtzeitiger Kontaktaufnahme und etwas Fingerspitzengefühl können solche Entgleisungen leicht vermieden werden.

Formalitäten eines Rekordfluges

Sicherlich – das Fliegen ohne Rekorde ist faszinierend genug und unvergleichlich schön. In jedem Piloten steckt jedoch eine gehörige Portion Ehrgeiz und vor allem nach inoffiziellen Rekordflügen hört man immer wieder den Seufzer: »Hätte ich doch nur die Formalien erfüllt.« Zwar bereitet es etwas Mühe, das Nötige zu veranlassen, aber bei entsprechender Vorbereitung wird dies zur Routine.
Einmal müssen wir im Besitz einer gültigen *Sportlizenz* des nationalen Aero-Clubs sein. Dann ist es empfehlenswert, den beabsichtigten Rekordflug am Vorabend bei einem Offiziellen des Aero-Clubs anzumelden.
Der Start sollte durch einen *Sportzeugen,* notfalls durch 2 B-Schein-, Sonderpilotschein-, oder SHV-Brevet-Inhaber bestätigt werden – es liegt in der Hand des nationalen Aeroclubs, ob er diese liberale Handhabung duldet oder ob er auf offiziellen Sportzeugen besteht. Ein *Startfoto* mit dem Piloten, dem Startzeugen, dem Drachen, dem geeichten sowie versiegelten Barographen und der *Startmeldung* dokumentiert schließlich den regelgerechten Start.
Während des Fluges ist – im Abstand von etwa 20 km – die jeweilige *Position abzulichten,* bei *Wendepunkten* hat dies vom *Fotosektor* aus zu geschehen (Abbildung 84).
Mit auf dem Bild muß ein Teil des Drachens erkennbar sein: Wenn wir den Fotoapparat also fest an den Steuerbügel montiert haben, und eine Flügelspitze dabei im Sucher erscheint, fliegen wir im Fotosektor eine Steilkurve und drücken im richtigen Augenblick auf den Auslöser. Theoretisch hört sich dies ganz passabel an, in der Praxis aber kann beim Kurbeln wertvolle Höhe verschenkt werden, oder – noch schlimmer – der Wendepunkt auf dem Foto nicht erscheinen. Viele Experten fotografieren deshalb aus der Hand, nachdem sie zuvor ihren Fotoapparat – mit einer Gummischnur gesichert – im Gurt verstaut haben.

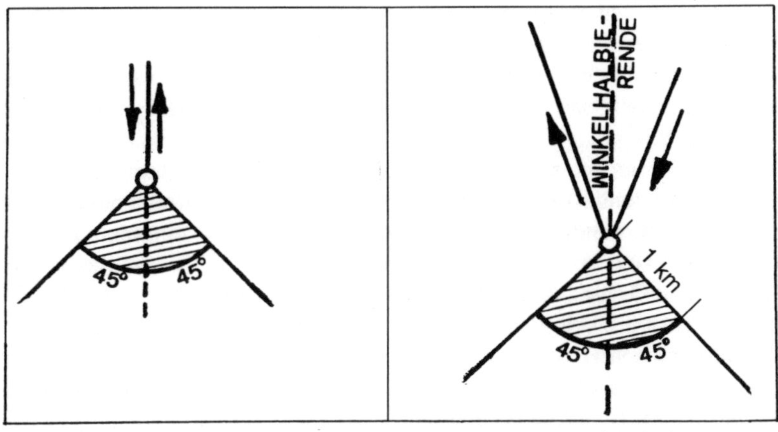

a) Zielrückkehr b) Dreieck oder geknickte Bahn

Abb. 84: **Fotosektor und Wendepunkt**
Der Wendepunkt (o) muß vom schraffierten Fotosektor aus abgelichtet werden – er ist also nicht unbedingt zu umrunden. Die gestrichelte Linie im Fotosektor ist die ›Fotografier-Ideallinie‹.

Natürlich darf auch die *Landebestätigung,* die bei Zielflügen und freier Strecke auch von unbeteiligten, unabhängigen Personen (am besten natürlich vom Ortspolizisten, vom Förster oder vom Pfarrer...) unterschrieben werden darf, nicht fehlen.
Der unzerschnittene Film wird mit den übrigen Dokumenten (Barogramm!) bei den autorisierten Stellen des nationalen Aero-Clubs zur Anerkennung eingereicht.
Wer mehr wissen will, der fordere beim Aero-Club die entsprechenden FAI-Rekord-Bedingungen *(Code Sportif)* an.

Der Streckenflug

LETZTE VORBEREITUNGEN

Da die Wetterlage sich vielversprechend entwickelt hat, sind wir schon früh aufgestanden. Noch am Vortag haben wir ausgiebig die Flugroute studiert, ein neues Blättchen in den aufgezogenen (!) Barographen eingelegt, sowie dessen Versiegelung vorbereitet. Die Kamera wurde mit einem neuen Film versehen und samt den übrigen Ausrüstungsgegenständen in der Packtasche verstaut.
Nach einem ausgiebigen Frühstück – spätestens jetzt legen wir mit unserem Rückholer eine Anlaufstelle (Name, Telefon-Nr. notieren!) fest – sprechen wir mit dem zuständigen Meteorologen unser Vorhaben nochmals durch. So wie es heute aussieht, müßte es klappen...!

Hoch über der Talinversion erwärmt die tiefstehende Sonne schon zaghaft den Starthang. Konzentriert bauen wir unseren Drachen auf und überprüfen die Funktionsfähigkeit der Instrumente zum letzten Mal; spätestens jetzt wird der *Höhenmesser auf Startplatzhöhe über NN (Einstellung QNH)* eingestellt und der *Barograph* in Gang gesetzt.
Wenn die ersten wolkenlosen, aber schon nutzbaren Aufwinde den Hang hochstreichen, wird's hektischer. Wir lassen uns nicht aus der Ruhe bringen und lassen uns mit der vorbereiteten Startmeldung sowie dem versiegelten Barographen ablichten. Dann cremen wir noch unser Gesicht mit einem Sonnenschutz ein und schlüpfen in den Overall. Auch wenn's um große Aufgaben geht – der Gerätecheck und die *Liegeprobe* bilden wie immer den Abschluß dieser Vorbereitungen.
Endlich stehen wir am Start und warten auf eine kräftige Ablösung. Über dem Berg stehen schon die ersten zarten Cumuli, während sich die Talinversion nur zögernd auflöst. Jetzt können wir es wagen...

FLUGTAKTIK UNTERWEGS

Unsere technischen und taktischen Erfahrungen beim Fliegen im Hangwind und in der Thermik werden konsequent und bewußt auf den Streckenflug übertragen. Streckenflug-Neulinge neigen leider dazu, vor lauter Aufregung elementare Verhaltensregeln außer acht zu lassen (und z. B. Leehänge bevorzugen).
In der ersten Flugstunde befolgen wir die Taktik ›so hoch wie möglich‹.
Folgen wir auf Kurslinie liegenden Bergzügen, so ist es am günstigsten, wenn die Sonne im rechten Winkel zum Kurs steht und dadurch für Aufwindreihungen sorgt. Hier können wir es unter günstigen Bedingungen wagen, im *Delphinflug* schneller vorwärts zu kommen, dürfen allerdings die Hauptabreißkante nicht unterfliegen.
Fliegen wir – was seltener der Fall sein dürfte – *über Gebirgskämme quer zur Kurslinie, dann ist Rückensonne vorzuziehen:* Zum einen werden wir nicht geblendet und zum anderen treffen wir stets direkt auf die eingestrahlten und somit aufwindstärksten Bergflanken. Fliegen wir jedoch *bei schwacher Thermik in der Frühe los, erkennen wir die sich entwickelnden Dunstkuppen und Wolkenschleier am besten, wenn wir die Sonne vor uns haben.*
Beim Kurbeln richten wir den Blick immer wieder nach vorne – wir erkunden, wo der Kurs am günstigsten erflogen werden kann und wo sich *neue Aufwinde* (Dunstkuppen, Wolkenschleier, kleine Cumuli mit deutlich ausgeprägter Basis) bilden. Zwischendurch bleibt hin und wieder Zeit, *auf der Karte die augenblickliche Position festzustellen,* zu überprüfen, ob der *Flugzeitplan* eingehalten wird, und die *Einstellung des MacCready-Ringes* mit den tatsächlich angetroffenen Steigwerten zu vergleichen.
Leider liegen auf der Kurslinie immer wieder *Täler oder aufwindlose Gebiete,* die zu queren oder zu umfliegen sind. Was bei einem engen Seitental noch relativ einfach zu bewerkstelligen ist, wird bei einem kilometerbreiten Haupttal zum Problem.
Aus einer gesicherten Ausgangshöhe – wir kurbeln vor dem Abflug möglichst hoch hinauf (pro km Talbreite mindestens 125–300 m über die Höhe der gegenüberliegenden Hauptabreißkante) – *wird das Tal an einer engen Stelle auf dem kürztesten*

Wege und unter Beachtung der Windstärke bzw. -richtung gequert. Der Talwind, dessen Mächtigkeit bis 1000 m beträgt, verhindert in tieferen Schichten zwar wirksame Thermik, hilft andererseits aber beim Wiederaufstieg an der gegenüberliegenden Bergflanke: In Verbindung mit den ins Tal hineinragenden luvseitigen Hangfüßen produziert er dynamische Aufwinde, mit deren Hilfe der Anschluß an die Thermik wiederhergestellt werden kann, die sich in geschützten Seitentälern – vom Talwind ungestört – am ausgeprägtesten entwickelt. Vor der Talquerung bringen wir unseren *Sollfahrtring* in jedem Falle wieder *in Nullstellung,* um auf der anderen Seite möglichst hoch anzukommen.
Gegen Abend (ab 17 Uhr MEZ), wenn die Einstrahlkraft der Sonne nachläßt, nutzen wir die *Umkehrthermik* für zusätzliche Kilometer. Zunächst an Hangausläufern, dann über dem Tal (besonders über Wäldern, Sümpfen und feuchten Wiesen), bilden sich jetzt breite Aufwindfelder; zwar ist deren Stärke (kaum über 2 m/s) begrenzt – ihre Großflächigkeit und Gleichmäßigkeit ermöglichen aber noch wertvolle Kilometer. Diese Umkehrthermik sollten wir möglichst hoch anfliegen, um noch brauchbares und einheitliches Steigen vorzufinden – mit unseren langsamen und wendigen Gleitern können wir uns allerdings noch aus niederen Höhen (50 bis 100 m) in aufwindstärkere Zonen hocharbeiten (*es gehört zu den Merkmalen guter Streckenflieger, daß sie zäh und verbissen um jeden Höhengewinn kämpfen:* Bei seinem 134-Meilen-Flug von einem 90 m hohen Hügel mußte sich der Amerikaner Bruce Case zweimal aus etwa 150 m wieder zu den besseren Aufwinden emporkurbeln; Eric Raymond gar schaffte aus 30 m über Grund phänomenale 4500 m Höhengewinn!). Apropos *›Beinaheabsaufer‹:* Gerade wenn Kameraden in der Nähe (scheinbar) mühelos Höhe gewinnen und wir uns an einem ›Nullschieber‹ festgebissen haben, sollten wir konsequent weiterkurbeln – meist pulsiert die Thermik und kann uns schon im nächsten Augenblick wieder zu den Wolken emportragen. Merke: Nicht nervös von Bart zu Bart hüpfen und nur im Ausnahmefall zu naheliegenden und offensichtlich besseren Aufwinden überwechseln.
Bei der *Landung* schließlich ziehen wir unsere *Sicherheit* einigen zweifelhaften zusätzlichen Kilometern vor. Haben wir uns für ein breites, hindernisfreies Landefeld entschieden, gilt unsere gesamte Konzentration dem Landevorgang. Sprechen keine Anzeichen für die augenblickliche Windrichtung und -stärke, landen wir talaufwärts, denn nach einem thermikreichen Flugtag ist abends mit einem deutlichen Bergwind zu rechnen (falls dieser nicht von starken überregionalen Winden überspielt wird). Tagsüber ist natürlich umgekehrt zu verfahren.

VIII *(Nicht nur) für Experten*

Besondere Flugmanöver

Ein flexibles Segel in Verbindung mit der Gewichtskraftsteuerung ermöglicht uns Drachenfliegern zwar unproblematischen Transport, kinderleichten Aufbau und unmittelbares Flugvergnügen. Auf der anderen Seite aber spricht die Flexibilität des Profils, die mangelnde strukturelle Festigkeit des Gestells und das Fehlen einer aerodynamischen Steuerung gegen die volle Kunstflugtauglichkeit unserer Gleiter. Dieser Tatsache glaubten die Verantwortlichen in der BRD Rechnung zu tragen, als sie den Akroflug – im englischsprachigen Raum ›Aerobatics‹ genannt – kurzerhand verboten.

Wie verträgt sich dies jedoch mit der Tatsache, daß in den USA schon weltoffene Kunstflugmeisterschaften stattfinden und daß der Ex-Europameister *Mike de Glanville* und andere Kapazitäten wie der US-Pilot *Eric Raymond* fortgeschrittenen Schülern Akroflug-Manöver empfehlen, um anschließend ruppige Thermikflüge leichter und vor allem gefahrloser meistern zu können? Wir wissen ja, daß wir bei thermischen Turbulenzen unfreiwillig in die unmöglichsten Fluglagen kommen können...

Hier soll keineswegs einem hemmungslosen und publicitysüchtigen Schaufliegen das Wort geredet werden – im Gegenteil: *Fliegen für Zuschauer ist immer gefährlich!* Wir meinen aber, daß die Tabuisierung dieses Themas nicht der Pilotensicherheit dient, indem sie etwa ungeschickte Nachahmung verhindert. Also sollten wir etwas über die Voraussetzungen und vor allem über die Gefahren extremer Flugmanöver erfahren – auch wenn, oder gerade weil diese bei uns in Deutschland verboten sind. Bei immer perfekteren Geräten und Piloten werden wir uns auf die Dauer wohl kaum den Trends widersetzen können, die über den großen Teich herüberkommen; warum auch, wenn das Risiko kalkulierbar niedrig bleibt? Führende US-Akroflieger setzen die *wirkliche Risikoschwelle bei kurzzeitigen Kurvenflügen über 90°* hinaus an. Da kunstflugtaugliche Drachen erst in Kürze auf dem Markt erwartet werden, sollte die vertikale Lage auch jene Grenze sein, die wir uns selbst auferlegen (Piloten, die in Deutschland fliegen, müssen da bescheidener sein: Hier sind 60° Kurvenneigung das zulässige Maximum).

Um das Risiko kalkulierbar zu halten, bedarf es einer gehörigen Portion Erfahrung: *100 Std. Flugpraxis, auch in Turbulenzen, und eine gute körperliche und seelische*

Verfassung können als *Mindestvoraussetzung* betrachtet werden. Daneben sollte der Pilot sein Gerät in- und auswendig kennen (moderne *Gleiter mit Doppelsegel* sind aufgrund ihrer Fähigkeit, kinetische Energie zu speichern, besonders geeignet), *Selbstdisziplin* üben und sich nur schrittweise an neue Flugaufgaben heranwagen.

PRAXIS DES KUNSTFLUGES

Voraussetzung für weitergehende Flugmanöver ist eine *absolut ruhige, turbulenzfreie Luft.* Zunächst üben wir 360°-Kurven mit wachsender Schräglage und schulen unser Gefühl für den Kurvenflug mit unterschiedlich geflogenen, rhythmischen Achten. Stalls aus dem Geradeausflug, dann aus Kurven mit 30° Schräglage, sind eine weitere, unverzichtbare Vorübung. Bei all diesen Manövern achten wir auf *weiche, fein dosierte Steuerbewegungen* – auf keinen Fall dürfen hart gerissene ›*Whipstalls*‹, bei denen aus hohen Geschwindigkeiten heraus der Steuerbügel plötzlich voll gedrückt wird, geflogen werden: Ein *Tuck (Vorwärtsüberschlag)* mit anschließendem Gerätebruch könnte die Folge sein! Gehen wir vorsichtig zu Werke und halten eine *Mindesthöhe von 300 m über Grund* ein, sind die Vorübungen mit keinerlei Risiko verbunden.

Wingovers

Rund und beherrscht geflogene Wingovers sind eine Augenweide und reizen zur – hoffentlich nicht blinden – Nachahmung. Wie bei allen anderen Flugmanövern ist die Feinabstimmung zwischen Kurven-Neigungswinkel und -radius sowie der dazugehörigen Geschwindigkeit und dem Anstellwinkel entscheidend.

Abb. 85: **Flugtechnik beim Wingover**
Beim Wingover müssen Steuerbügelausschläge, Geschwindigkeit und Kurvenradius aufeinander abgestimmt sein. Dieses Flugmanöver erfordert eine ausgefeilte Kurventechnik und sollte nur von erfahrenen Piloten geflogen werden!

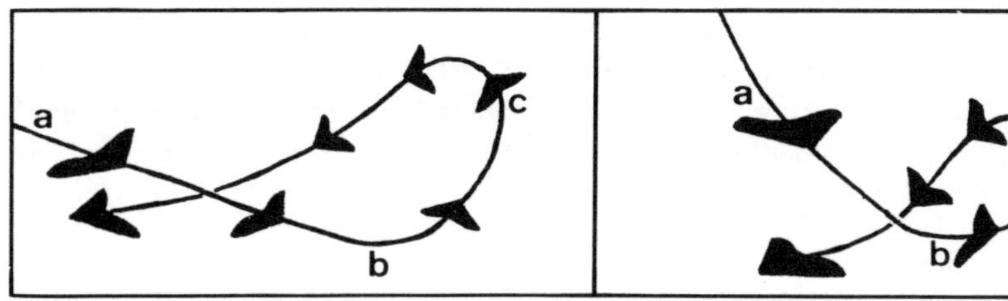

a) ›weicher‹ Wingover
Bei dieser Version wird Fahrt aufgenommen (a), durch Drücken (b) Geschwindigkeit in Höhe umgesetzt und vor dem Stall die Rollbewegung eingeleitet (c). Vorsicht vor Strömungsabriß!

b) ›harter‹ Wingover
Beim ›harten‹ Wingover wird Fahrt aufgenommen (a) und bei ausreichender Geschwindigkeit gleichzeitig gedrückt und gerollt (b). Wegen des engen Kurvenradius' treten hohe Belastungen auf!

Um die nötige Fahrt für einen **›weichen‹ Wingover** zu erreichen, beschleunigen wir und ziehen dann unser Gerät wieder hoch; kurz *bevor die Strömung abreißt,* wird durch *Gewichtsverlagerung* (Steuerbügelausschläge wie beim normalen Kurvenflug) die Kurve eingeleitet. (Vorsicht: Auf etwas Überfahrt achten, damit wir nicht abschmieren, vgl. Abbildung 85 a.)
›Harte‹ und damit **radikalere Wingovers** erreicht man durch eine stärkere Fahrterhöhung und ein früheres Einleiten der Kurve bei *gleichzeitigem, deutlichem Herausdrücken sowie Verdrehen des Steuerbügels.* (Siehe Abbildung 85 b.) Fluglagen von 90° sind so leicht erreichbar, wobei hier vom Stall in der Vertikalen und vom Gerätebruch bei unsachgemäßen Steuerbügelausschlägen die größten Gefahren ausgehen.

Gefährliche Manöver

Wingovers von 120° werden in den USA als *›¾-Loops‹* bezeichnet und *kommen wegen des hohen Risikos* mit unseren heutigen Geräten *nicht in Frage,* geschweige denn der komplette **180°-Looping.** Dieser wirkt zwar äußerst eindrucksvoll, läßt aber *keinen* Spielraum mehr für irgendwelche Pilotenfehler – und der Pilot war schon immer der größte Unsicherheitsfaktor beim Drachenflug.
Um einen Looping zu meistern, muß der Drachen zunächst auf Höchstgeschwindigkeit beschleunigt werden. Das anschließende Drücken muß so dosiert erfolgen, daß auf der einen Seite keine Materialüberlastung sowie kein zu großer Anstellwinkel mit Tuckgefahr auftreten; wird andererseits allerdings zu wenig gedrückt, kommt man über die 180°-Rückenlage nicht hinaus und droht ins Segel zu fallen – dabei kann die Kielstange brechen. Nur wenige Experten schaffen durch differenzierte Steuerbewegungen einen 180°-Looping und gestehen die damit verbundenen Gefahren auch ein.
Das **Trudeln,** mit dem Flugzeug eine beliebte Kunstflugfigur, ist bei den flexiblen Gleitern nur schwer herbeizuführen. Unerfahrene Piloten sollten sich vor dem Trudeln hüten, bei dem das Gerät im überzogenen Flugzustand über eine Fläche abkippt und sich dann korkenzieherartig um seine Längs- und Hochachse dreht. Die Ausleitung dieses Vorgangs erfolgt nicht, wie eigentlich zu erwarten, durch Gewichtsverlagerung zur Kurvenaußenseite – dies würde die Trudelbewegung nur verstärken – sondern durch *Fahrtaufnahme* und durch *Gewichtsverlagerung zur Kurveninnenseite,* damit die Strömung auch dort wieder zum Anliegen kommt.
Nicht eindringlich genug kann auch vor dem **›Männchen‹** gewarnt werden: Wenn der Gleiter bis zur Überziehgeschwindigkeit ›hochgedrückt‹ wird, droht nach dem Rückwärtsabrutschen der gefährliche **Tuck.**

Einstellungssache: Trimmung und Leistung

WIE TRIMMEN WIR UNSEREN GLEITER?

Unter ***Trimmen*** *sollen hier alle Maßnahmen verstanden werden, die zur Optimierung des Flugverhaltens, des Handlings und der Leistung eines Gleiters führen.*

Ein gut getrimmtes Gerät fliegt in ruhiger Luft auch bei losgelassenem Steuerbügel mit gleichbleibender Geschwindigkeit geradeaus und sein Pilot kann sich voll aufs Fliegen konzentrieren. Als *günstig* hat es sich erwiesen, wenn unser Drachen *›von alleine‹ etwas schneller* fliegt, *als mit der Geschwindigkeit des geringsten Sinkens.* Wer aber oft bei böigen und starken Windverhältnissen fliegt, kann seinen Gleiter so trimmen, daß dieser etwa die Geschwindigkeit des besten Gleitens aufnimmt und so automatisch für eine sichere Überfahrt sorgt.

Wir haben 2 Möglichkeiten, unseren Drachen zu trimmen, damit er das gewünschte Flugverhalten zeigt: Durch die *Gewichtstrimmung* (indem wir z.B. den Pilotenaufhängepunkt verändern) und durch die *aerodynamische Trimmung* (indem wir das Segelprofil verändern).

Beide Trimmarten können sowohl Auswirkungen auf die Leistung als auch auf die Sicherheit und das Handling des Gerätes haben. Wir sollten deshalb über ein gewisses Maß an theoretischer und praktischer Erfahrung verfügen, bevor wir uns selbst ans Trimmen wagen. Zudem ist die Beachtung folgender **Grundsätze** unerläßlich:

① *Wir nehmen erst dann selbständig Veränderungen vor, wenn wir das Gerät auch wirklich kennen und beherrschen.*
② *Zunächst prüfen wir, ob alle Rohre und Seile sowie das Segel symmetrisch sind.*
③ *Wir beginnen mit der Gewichtstrimmung – Vorsicht bei der aerodynamischen Trimmung.*
④ *Immer nur eine Trimm-Möglichkeit ausnutzen, niemals gleichzeitig 2 Faktoren verändern.*
⑤ *Schrittweise vorgehen – keine Einstellmöglichkeit auslassen.*

In den folgenden Ausführungen werden nur die gängigsten und effektivsten Möglichkeiten zur Trimmung aufgeführt – wir gehen jedoch davon aus, daß jeder Hersteller eine *ausführliche und gerätespezifische Trimmanleitung (diese hat im Zweifelsfalle immer Vorrang!)* mitliefert. Weiterhin beziehen sich die Ausführungen auf moderne Gleiter mit relativ wenig Segelüberlapp und nicht auf Uralt-Rogallos mit riesigem Tunnel; es ist jedoch *unmöglich, eine allgemeine und für alle Drachen gültige Trimmanleitung zu erstellen.* Gerade bei der aerodynamischen Trimmung können sich hohe strukturelle Belastungen und unerwartete Veränderungen der Flugmechanik als nicht generell vorhersehbare Folgewirkungen der Trimmung einstellen. Wenn z.B. das Gros der Gleiter nach einer Straffung des Segels und einem damit verbundenen flacheren Tunnel bei neutraler Bügelstellung schneller fliegt, wird der Falke V bei derselben Maßnahme hecklastiger.

Wegen dem auch für Fachleute oft unüberschaubaren Zusammenwirken verschiedenster Faktoren und deren Überlagerung (Veränderungen des Profils und des Tunnels, Verschiebung des Druckpunktes und des Flächenschwerpunktes, Erhöhung der strukturellen Belastung, unterschiedliches Verhalten verschiedener Materialien) *ist gerade die aerodynamische Geschwindigkeits-Trimmung mit äußerster Vorsicht zu genießen. Sie sollte keinesfalls ohne vorheriges gründliches Studium der Betriebsanleitung erfolgen, und falls diese nicht existiert, sind Ratschläge von Fachleuten (Fluglehrer, Hersteller und Sicherheitsbeauftragte der Verbände) eine oft unverzichtbare Hilfe.* Die einzelnen Korrekturen zur aerodynamischen Trimmung sollten zudem so dosiert und bewußt erfolgen (Maßnahmen aufschreiben; z. B. ›Kieltasche um 2 cm gespannt. . .‹), daß der ursprüngliche Zustand problemlos wiederhergestellt werden kann.
Um die Problematik vollends zu verdeutlichen:
Selbst wenn ein Gerät beim Spannen des Segels die allgemein erwartete Erhöhung der Trimmgeschwindigkeit aufweist, kann diese Aussage nicht für alle Geschwindigkeitsbereiche verallgemeinert werden – vom Sicherheitsaspekt einmal ganz abgesehen.

Kopflastigkeit

Ist unser Drachen kopflastig, so hat er die Tendenz, selbständig Fahrt aufzunehmen. Bei nur schwacher Kopflastigkeit kann es genügen, den Packsack am hinteren Ende des Kiels statt in der Nähe des Zentralgelenks zu befestigen. Reicht diese Korrektur nicht aus, so wird die Pilotenaufhängung um eine Stufe bzw. ein Loch weiter hinten eingehängt.
Haben wir vertikal verstellbare Wingtips, können wir auf beiden Seiten die Schränkung gleichermaßen erhöhen und so für eine langsamere Trimmgeschwindigkeit sorgen.
Fliegt der Drachen weiterhin zu schnell, wird das *Segel auf beiden Seiten gleichmäßig entspannt.*
Dies kann – je nach Möglichkeit – geschehen durch das Entspannen

a) der Kieltasche an der hinteren Befestigung am Kiel
b) der Wingtips
c) der Segellatten
d) des Segels an den Enden der Seitenstangen
e) der schwimmenden Querstange.

Wichtig, daß wir maßvoll vorgehen: Höchstens jeweils 1 bis 2 Umdrehungen am Spannschloß oder die Verstellung um 1 Loch in der Trimmschiene.
Bevor wir das Segel an den Seitenstangen-Enden entspannen (Maßnahme d) markieren wir bei aufgebautem Gerät die Lage der Segelkanten am Seitenrohr. Dann lassen wir das Segel um einen knappen cm nach – und zwar auf beiden Seiten um dieselbe Distanz.
Die Korrekturen sollten schrittweise, etwa in der vorgegebenen Reihenfolge vorgenommen werden. Meist fliegt unser Drachen mit der gewünschten Geschwindigkeit, bevor wir alle diese Möglichkeiten ausgeschöpft haben.
Bleiben die Maßnahmen jedoch wider Erwarten ohne greifbaren Erfolg, hilft nur

noch der Gang zum Hersteller. *Die aerodynamische Trimmung bei Kopflastigkeit erbringt im allgemeinen einen leichten Leistungsverlust, speziell was das beste Gleiten und die Höchstgeschwindigkeit angeht. Diesem Nachteil steht indes oft ein spürbar besseres Handling gegenüber.*

Schwanzlastigkeit

Fliegt unser Gleiter bei neutraler Steuerbügelstellung zu langsam und tendiert gar zum Stall, ist unser Vorgehen genau umgekehrt: Zunächst befestigen wir den Packsack weiter vorne – wenn dies nicht hilft, hängen wir uns weiter vorne ein. Falls nötig, *verringern* wir (innerhalb des zugelassenen Bereichs!) *die Schränkung der Wingtips und/oder spannen das Segel.* (Siehe sinngemäß die Maßnahmen im Kapitel Kopflastigkeit.)
Als Nebeneffekt nehmen wir hierbei eine leichte Leistungsverbesserung gerne in Kauf, die wir jedoch meist mit einem schwerfälligeren Handling bezahlen müssen.

Das Gerät zieht zur Seite

Durch die unterschiedliche Segelwölbung zieht der Drachen im Normalflug auf die Seite mit dem höheren Tunnel, während er beim Stall und bei der Landung gerne über die flachere Tunnelseite abkippt. Zunächst müssen wir uns jedoch vergewissern, ob auch wirklich kein Piloten- oder Windeinfluß für das seitliche Ziehen verantwortlich ist (auch schwere Instrumente können für das Ziehen verantwortlich sein). Dann *prüfen wir durch Peilung über die Nase die Symmetrie des Gestelles* – vor allem deformierte Seitenstangen und eine asymmetrische Unterverspannung können zu unsauberem Flugverhalten führen.
Stimmt die Symmetrie des Gestelles, kann der Fehler nur noch beim *Segel* liegen. Nachlässigkeiten bei der Herstellung und harte Crashs können die Ursachen für asymmetrische Segel sein. In diesem Zusammenhang müssen wir auch die Segellattenprofile gründlich kontrollieren.
Da unser Gerät zur Seite des höheren Tunnels zieht, spannen wir entweder das Segel auf dieser Seite oder lassen es auf der anderen Seite etwas nach. Die Maßnahmen b, c und d (siehe Kapitel Kopflastigkeit) sind sinngemäß anzuwenden, wenn eine Verringerung der Schränkung auf der langsameren Seite (Wingtips) erfolglos blieb.
Eine zusätzliche Korrekturmöglichkeit ist die *Veränderung der Segelspannung im Bereich der äußeren Segellatten:* Zieht der Gleiter beispielsweise nach rechts, geben wir den äußeren Segellatten der langsameren rechten Seite etwa 1 cm mehr Profil.

Tritt das Problem der Richtungsstabilität nur im Schnellflug auf, sollte geprüft werden, ob die Schränkungsseile vom Turm zum inneren Achterliekbereich *(›Luff-Lines‹)* gleich lang sind und ob die *Swivel-Tips* den selben *Schränkungswinkel* aufweisen.
Natürlich kann ein Gerät – wie schon angedeutet – auf eine Seite ziehen, wenn schwere Instrumente (Vario, Kamera, etc.) nicht in Höhe seiner Längsachse angebracht sind. Diesem Problem ist entweder durch eine gleichmäßigere Gewichtsverteilung oder durch das Anbringen eines Ausgleichsgewichtes beizukommen.

OPTIMIERUNG VON HANDLING UND LEISTUNG

Wie wir schon erfahren haben, *wird das Handling durch ein Lockern des Segels angenehmer.* Auch ein *Nachlassen der oberen Querverspannung* (falls hier eine Trimm-Möglichkeit vorhanden ist) hat denselben Effekt. Bei allzu lockerer Verspannung ist allerdings die Kontrolle des Gerätes am Boden schwieriger.
Einige Hersteller empfehlen gar, *alle beweglichen Teile des Gerätes* mit Vaseline oder Silikon-Spray *gängig* zu *machen,* um ein leichteres Handling zu erreichen (keine schlechte Idee – damit ist zumindest das lästige Ächzen und Knarren beim Kurbeln und in Turbulenzen beseitigt).
Leider verlangen viele Piloten vom Hersteller ausschließlich Leistung – vor allem ein exzellentes Gleitverhältnis und eine hohe Endgeschwindigkeit. Wir dürfen uns daher nicht wundern, wenn meist Geräte mit diesen Eigenschaften auf den Markt kommen und das Handling kleingeschrieben wird: Eine durch Mylar-Folie samt Schaumstoffpolster geglättete und einem Starrflügler gleichende Anströmkante eines neuen Gleiters verheißt zwar Höchstleistungen, zieht aber oft ein trägeres Handling nach sich. Meist dehnt sich jedoch das Segel oder es ermüden die Stützmaterialien, so daß schon nach wenigen Flugstunden eine spürbare Verbesserung der Steuerbarkeit eintritt (nach Absprache mit dem Hersteller kann unter Umständen ein etwas weicherer oder dünnerer Schaumstoff in die Segeltasche der Anströmkante eingeschoben werden).
Angesichts des relativ schwerfälligen Handlings der meisten ›überspannten‹ Supergleiter ließ sich der Franzose *Jean Louis Darlet* etwas Neues einfallen: Die **›French-Connection‹**. Spitzenpiloten machten regen Gebrauch von dieser Vorrichtung, welche am Kiel oder am Steuerbügel fixiert wird und die Steuerkräfte um die Quer- und/oder Rollachse deutlich reduzierte. Heute erfüllt das einfachere Pitchy Michel Carnets diese Funktion.
Zumindest bezüglich der Steuerung um die Nickachse stellt das Pitchy einen Riesenfortschritt dar, solange wir noch mit unserer Gewichtskraft steuern. *Werden in Deutschland Geräte mit Pitchy oder French-Connection geflogen, sollte das Gerät hierfür die Genehmigung haben.*
Eine weitere Neuerung zur Flugoptimierung ist ein simpler **Flaschenzug** aus dem Segelsportzubehör. Am Kiel angebracht, ermöglicht er den Piloten, über eine Spannschur die Querstange und somit das Segel zu straffen oder zu lockern. Steht der Pilot sonst vor dem Dilemma, einen Kompromiß zwischen Handling und Leistung einzugehen, kann er mittels dieses ›Overdrives‹ beim Geradeausflug sein Segel spannen (Nachteil: das Gerät neigt eher zum Gieren!), während er es beim Kurbeln nachläßt.

Bei der Anwendung des Flaschenzugs ist allerdings *Vorsicht am Platze:* Einmal *könnten bei zu starkem Anspannen Quer- und Seitenrohre überlastet werden.* Und darüber hinaus besteht die *Gefahr, daß die Flugmechanik bei Modifikationen des Segeltunnels an Sicherheit einbüßt,* denn mit Veränderung des Segelprofils ändert sich auch der Druckpunkt, der Flächenschwerpunkt und die Schränkung.
Wollen wir die **Leistung** unseres Gleiters **verbessern,** können wir noch dem *schädlichen Widerstand zu Leibe rücken* – schon heute werden von Herstellern profilierte *Trapez- und Turmrohre angeboten. Mit etwas Geschick können wir uns selbst*

Verkleidungen für Turm, Quer- und Trapezrohre basteln: *Die Länge des Profils sollte etwa das 3½fache seiner größten Dicke betragen, wobei die dickste Stelle am Ende des ersten Drittels der Profiltiefe liegen sollte.* Als Material verwenden wir am besten transport- bzw. druckunempfindliche Schaumstoffe, die wir mit Mylar-Folie verkleiden können. Allerdings produzieren die sogenannten ›**Fairings**‹ nur weiteren schädlichen Widerstand, wenn sie nicht sauber gearbeitet sind oder nicht in Anströmrichtung liegen.

Falls uns die aerodynamischen Rohrverkleidungen zu aufwendig sind, können wir den schädlichen Widerstand durch einen simplen Trick reduzieren: Indem wir die Vorderseiten der Rohre mit einer rauhen Oberfläche versehen und so für eine turbulente Grenzschicht sorgen – bei der Ablösung der Luftströmung vom Rohr entsteht hierdurch weniger Widerstand (dieser Trick gilt natürlich nur für Teile, die schädlichen Widerstand erzeugen, also nicht für das Profil).

Die Golfer haben sich diese Tatsache zunutze gemacht und benutzen bekannterweise Bälle, deren Oberfläche uneben ist. Kleben wir ein grobes Schmirgelpapier oder ein ähnliches Material auf die direkt angeströmten Teile der Rohre, haben wir schon einen widerstandsmindernden ›**Turbulator**‹. Um den schädlichen Widerstand weiter herabzusetzen, entfernen manche Wettkampfpiloten sogar die Plastikummantelung ihrer Verspannseile – nicht gerade empfehlenswert, denn die Ummantelung dient dem Schutz vor Beschädigung.

All die genannten Maßnahmen zur Verringerung des schädlichen Widerstandes führen, einzeln betrachtet, nicht zu spürbaren Leistungsverbesserungen; aber wie heißt es so schön: »Nur viele Schwalben machen einen Sommer…«

Flächenbelastung und Polare

Besonders bei Wettbewerben und bei Rekordversuchen fliegen etliche Piloten mit *Ballast* – bei den südkalifornischen Meisterschaften 1980 mußte ein übereifriger Teilnehmer zur Ordnung gerufen werden, weil er mit Steinen statt mit Sand als Ballast das Leben von Zuschauern und Offiziellen im Landebereich gefährdete. Warum beladen sich viele namhafte Piloten so schwer, daß sie beim Start kaum noch die Beine heben können?
Ganz einfach: Um die Flächenbelastung zu erhöhen. Und daraus resultieren *zwei Effekte:* Einmal *wird das Handling bei einer höheren Flächenbelastung spürbar verbessert,* der Gleiter ist leichter zu steuern. Zum anderen, und das ist der Hauptaspekt, *erreicht der Drachen sein bestes Gleiten bei höheren Geschwindigkeiten.* Besonders bei Gegenwind und bei ›Hammer-Wetter‹ kann die Flugstrecke so spürbar verlängert werden – das etwas verschlechterte geringste Sinken fällt hierbei kaum ins Gewicht. Und wenn die Thermik nachläßt, wenn's um das ›Obenbleiben‹ geht, kann der Ballast abgeworfen werden (Vorsicht: Es gab schon Piloten, die den Griff des Ballast-Containers mit dem des Fallschirms verwechselten...).
Der Pferdefuß bei der ganzen Angelegenheit: Wir müssen uns schon wie die Lastesel vollpacken, damit der Ballast eine spürbare Wirkung zeigt. Zwar kommen diese Überlegungen für die meisten Flieger nicht ernsthaft in Frage, beim Kauf eines Gurtes sollten die Ballast-Fächer trotz der Mehrkosten kein Hindernis sein: Auch als Stauraum können sie wertvolle Dienste leisten!
Die Veränderung der Polare durch eine erhöhte Flächenbelastung erhalten wir in etwa, wenn wir sie mit dem Abbildungsverhältnis:

$$\sqrt{\text{neue Flächenbelastung}} : \sqrt{\text{alte Flächenbelastung}}$$

vom Nullpunkt aus strecken. Da die Segelfläche gleich bleibt, können wir auch sagen:

$$\sqrt{\text{neues Gewicht}} : \sqrt{\text{altes Gewicht}}.$$

Dies machen wir uns am besten anhand eines *Beispiels* klar:
Unser Pilot bringt normalerweise mit Gerät, Fallschirm und Gurtzeug 100 kp auf die Waage. Im Wettkampf – es geht um jede Sekunde – fliegt er mit einem Ballast von

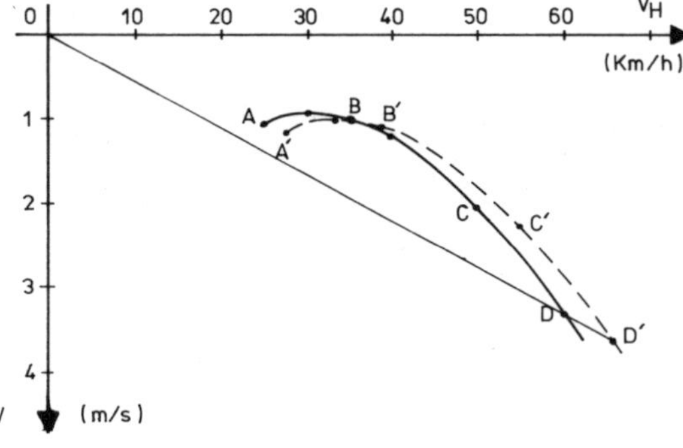

Abb. 86:
Polare bei veränderter Flächenbelastung (und Flughöhenänderung)
Strecken bzw. verkürzen wir unsere bekannte Polare (durchgezogene Kurve) bei veränderter Flächenbelastung vom 0-Punkt aus mit dem Abbildungsverhältnis $\sqrt{\text{neues Gewicht}} : \sqrt{\text{altes Gewicht}}$, so erhalten wir in etwa die neue Polare (gestrichelt). In unserem Beispiel beträgt das Abbildungsverhältnis 11:10 ($\sqrt{121\text{ kp}} : \sqrt{100\text{ kp}}$).

tationen eines Streckenfluges. Helmut Denz fliegt 192 km

Startmeldung

Datum 20. 5. 81

Pilot

Fliegergruppe

Flugzeug

Kennzeichen

Barograph

Startort

Höhe ~1300 m NN

Art des Fluges Ziel-Rückkehr

Wendepunkte:

1. Zell am See, Flugplatz

2.

Ziel

Unterschriften:

Pilot Sportzeuge

artmeldung

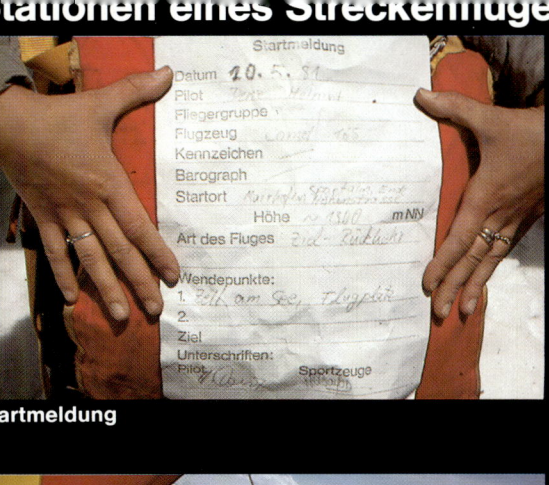

Blick zurück zum Gerlos-Paß vom Gernkogel aus

ollersbach-Tal-Venedigergruppe

Zell am See – mit Segelflugzeug in einem Bart

ei Bischofshofen

Superwolken am Dachstein

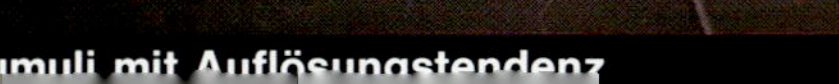

umuli mit Auflösungstendenz

Warten auf die Rückholerin

Welt verkehrt beim Looping (Eric Raymond)

Sichere Eigengeschwindigkeit während des gesamten Loopings (Eric Raymond)

Akroflug über Vancouver (Leroy Grannis)

Auf Streckenjagd. Interessant die Helmaufhängung zur Entlastung der Nackenmuskulatur (Rainer Scholl)

In der Frühjahrs-Blauthermik 3000 m über dem Comer See (Uli Blumenthal)

Streckenwolken über den ›Whites‹ mit White Mountain Peak im Vordergrund (Rainer Scholl)

Auf ›Voyager‹ in 4500 m. (Tom Kreyche)

In 5000 Metern Höhe über der Sierra Nevada – Sauerstoff gegen den Höhenrausch. (Eric Raymond)

tationen eines Streckenfluges: Helmut Denz fliegt 192 km

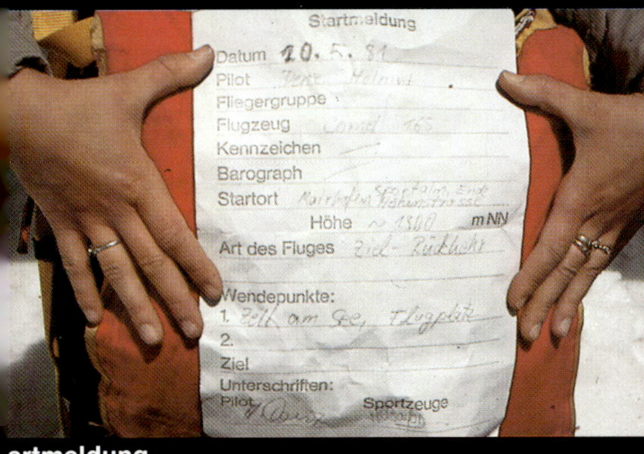
Startmeldung

Datum 20.5.81
Pilot Denz Helmut
Fliegergruppe
Flugzeug
Kennzeichen
Barograph
Startort
Höhe ~1300 m NN
Art des Fluges Ziel-Rückkehr

Wendepunkte:
1. Zell am See, Flugplatz
2.
Ziel
Unterschriften:
Pilot Sportzeuge

artmeldung

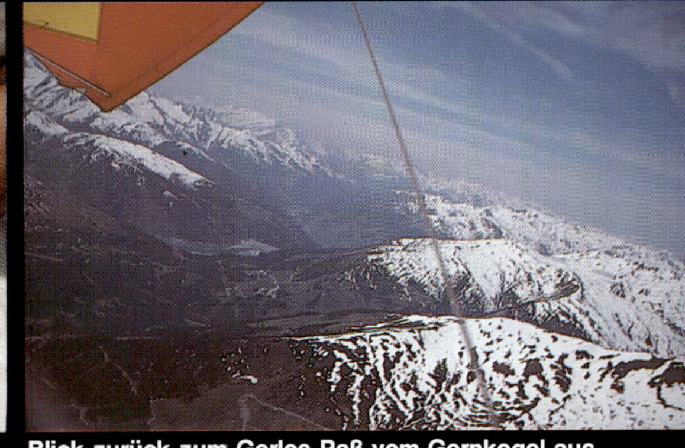
Blick zurück zum Gerlos-Paß vom Gernkogel aus

ollersbach-Tal-Venedigergruppe

Zell am See – mit Segelflugzeug in einem Bart

ei Bischofshofen

Superwolken am Dachstein

umuli mit Auflösungstendenz

Warten auf die Rückholerin

Welt verkehrt beim Looping (Eric Raymond)

Sichere Eigengeschwindigkeit während des gesamten Loopings (Eric Raymond)

Akroflug über Vancouver (Leroy Grannis)

Auf Streckenjagd. Interessant die Helmaufhängung zur Entlastung der Nackenmuskulatur (Rainer Scholl)

In der Frühjahrs-Blauthermik 3000 m über dem Comer See (Uli Blumenthal)

Streckenwolken über den ›Whites‹ mit White Mountain Peak im Vordergrund (Rainer Scholl)

Auf ›Voyager‹ in 4500 m. (Tom Kreyche)

In 5000 Metern Höhe über der Sierra Nevada – Sauerstoff gegen den Höhenrausch. (Eric Raymond)

21 kp und sein Fluggewicht beträgt nun 121 kp. Wir müssen nun die bisherige Polare im Verhältnis 11:10 ($\sqrt{121\ \text{kp}} : \sqrt{100\ \text{kp}}$) vom Nullpunkt aus strecken. (Vgl. Abbildung 86.)
Im übrigen *verändert sich die Polare in großen Höhen bei geringerer Luftdichte ähnlich wie bei erhöhter Flächenbelastung:* Pro 1000 m Höhe fliegen wir um 6 % schneller und auch das dazugehörige Sinken wird größer. Allerdings zeigen die gebräuchlichen Fahrtmesser die Geschwindigkeitserhöhung nicht an.

Die Kreisflug-Polare

Vergleichen wir das Verhältnis zwischen dem Kreisradius und der beim Kreisen verbrauchten Höhe, so stellen wir schnell fest, daß der langsamere Drachen gegenüber dem Segelflugzeug beim Kurbeln im engen Aufwind deutlich überlegen ist: Während bei extrem großflächiger Thermik (Radius über 60 m) noch Leistungsvorteile beim Segelflugzeug zu finden sind, nimmt dessen Sinkgeschwindigkeit bei steileren Kurven drastisch zu. Thermikbärte mit einem kleineren Radius als 30 bis 50 m können von den schnellen Segelflugzeugen nicht mehr effektiv ausgekurbelt werden.
In diesem Bereich – bei Kreisradien von 50 bis 10 m – kann der Drachen seine Überlegenheit beim langsamen Kreisflug voll ausspielen: Bei einem Radius von ca. 16 m verliert er nur etwa 1,3 m/s, und dies bei einem Kurvenneigungswinkel von 30°! Bei einem Radius von 10 m werden noch respektable 2 m/s erreicht. (Vgl. Abbildung 87.)

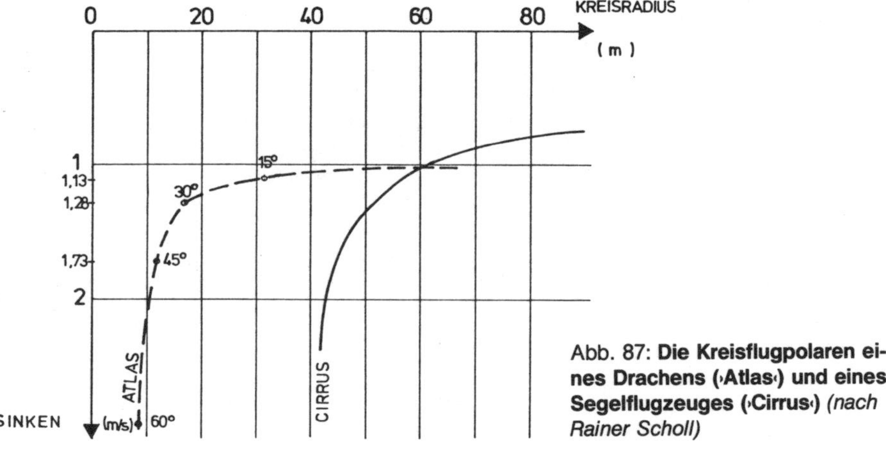

Abb. 87: **Die Kreisflugpolaren eines Drachens (›Atlas‹) und eines Segelflugzeuges (›Cirrus‹)** *(nach Rainer Scholl)*

IX *Erlebnis und Erfahrung*

»SKY CAMPING« IN DEN WHITE MOUNTAINS
von Rainer Scholl

Schon immer war es Rainer Scholls Traum gewesen, beim XC-CLASSIC teilzunehmen und im Owens-Valley auf Strecke zu gehen.
Im Sommer 1982 war es dann soweit: Nach der Qualifikation bei den ›challenge races‹ konnte er beim härtesten und renommiertesten Wettbewerb der Welt an den Start gehen.
So einladend das Owens-Valley und seine Bergzüge – die Sierra Nevada im Westen und die White Mountains im Osten – auch für den thermischen Streckenflug sind, so unwirtlich kann diese extreme, wüstenartige Region bei Außenlandungen werden. Rainer beschreibt, für welche Überraschungen das Owens-Valley gut ist...

***P.S.:** Anläßlich seines Flugurlaubes in den USA entriß Rainer Scholl dem unvergessenen ›Big George‹ Worthington einen seiner geliebten Rekorde: Er stellte einen neuen Weltrekord im Zielflug auf. Die Strecke führte vom berühmten Cerro Gordo nach Basalt (Nevada) und betrug etwas mehr als 170 km.*
Mit dem treffenden Kommentar: »Rekord-Flugberichte gibt's genug«, schildert Rainer eine unfreiwillige Übernachtung in den White Mountains.

Einfach nur am aufwindreichen Himmel des Owens-Valley herumzufliegen, ist oft schon Abenteuer genug. Aber nachdem ich die ›challenge races‹ und das XC-Classic gut (da vorsichtig) überstanden hatte, ahnte ich nicht, welche Überraschungen die Wüste noch bereithalten würde. Aber...
Don Partridge, naturverbundener Boss des Hanggliding-Centers (»als Kind habe ich hier mit meinem Großvater Rinder getrieben...«) hatte mir begeistert vom ›Sky-Camping‹ auf einem Berg in den Whites erzählt – unter freiem Himmel, fließend Wasser in einem nahen Canyon inbegriffen.
Den Ort könnte ich ja mal ansehen... Gedacht, getan: Die Landung auf dem Plateau in 10000-Fuß Höhe klappte erst beim 3. Anflug – turbulente Thermik hatte mich vorher immer wieder hochgewirbelt. Da stand ich nun, mutterseelenallein in dieser Steinwüste und hatte plötzlich gar keine Lust mehr, diesen verdammten Berg noch näher anzuschauen.
Der *Vampir* war bald unter viel Mühe zu einem angrenzenden Steilhang geschleppt. Hier gab's wirklich genug Wind und Thermik – der Flügel war kaum noch zu halten. Jedes Mal, wenn ich mich gerade zum Starten einklinken wollte, drückte ihn eine Böe wieder auf die Nase.
Plötzlich ein Rauschen, ein ›Dust devil‹, ich kann den Flügel nicht mehr bändigen und traue meinen Augen nicht: Mein rot-weißer *Vampir* fliegt ganz alleine davon! Nicht sehr weit allerdings, nach 80 m ist eine Felsnadel im Weg und die Maschine scheint in der Luft zu explodieren. Mein erster Gedanke: Danke, daß ich nicht eingehängt war...

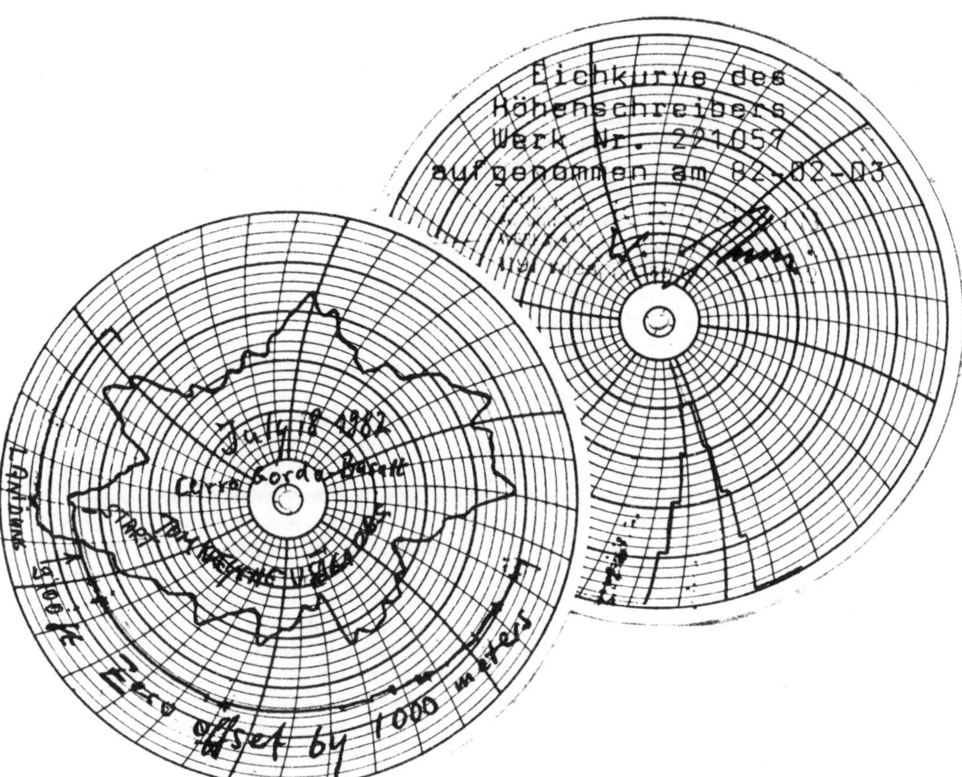

Abb. 88: **Barogramm des Weltrekord-Zielfluges von Rainer Scholl am 18. Juli 1982**
Der Flug führte über 170 km vom Cerro Gordo nach Basalt (Nevada) und trug ihn auf knapp 5000 m Höhe. (Aufgrund der großen Höhen wurde der Barograph um 1000 m tiefer eingestellt.)

Allein das Funkgerät war noch intakt (die Einzelteile des Varios mußte ich in einem Umkreis von 20 m zusammensuchen!) und so konnte ich Don, der über mir flog, beruhigen. Mir blieb nur noch, den Schrotthaufen zu demontieren und mit Funkgerät und der zerbrochenen Querstange auf der Schulter den ›langen Marsch‹ anzutreten; Don erwartete mich einige Meilen weiter südlich, wo eine ›Straße‹ zum oberen Piute-Startplatz führt. (›Straße‹ ist relativ – die letzten 300 m in Loffenau sind dagegen eine Autobahn...).
Nach einem 2stündigen Gewaltmarsch durch zwei abgrundtiefe Canyons und über steile Felsen war ich endlich total erschöpft am Ziel – die Angst vor der plötzlich einbrechenden Dunkelheit hatte meinen Schritt beschleunigt, und so mußte mir unser Fahrer ›Fig‹ beim letzten steilen Anstieg unter die Arme greifen.
Nach 4 Tagen – die Erholung war bitter nötig – kamen die Rohre von *Wills Wing* und bald war eine neue Querstange gebaut. Am nächsten Morgen fuhr ich schon um 6 Uhr in der Frühe (noch nie war es hier so angenehm kühl gewesen) mit ›Fig‹ über den Westgard-Paß auf die Gipfel der Whites, vorbei an den ältesten noch lebenden Bäumen der Welt im Bristlecone-Pine-Forest; die Borstenkiefern sind über 4000 Jahre alt und wachsen auf 11000 Fuß Höhe! Die einzige Straße in dieser Gegend führt zu einer Höhenforschungs-Station.
Um 9 Uhr machte ich mich dann an den steilen Abstieg zu meinem zerbrochenen Flügel – diesmal mit einer intakten Querstange auf der Schulter. Dieser Abstieg über gerölldurchsetzte 900 Höhenmeter war noch viel anstrengender als der Marsch vor 5 Tagen!

Als ich am Nachmittag endlich mit der Reparatur beginnen konnte, landete Don, um nach dem Rechten zu schauen. Er zeigte mir – welch eine Wohltat – die einzige Wasserstelle weit und breit: einen kleinen Bergbach, der nur über eine steile Geröllhalde zu erreichen war (wegen der ›Austrocknungsgefahr‹ mußten wir jeden Tag 4 bis 6 l Wasser trinken!). Als wir mit dem frischen Wasser endlich wieder oben beim Drachen ankamen, war die restliche Energie verbraucht – kein Wunder, bei dieser Höhe und dem verfluchten Geröll. So war ich denn mit der Reparatur auch erst am Abend fertig.

Don konnte gerade noch rechtzeitig starten, während für mich nur noch Rückenwind übrig blieb. Und in dieser Höhe, in dieser Steinwüste, startet man lieber nicht mit Rückenwind...

Zum Glück hatte ich etwas Proviant und frisches Wasser, so machte ich es mir in meinem *›Bulletman‹* (Schlafsackgurt) bequem für die Nacht. Die Sterne funkelten im unglaublich klaren, tiefschwarzen Nachthimmel, und ich kam mir richtig verloren vor. Plötzlich ein Leuchten: Wann immer ich den Felsen, der mir Schutz bot, berührte, leuchteten kleine Blitze auf – ›Elmsfeuer‹ in den Bergen?

Ich muß tief eingeschlafen sein und erst spät am Morgen weckte mich das Schwirren eines Kolibri. Um 12 Uhr endlich der erste Funkkontakt mit ›Fig‹: Er versprach, Hilfe zu schicken, falls ich mich nicht nach gelungenem Start aus der Luft wieder melden würde, zum Glück konnte ich dies wenige Minuten später. Auf dem einsamen Flug zurück in Richtung Bishop begegneten mir 2 Drachen. Mir gefiel es jedoch mit meinem gerade reparierten Flügel nicht so sehr, in den Turbulenzen herumzufliegen. Deshalb beschloß ich, schleunigst in Chalfant Valley zu landen; in 1000 m Höhe zentrierte ich das erste starke Sinken und landete kurz darauf hinter der einzigen Tankstelle dieses Nestes.

Die plötzliche Hitze von über 40° ist kaum zu ertragen – oben war es doch so angenehm kühl gewesen. Als Don ankommt, sitze ich immer noch erschöpft im Schatten. Er berichtet von einem anderen Piloten, der ebenfalls auf dem Berg übernachtet hatte: er hatte es nicht gewagt, gegen den starken Wind ins Tal hinauszufliegen und sah sich gezwungen, oben zu landen. Erst am nächsten Tag sollte er von einem Helikopter ins Tal geflogen werden...

AUF REKORDJAGD
Interview mit George Worthington

Ein Jahr, bevor er wegen eines Gerätebruchs mit einem UL-Prototypen im September 1982 tödlich abstürzte, stand ›Big George‹ Worthington in einem Interview mit dem Autor Rede und Antwort. Der wegen seiner Hilfsbereitschaft geschätzte große alte Mann des Streckenfluges geht hierbei auf Fragen der Technik, Taktik und Sicherheit des Streckenfluges ein, er gibt aber auch freimütig Auskunft über die Motive, die ihn so ›flugbesessen‹ machten: Die Jagd nach Rekorden und Anerkennung, sowie das ›Wunder des Menschenfluges‹.

Frage: George, kannst Du Dich bitte kurz vorstellen.

Worthington: 21 Jahre lang war ich Marineflieger und weil man mit der Abfindungssumme keine großen Sprünge machen kann, lebte ich sehr genügsam und investierte meine Ersparnisse, die durch Glück und Köpfchen zu einem Vermögen anwuchsen. Deshalb brauchte ich nach meiner Pensionierung im Jahre 1962 nicht weiter zu arbeiten und konnte mich nur noch meinen Hobbys widmen: Fliegen, Tennis und das Schreiben von Artikeln über die Themen Drachenflug und ULs, die in den nationalen Fachzeitschriften erscheinen.

Wichtig für mich ist, daß ich mich mit anderen auf denjenigen Gebieten messen kann, bei denen mein hohes Alter (ich bin 61) kein zu großes Handicap bedeutet: Weltrekorde im Drachenfliegen sind ein solcher Bereich. Es ist ein sehr, sehr befriedigendes Gefühl, daß ich zur Zeit alle 8 der möglichen Weltrekorde in der Männer-Einzelwertung halte.

Frage: Du hast mit 19 Jahren das Fliegen angefangen, hast alle möglichen Luftfahrzeuge geflogen und hast dann erst mit 55 Jahren das Drachenfliegen erlernt.
Warum ist das Drachenfliegen so faszinierend für Dich, daß Du es in diesem fortgeschrittenen Alter noch lerntest und seither andere Luftfahrzeuge links liegen läßt?

Worthington: Zunächst, 1975, war der Drachen nur ›ein weiteres‹ Mittel, das Wunder des Fliegens zu erfahren, genau wie jedes andere Flugzeug auch. Aber bald stellte sich heraus, daß in diesem relativ jungen Sport eine große Herausforderung steckte, der Streckenflug. Hier konnte ich meine Segelflugerfahrungen mit einbringen und 1975 und 76 verdichteten sich meine Träume, einen Strecken-Weltrekord aufzustellen. Der Drachenflug bot hierzu gute Gelegenheit, denn die Segelflug-Weltrekorde waren schon so hochgeschraubt (1460 km), daß man sie kaum noch überbieten konnte. Dagegen führte die FAI erst seit August 1976 offizielle Weltrekorde im Drachenflug. Es war klar, daß jeder, der einen solchen Weltrekord fliegen wollte, seine Energie und Zeit auf den Drachenflug konzentrieren mußte; deshalb hatte ich kaum Zeit mehr für andere Flugzeuge.

Frage: In Deinem Buch beschreibst Du einige Beinahe-Unfälle (›close calls‹). Mit welchen typischen Schwierigkeiten hattest Du beim Drachenfliegen zu kämpfen?

Worthington: Seit ich das Buch beendet habe, hatte ich keine ernsthaften Schwierigkeiten mehr. Leider folgen die modernen Gleiter wie der *Comet* dem Trend, immer schwerer zu werden. Während die *ASG-21* 1976 nur 23 kg wog, bringt der *Comet* bei gleicher Segelfläche mit einem schwereren Segel und einer mylar-verstärkten Anströmkante schon 36 kg auf die Waage. Die Schwierigkeiten, bei Nullwind zu landen, haben sich vergrößert. Obwohl diese Trends noch kein ernsthaftes Problem darstellen, beunruhigen sie mich als 61jährigen mehr als die 20- und 30jährigen Piloten.

Frage: Welche körperlichen und geistigen Voraussetzungen sollte ein Pilot mitbringen, um sicher zu fliegen?

Worthington: Die Sicherheit steht in direktem Zusammenhang mit der Häufigkeit des Fliegens. Es gibt keinen Ersatz für tägliche Flugpraxis. Dies gilt besonders für Piloten mit wenig Talent und für ältere Piloten. Obwohl die körperliche und geistige Leistungsfähigkeit im Alter mit jedem Jahr nachläßt, können auch 70jährige das Drachenfliegen lernen, aber sie müssen um 500 % härter arbeiten und müssen sich mit langsameren Fortschritten abfinden.

Frage: Ist das Drachfliegen nun ein sicherer oder ein gefährlicher Sport?

Worthington: Der Drachenflug ist heute ein außerordentlich sicherer Sport, vorausgesetzt, der Anfänger zeigt die richtige Einstellung und unterzieht sich einer soliden Grundausbildung.

Frage: Worin siehst Du den Unterschied zwischen einem Durchschnitts- und einem Spitzenpiloten?

Worthington: Ein Spitzenpilot unterscheidet sich vom Durchschnittsflieger durch größeren Ehrgeiz und häufigere Flugpraxis. Das Talent ist zwar wichtig, aber sehr schwer zu quantifizieren. Es gab schon viele Piloten, die in den ersten paar Monaten sehr schlecht flogen und ein oder zwei Jahre später zu den besten in der Welt gehörten.

Frage: Du lebst im Paradies der Drachenflieger, in Kalifornien. Wo fliegst Du am liebsten und häufigsten?

Worthington: 5 × die Woche fliege ich in Torrey Pines, wo man an 200 Tagen im Jahr wieder oben landen kann. 2 × in der Woche fliege ich am Black Mountain, einem Berg mit 1200 m Höhenunterschied und Thermik sowie Aufwinden fast das ganze Jahr über. Nur selten versuche ich Streckenflüge, außer im Owens Valley, und das nur im frühen Juni, den ganzen Juli über und Anfang August. Die meisten Piloten mit mindestens einjähriger Flugerfahrung, sollten in der Lage sein, in den genannten Gebieten sicher zu fliegen. Natürlich dient es ganz generell der Sicherheit, wenn man sich am ersten Tag in einem neuen Gebiet von erfahrenen Fliegern beraten läßt.

Frage: Dein Buch trägt den Titel ›Auf Jagd nach Weltrekorden‹. Warum fordern Dich Rekorde so sehr heraus?

Worthington: Weltrekorde bringen Anerkennung und das schätze ich sehr. Ich muß mir hohe Ziele setzen, um mit einer Herausforderung auch wirklich glücklich zu sein.

Frage: Wie bereitest Du Dich speziell für einen Rekordflug vor?

Worthington: Das Wichtigste ist, am richtigen Tag ›da‹ zu sein, wirklich bereit und gut vorbereitet. Nur wenn die vielen günstigen Faktoren des Wetters alle zusammenspielen, ist es möglich, die im Vergleich zum Segelflugzeug extrem schlechten Streckenflug-Eigenschaften des Drachens zu überspielen. Und dies ist nur an außergewöhnlich guten Tagen möglich.

Frage: Was hältst Du von der neuen Drachengeneration mit Doppelsegel und schwimmender Querstange und was ist in Deinen Augen der ideale Gleiter?

Worthington: Für mich ist der *Comet* das beste Gerät für Streckenflug-Rekorde.

Frage: Bislang wurde die 200-km-Marke noch nicht überflogen. Welche weitere Entwicklung sagst Du dem Drachenflug voraus?

Worthington: Wenn die 10 weltbesten Streckenflugpiloten den ganzen Juli hindurch am Cerro Gordo Rekordversuche unternehmen würden, könnten sie sicher die bestehende 168-km-Marke überbieten; ja, ich bin sicher, daß man über 200 km weit kommen würde. Aber dies wird nicht eintreffen, denn die 10 besten Piloten nehmen an 9 Tagen am Classic teil und haben nicht die Mittel, 30 Tage lang dem Rekord nachzujagen. Dennoch wird es in diesem Sommer 1981 die bisher größten Anstrengungen geben, den Rekord zu überbieten. Wenn das Wetter mitmacht, wird dies auch gelingen.

Frage: Wie sollten die Wetterbedingungen aussehen und nach welcher Technik und Taktik sollte geflogen werden? (George geht besonders auf die Bedingungen im Owens-Valley ein, der Verfasser).

Worthington: Zunächst einmal Grundsätzliches: Um einen Weltrekord zu fliegen, muß sich ein Pilot um 12 Uhr mittags komplett ausgerüstet am Cerro Gordo mit einem neuen Doppelsegelgerät zum Start bereithalten. Er muß gewillt sein, um jede Meile zu kämpfen und nicht aufzugeben, bis seine Füße den Boden berühren. Außerdem muß er den richtigen Tag und den richtigen Startzeitpunkt erwischen sowie genug Erfahrung besitzen, die Wolken, den Wind und die anderen Wettererscheinungen richtig zu deuten, um sich daraus die richtige Strategie zurechtzulegen.

Was die Bedingungen betrifft, so scheint kaum ein Zweifel daran zu bestehen, daß ein Rekord nur mit einer ziemlich ungestörten Wolkenstraße über der Bergkette erreicht werden kann. Wenn sich die Wolken schon um 9 oder 10 Uhr morgens bilden, ist die Gefahr der Überentwicklung mit Regen und Sinkzonen zu groß. Die Wolken bringen das beste Steigen, wenn sie sich ungefähr um 12 Uhr mittags bilden.

Der Wind muß aus der »richtigen« Richtung blasen – für Cerro Gordo heißt dies aus Südwest. Und die Chancen sind am besten, wenn seine Geschwindigkeit etwa 6 bis 16 km/h beträgt, bei schwächeren oder stärkeren Winden schwinden die Chancen rapide.

Die Wolkenbasis sollte sehr hoch sein, 5400 NN sind ideal. Bei einer Basis unter 3900 m ist kaum ein Rekordflug drin.

Die Thermik-Bärte sollten sich ungestört vom Boden bis zur Wolkenbasis entfalten können – wenn diese Kontinuität fehlt, macht man kaum noch Strecke. Auch wenn größere Gebiete über der Bergkette wolkenlos sind, wird's schwierig: Erstrecken sich diese Gebiete über etwa 25 km, werden die Erfolgsaussichten stark geschmälert.

Wenn der Pilot südlich des Westgard-Passes auf über 4800 m hochkommt und oben bleiben kann (nicht unter 3600 m), kann er oft direkt unter den Wolken fliegen, die gewöhnlicherweise 3 bis 5 km hinter der Bergkette (im leeseitigen, östlichen Bereich) das beste Steigen bringen. Mit dieser Höhenreserve kann er risikolos 3 bis 5 km hinter den Bergkamm fliegen, ohne Angst vor Landungen in der unwirtlichen Gebirgsregion.

Nördlich des Westgard-Passes steigt die sichere Höhe für Flüge 3 – 5 km hinter die Bergkante auf 5100 m bis auf 6000 m (direkt beim über 4300 m hohen White Mountain Peak) an. Weil Windgeschwindigkeit und -richtung während eines 100-Meilen-Streckenfluges oft wechseln, ist es für die Sicherheit und Effizienz unabdingbar, alle nur möglichen Anzeichen für solche Veränderungen dauernd im Auge zu behalten.

Fliegt der Pilot über oder luvwärts vor dem Bergzug, muß er jederzeit sicher das Tal erreichen können: Normalerweise sollte er 100 m über Grund nicht unterschreiten – bei extrem steilen Luvhängen kann er bis auf 15 m herangehen. Durch Erfahrung sollte er sich und seinem Gleiter so sehr vertrauen, daß ihm auch die schwersten Turbulenzen nichts anhaben können – es sei denn, er befindet sich in einem ›Lee-Rotor‹.

Auf jedem längeren Streckenflug wird es immer wieder zu ›Beinahe-Absaufern‹ kommen; es ist deshalb für den Piloten äußerst wichtig, niemals aufzugeben. Der Thermik-Bart, der ihn aus 150 m über dem Bergfuß wieder auf 4200 m hochtragen kann, wartet vielleicht wenige 100 m weiter vorne...

Also: Niemals aufgeben, bis die ›Landesicherheit‹ wichtiger ist, als alles andere.

Frage: Was bringt Dir so ein Streckenflug gefühlsmäßig?

Worthington: Die Gefühle und die Erregung, die ein Pilot erfährt, stehen in direktem Zusammenhang zum angestrebten Ziel. In dieser Hinsicht besteht ein Riesenunterschied zwischen dem Versuch, zur eigenen Befriedigung und um vielleicht seinen Freunden zu imponieren, inoffiziell möglichst weit zu fliegen, und dem Bestreben, einen offiziellen Rekord zu erreichen, der dann in den meisten Ländern der Welt verzeichnet und verkündet wird. Inoffizielle Rekorde sind bald vergessen und bestenfalls zweifelhaft. Natürlich sind offizielle Rekorde schwieriger, denn sie müssen authentisch nachgewiesen werden. Aber sie werden auch ein Teil der großen Geschichte des Fliegens und sind für immer ein Steinchen des fabelhaften Rekord-Mosaiks, das die Meilensteine des wunderbaren Menschenfluges festhält.

(Interview vom 25. Mai 1981, leicht gekürzt.)

Tips vom Welt- und Europameister

von John Pendry

Meine fliegerische »Karriere«

Zu fliegen begann ich im Februar 1974 als ich 16 Jahre alt war und noch zur Schule ging. Mein erster Drachen war ein Standardgerät ohne Turm, das ich aus einem Bausatz hergestellt hatte; dann begann ich, mir das Fliegen selbst beizubringen. Ich war gefesselt von der Idee, auf einem Hügel zu starten und vor der Landung die Abhänge hinunterzugleiten. Es dauerte eine ganz schöne Weile bis ich mir das Fliegen beigebracht hatte, aber ich schaffte es ohne größere Pannen. Aus Geldmangel und wegen zahlreicher anderer Interessen zu jener Zeit, behielt ich mein erstes Gerät fast 4 Jahre lang. Und das zu einer Zeit, als sich die Geräte-Entwicklung von Monat zu Monat veränderte. Dies verzögerte meine Lernfortschritte erheblich, und erst als ich Ende 1977 einen Wills Wing SST erhielt, ging's richtig aufwärts. Im folgenden Jahr schaffte ich meine ersten Streckenflüge und die Herausforderung des Drachenfluges wuchs erheblich. Es war nicht mehr allein eine Sache der Start-, Lande- und Kurventechnik – nun gab es so viele andere Dinge. Ich kam vom Fliegen nicht mehr los und verbrachte so viel Zeit wie möglich in der Luft. Damals machte ich bei 1 oder 2 kleinen Wettbewerben in Britannien mit, aber eigentlich war ich daran interessiert, meine allgemeinen fliegerischen Fertigkeiten zu verbessern und so oft wie möglich zu fliegen; dies war bei Wettbewerben offensichtlich nicht möglich. Später brachten mit dieselben Gründe zum Wettbewerbsgeschehen zurück, denn die Schwerpunkte im Wettbewerb hatten sich geändert.

Als ich an der Universität in Wales war, flog ich mehr, als daß ich studierte, trotzdem machte ich im Frühjahr 1981 meinen Abschluß. In jenem Sommer arbeitete ich für Mike de Glanville in Lachens (Südfrankreich): Ich reparierte Drachen und flog viel. Für mich war es eine ganz andere Art zu fliegen. Zunächst war ich etwas hilflos, aber bald lernte ich die unterschiedlichen Flugtechniken, die man dort im Gegensatz zum Streckenflug in England benötigt. Im September jenes Jahres spielte ich »Wind-Dummy« bei den Französischen Meisterschaften in Millau. Nie zuvor war ich so gut geflogen, ich schaffte meinen ersten 50-Meilen-Streckenflug mit Landung an der Mittelmeerküste. Ich merkte, daß der ganze Wettbewerbsrahmen Streckenflüge sehr erleichterte und es ermöglichte, viel Erfahrung zu sammeln. So beschloß ich, im nächsten Jahr ins Wettkampfgeschehen einzugreifen.

1982 flog ich bei der »Fosters Open« auf der Insel Wight mit. Mir gefiel es nicht besonders, aber mir wurde – neben anderen auch von Gerard Thevenot – geraten, am »Triangolo

Lariano« mitzumachen. Dies tat ich dann und war überwältigt: Phantastische Flüge jeden Tag und eine großartige Wettkampf-Atmosphäre. Zu meiner und aller Überraschung belegte ich hinter Gerard den 2. Platz. Noch im selben Jahr flog ich beim Wettbewerb in San Sicario mit und wurde wieder Zweiter.
Ende 1982 wurde ich dann von »Planters« gesponsert und ging zu Wettkämpfen nach Australien. Dies war der Beginn einer Tätigkeit, die ich seither eigentlich laufend ausübe.
Einen Großteil des Sommers 1983 verbrachte ich in Amerika und am 13. Juli holte ich mit 187 Meilen den offiziellen Streckenflug-Weltrekord; dies nur, weil meine Vorbereitung und die Dokumentation besser waren als bei Larry Tudor.
Damit wurde ich plötzlich für Sponsoren sehr viel interessanter. Auch gewann ich meinen ersten Wettbewerb, das »Wyoming XC Open«, beendete kurz darauf die »US-Nationals« als zweiter und dann die »US-Masters« als dritter.
1984 gewann ich zum ersten Mal die australischen Meisterschaften und machte dann bei der britischen Liga mit. Am 1. Mai stellte ich mit 130 Meilen einen neuen britischen Streckenflug-Rekord auf, nachdem ich die Südküste entlang geflogen war. Ich gewann in Kössen und Como in jenem Jahr und hätte wohl auch das »Owens Valley« gewonnen.
1985 war ein Jahr des Triumphes und der Tragödie. Ich gewann das »Blue Stratos Classic« am Mount Buffalo (Australien), nach einem wenig verheißungsvollen Auftakt mit einer Fallschirmöffnung am ersten Tag. Das Duell mit Steve Moyes war heftig und ein Vorgeschmack auf die kommenden Weltmeisterschaften. Die Weltmeisterschaften in Kössen waren fantastisch, große Flüge verbunden mit einem Druck, wie ich ihn vorher nie erlebt hatte. Der Triumph war überwältigend. Kurz darauf folgte die Tragödie, als Chris Bulger beim Versuch, mich hinter einem Trike zu schleppen, in Chelan/USA tödlich abstürzte.
1986 gewann ich fünf Wettbewerbe in Folge: Die australischen Meisterschaften, das »Lawrence Hargrave« (Australien), den Streckenflug-Wettbewerb in Venezuela, die erste britische Liga und Bassano. Später gewann ich ganz knapp in Como und dann die Europameisterschaften in Ungarn. Am Ende des Sommers wurde ich zum erstenmal britischer Meister.

Über die Motivation

Obwohl ich die letzten Jahre über so viel geflogen bin, ist Drachenfliegen für mich nach wie vor eine herausfordernde und fesselnde Sportart. Die Attraktivität des Wettkampfes hat sich geändert: Während früher das Streckenfliegen erleichtert wurde, steht jetzt die Herausforderung des Siegens im Vordergrund. Dies, verbunden mit dem Reiz, in allen möglich Gebieten der Erde zu fliegen, hält meine Motivation aufrecht. Falls diese Motivation gelegentlich nachläßt, genügt schon ein mittelmäßiges Wettkampfergebnis und schon ist sie wieder da.

Vorbereitung und Analyse

Sowohl für den Streckenflug, als auch für Wettkämpfe ist eine gründliche psychologische Vorbereitung das Wichtigste. Dies beginnt mit dem Selbstvertrauen, daß man zu einem sehr weiten Flug fähig ist oder zu einem Sieg über alle anderen im Wettbewerb und geht weiter mit all den kleinen praktischen Dingen, daß man z. B. die richtige Karte oder die Klettbänder für den Drachen dabei hat; derartige Dinge belasten einen beim Fliegen und könnten verhindern, daß man die bestmögliche Leistung erbringt.
Wie man sich in dieser Beziehung vorbereitet, ist individuell verschieden. Manche Leute machen gerne alles in der letzten Minute und müssen sich beeilen, damit alles rechtzeitig fertig wird. Dies mag für sie wirklich besser sein, es hält sie vielleicht davon ab, durch zu langes Vorausdenken nervös zu werden, und es mag sie stimulieren, daß sie imstande sind, ihr bestes zu geben wenn der Wettbewerb beginnt. Andere bereiten gerne alles im voraus gut vor und wollen, wenn's drauf ankommt, alles durchorganisiert haben. Sie sind dann entspannt und ruhig wenn der Flug stattfindet.
Ich persönlich finde es wichtig, fast alles rechtzeitig vorbereitet zu haben, erledige aber noch Kleinigkeiten kurz vor dem Flug.

Die Ausrüstung

Zu all dem gehört auch die Ausrüstung, die man benützt. Es gibt heute in der ganzen Welt jede Menge guter Ausrüstung, angefangen vom Drachen übers Gurtzeug, Fallschirme, Instrumente usw. Die spezielle Marke und der spezielle Gerätetyp sind nebensächlich, solange man damit glücklich ist und überzeugt, daß es für einen das richtige ist und daß es genau so gut ist wie alles andere, was man erhalten kann.
Es trug sicherlich zu meinem Erfolg bei, daß ich in den letzten 4 bis 5 Jahren dasselbe Vario und denselben Höhenmesser benützte, sowie einen Drachen, der nur Schritt für Schritt verändert wurde, sodaß ich nie meinen Flugstil umstellen mußte. Mit anderen Worten: Ich bin mit meiner Ausrüstung sehr vertraut und weiß, sie zu meinem Vorteil zu benutzen.

Psychologie und Theorie

Die psychologische Vorbereitung, die einem zum nötigen Selbstbewußtsein verhilft, ist viel schwieriger und bereitet so vielen Leuten die meisten Schwierigkeiten. Ich sehe immer wieder Piloten, die aufgrund ihrer Erfahrung, Intelligenz und ihrer Ausrüstung die Fähigkeit haben zu gewinnen und es trotzdem nicht schaffen. Der Grund kann nur in ihrer mangelhaften psychologischen Einstellung liegen – sie glauben, aus welchen Gründen auch immer, nicht daran, siegen zu können. Dies zu überwinden ist sehr schwierig, der beste Weg ist offentsichtlich, Wettbewerbe zu gewinnen oder einige gute Flüge zu machen; falls dies aber nicht der Fall ist, ist es innerlich schon ein guter Anfang, wenn man sich darüber im klaren ist, daß das Problem überhaupt existiert.
Es gibt viele gute Bücher besonders aus dem Bereich des Segelfluges, die geeignet sind, das Wissen über Flugtheorie und -meteorologie zu verbessern – je mehr man liest, desto besser. Das Wichtigste für den Streckenflug ist, Böden als beste Thermikquellen auszumachen, Wolkenbilder richtig zu lesen und den jeweiligen Situationen angepaßte Geschwindigkeiten zu fliegen. Wenn man sich in die Theorie eingelesen hat, ist der einzig wahre Weg wirklich zu lernen, soviel Flugpraxis wie möglich zu bekommen. (Ich fliege ungefähr 300 Stunden pro Jahr).
Effizient zu fliegen ermöglicht es schließlich, Wettbewerbe zu gewinnen und lange Streckenflüge zu machen; es bedeutet nichts anderes, als die richtigen Entscheidungen zu fällen, und diese Entscheidungen werden mit größerer Erfahrung immer einfacher. Ich versuche aus jedem Flug zu lernen, indem ich ihn nachher nochmals geistig durchspiele und die gefällten Entscheidungen analysiere. Das ist immer einfacher, wenn man weiß, daß man einen Fehler gemacht hat, aber man sollte es eigentlich grundsätzlich tun.

Training und Taktik

Körperliches Training bereitet mir nicht gerade schlaflose Nächte. Zwar ist eine gute allgemeine körperliche Fitness wichtig, aber ich bin auch hier wieder der Meinung, daß man diese am besten durch möglichst häufiges Fliegen erreicht. Manche Leute haben nach dem Fluge starke Probleme mit Rücken und Nacken, und es gibt eine Menge gymnastischer Übungen dagegen. Dieses ist in der Tat ein individuelles Problem, ich jedenfalls bin selten der Meinung, daß ich sowas brauche. Auch Ausdauer ist sehr wichtig. Viele Wettbewerbe werden gewonnen, wenn Piloten am Ende eines langen Fluges über sich hinauswachsen. Das bedeutet, daß Konzentration und Siegeswillen bis zum Ende des Fluges durchgehalten werden.
Körperliches Unbehagen kann oft davon ablenken. Wiederum ist die beste Lösung so oft wie möglich zu fliegen und so an lange Flugdauer gewöhnt zu werden. Nach einem Sechsstundenflug werden einem vier Stunden in der Luft sehr kurz vorkommen.

Wettkampf-Taktik

Die Wettkampf-Taktik ändert sich mit jedem Wettkampf und hängt gewöhnlich vom angewandten Wertungsmodus ab. Es ist wichtig, den Wertungsmodus vor Beginn des Wettkampfes zu analysieren, besonders um herauszufinden, ob konstante Leistungen gefragt sind, oder ob ein einziger guter Tag den Wettkampf entscheiden kann.
Auch die Taktik gegenüber den Mitkonkurrenten ist eine Überlegung wert: Erfahrungsgemäß kann ich normalerweise schon vor Wettkampfbeginn ganz gut abschätzen, wer wahrscheinlich gut abschneidet und nach dem ersten Tag kann man das fast immer sagen.
Nachdem ich analysiert habe, von wem Gefahr droht, beobachte ich diese Piloten normalerweise besonders gegen Ende des Wettbewerbs mit einiger Aufmerksamkeit; ich entscheide dann, ob ich vor ihnen, gleichzeitig mit ihnen oder nach ihnen starte.
Die meisten Spitzenpiloten machen das genauso und am letzten Tag eines Wettbewerbs sieht man, wie mindestens die ersten Zehn am Start herumstehen und sich gegenseitig beobachten oder sich berichten lassen, was die anderen gerade machen. Einmal in der Luft, entscheide ich auch, ob ich versuche mich an jemanden zu hängen oder mich abzusetzen, wenn ich weiß, daß mir eine Landung mit den entsprechenden Piloten nicht weiterhelfen kann.
Obwohl es das fliegerische Können eines jeden Piloten verbessert, wenn er viel fliegt, ist die Erfahrung in einem möglichst breiten Spektrum verschiedener Verhältnisse wichtig. Es ist bestimmt leichter, sich an gute Flugbedingungen zu gewöhnen, wenn man an schlechte Bedingungen gewöhnt ist (z. B. schwache, unzuverlässige Aufwinde), als anders herum. Deshalb werden Reisen zu Fluggebieten, die sich von den gewohnten unterscheiden, zweifellos das Fliegen verbessern.
Einer der größten Vorzüge des Drachenfliegens ist es, daß sogar Spitzenpiloten immer wieder was Neues lernen müssen. Wahrscheinlich ist es deshalb eine der Sportarten, die süchtig machen. Lange soll sie leben!

DER PINZGAUER SPAZIERGANG
Interview mit Helmut Denz

Der 20. Mai 1981 ist ein denkwürdiger Tag für den europäischen Drachenflug: Vom Zillertal aus flog der Stuttgarter Helmut Denz über den ›Pinzgauer Spaziergang‹ bis nach Rottemann (Steiermark). Er bewies mit seinem 192-km-Flug, daß man nicht in die USA oder nach Australien fliegen muß, um über die 100-Meilen-Grenze zu kommen. Über seinen Rekordflug, seine Technik und seine Taktik berichtet der Streckenflieger im folgenden Interview mit dem Autor.

Frage: Du fliegst erst seit 1979 Drachen. Trotzdem hast Du schon 2 Jahre später, am 20. Mai 1981, mit 192 km einen Weltrekord geflogen. Wie war das möglich?

Denz: Es ist richtig, ich fliege erst seit 1979 intensiv Drachen, seit es Abwurftests und flattersturzsichere Geräte gibt (meine ersten Versuche 1977 habe ich nach zwei Höhenflügen – vielleicht zum Glück – eingestellt). Ich bin aber schon seit 1968 begeisterter Segelflieger und habe von ca. 500 Flugstunden etwa 150 in den französischen Alpen geflogen, wo ich die Technik ausgiebig gelernt habe. Wo Aufwind zu finden und wie er am besten zu nutzen ist, weiß ich also recht gut – wie viele andere Segelflieger. Das Wichtigste war daher nach dem sicheren Beherrschen von Start und Landung mit dem Drachen, die Steigtechnik auf die besseren Möglichkeiten beim Drachenflug zu übertragen, aber auch gewisse Gefahrenmomente kennenzulernen, die beim Segelflug ohne Bedeutung sind. Parallel dazu habe ich bei den meisten Flügen systematisch geübt, auch im Drachen mit der Karte zu navigieren. So gelang mir schon 1980 als weitester Flug eine 68 km Ziel-Rückkehr mit meinem *›Atlas‹*. Und dieses Frühjahr, nachdem ich mich auf das bessere Gerät und den bequemen Gurt eingeflogen hatte, war ich glücklicherweise zur richtigen Zeit am richtigen Ort. (Ich bin meinem Chef schon sehr dankbar, daß er mir telefonisch den Urlaub doch noch verlängert hat!)

Am 18. 5. habe ich bei dem Flug vom Tegelberg nach Kufstein gesehen, daß ohne Wind eine mittlere Reisegeschwindigkeit von 20 km/h gut drin ist. Hier war nach 5 Flugstunden die Thermik wegen Abschirmung zu Ende. Am 19. 5. bin ich (wieder relativ spät) vom Mayerhofener Steinerkogel gestartet und mühsam bis zum Gerlos-Paß gekommen, wo ich abgesoffen bin. Ich nahm mir daher für den nächsten Tag vor, früh von der Höhenstraße (Osthang) zu starten und von dort die Überquerung des Gerlos-Passes zu versuchen. Wenn dies gelingen würde, wußte ich, daß bis Zell am See hervorragendes Gelände folgte und ich nahm mir die Ziel-Rückkehr nach Zell vor. Wir haben's tatsächlich geschafft, um 9.45 Uhr oben am Startplatz zu sein (das frühe Aufstehen fällt mir jedesmal gleich schwer!). Die frühe Startzeit hat es mir ermöglicht, gerade noch rechtzeitig das bessere Wetter weiter im Osten zu erreichen. Wegen der kaum vorhandenen Höhenströmung war dort die Thermik gleichmäßig und sehr stark, bei relativ hoher Wolkenbasis (bis zu 3300 m); das waren wohl die Hauptgründe für die nicht geplante lange Rückholstrecke von 4 Stunden einfacher Fahrzeit (Vielen Dank, Christine!).

Frage: Kannst Du Deinen Superflug vom 20. Mai mit seinen Problemen und Besonderheiten kurz schildern?

Denz: Start von der Höhenstraße um 10.45 Uhr, nachdem der Cumulus über dem Gipfel, der schon seit 9.00 Uhr dastand, wegen zunehmender Zirrenabschirmung immer kleiner geworden war. Kurz nach dem Start 1 bis 2,5 m Steigen bis zur Basis in 3000 m. Entschluß, sofort das Zillertal zu überqueren, da die Verhältnisse wegen der immer stärker werdenden Zirren laufend schlechter werden. Auf der anderen Talseite oberhalb Gerlosberg zunächst mühsam in niedriger Höhe, dann mit 2 m bis zum Gipfel vom Kreuzjoch. Obwohl die Thermik nach oben schwächer wird, steige ich bis zur Basis der dünnen Cumulus-Schleier. Ich nutze jeden Bart, um so hoch wie möglich zu bleiben und komme am Südhang des Königleiten hoch genug an, um wieder wegzukurbeln; am Vortag bin ich hier abgesoffen.

Auf Kurs sind nur wenige dürftige Cumulus-Fetzen, ich steige daher – obwohl manchmal mühsam – immer so hoch wie möglich bis zur Basis, bevor ich die Bärte verlasse und weiterfliege. Ich weiß aber, daß ich keine Zeit verlieren darf, da ich nur weiter komme, wenn ich die langsam von Südwest heranziehende Zirrenfront überhole. So komme ich bis zum Steinkogel. Ich wähle den Umweg über den Großen Rettenstein, da nur hier einige Cumulus-Schleier stehen, habe dann aber schwer zu schaffen, um gegen den Talwind im Mühlbachtal zur Resterhöhe vorwärts zu kommen. Nach dem Paß Thurn komme ich in niedriger Höhe unter dem Schellenberg wieder weg. Ab dem Manlitz-Kogel habe ich die Zirrenfront überholt, die Abschirmung ist praktisch weg und die Thermik wird sehr stark und gleichmäßig.

Ab jetzt läuft's bärig: in 3 bis 5 m/s bis zur Basis, dann mit 60 bis 70 km/h zum nächsten Bart (ich glaube heute, daß ich nicht ganz optimal, d.h. etwas zu schnell geflogen bin!). Mein Ziel-Rückkehr-Vorhaben gebe ich jetzt auf wegen der Abschirmung hinter mir. Die Überquerung des Zeller Sees geht gut, ich komme gerade in Waldhöhe am Hahneck-Kogel an und steige gleich wieder mit 4 m/s. Jetzt werden die Berge niedriger, aber die Thermik bleibt zuverlässig gut. Später gelingt auch die Querung des breiten Salzachtals bei St. Johann. Die Karte habe ich schon seit Zell nicht mehr umgefaltet, ich fliege immer Richtung Osten, den besten Wolkenformationen folgend.

Als ich eine Autobahn erreiche, weiß ich, daß ich bei Radstadt bin und schon etwa 120 km geschafft habe. Es ist erst etwa 16.00 Uhr, früh genug, um noch einige Stunden zu fliegen. Ein kleiner Schauer erfaßt mich bei dem Gedanken, daß ich vielleicht ähnlich weit fliegen kann, wie die Leute in Owens Valley! Ich versuche nun, meine Reisegeschwindigkeit noch zu vergrößern und gebe die Technik des ›so hoch wie möglich‹ auf. Eine Wolkenstraße bringt mich im Geradeausflug von Radstadt bis zur Dachsteinwand. Ich komme zwar niedrig an, aber der 3-m-Bart steht, wo er stehen muß und hebt mich in kurzer Zeit über diese beeindruckenden Felswände. Ich fliege so schnell wie möglich in allmählich nachlassender Thermik bis zum Großen Grimming.

Geradeaus ist es blau, ich fliege daher nach Norden gegen den Ennstalwind zum Hechelstein, wo noch einige kleine Cumuluswolken stehen. Fast eine halbe Stunde kämpfe ich, bis ich von diesem Messerrücken wieder bis 400 m unter die Basis komme. Von hier aus fliege ich die letzten Wolken über der Bärenfeuchter-Alm und dem Raidling an, gewinne nochmals ca. 400 m und beginne dann den Gleitflug in Richtung Liezen.

Mit ›MacCready nach Gefühl‹ komme ich nur langsam gegen den Ennstalwind vorwärts, aber die Abendthermik verringert mein Sinken über der Talmitte. In ca. 400 m südlich über Liezen visiere ich noch Selzthal an, bereit, auf die großen Wiesen östlich von Liezen zurückzufliegen, falls die Querung des großen Waldstückes nicht gelingen würde. Da steigt mein Vario langsam auf einen halben Meter, den ich natürlich nicht verschenke. Ich zentriere und gewinne in 0,2 bis 1 m Abendthermik nördlich vom Mitterberg nochmals 400 m. Damit komme ich bis Rottemann und entschließe mich, auf der großen Wiese am Ortseingang zu landen, obwohl ich die Stadt noch knapp überqueren könnte. Ich kreise mehrmals über der Wiese, schätze die Windrichtung ein und lande. Der *›Comet‹* kippt mir dabei aber doch auf die Nase – ich habe nach 8 Stunden Flugzeit einfach nicht mehr die Kraft, ihn voll rauszudrücken.

Ich trage das Gerät an den Rand der Wiese und ziehe meine Vermummung aus. Ich weiß noch nicht, wie weit ich geflogen bin, aber ich bin überglücklich über diesen langen Flug, der mich durch eine solch faszinierende Bergwelt geführt hat. Und außerdem bin ich sehr zufrieden, daß dieser Flug möglich war, ohne Risiken einzugehen: ich bin nie in eine Wolke eingeflogen und hatte auf dem ganzen Flug immer eine sichere Landemöglichkeit.

Frage: Mit der Anerkennung des Fluges als Weltrekord gab es Probleme, weil Du nur einen Fotoapparat zur Strecken-Dokumentation dabeihattest...

Denz: Ich habe mir jetzt einen Barographen zugelegt, Start- und Landeformulare vorbereitet und mache bei größeren Flugvorhaben eine photographische Beurkundung, wie sie beim Segelflug laut FAI-Richtlinien üblich ist.

Trotzdem kann es bei der Anerkennung Probleme geben. Im April 1982 flog ich in Italien einen Ziel-Rückkehrflug von 140 km. Trotz Einreichung aller Unterlagen hat sich bisher (Dezember 1982) nichts getan.

Frage: Welche fliegerischen und sonstigen Voraussetzungen sind für längere Streckenflüge nötig? Zum Beispiel Wetter, Ausrüstung, Wind, Pilotenkönnen, Gerät usw.?

Denz: Selbstverständlich die Erfahrung einschätzen zu können, wo Aufwind zu finden ist und wie man am schnellsten darin steigt. Vertrautheit mit dem Gerät, insbesondere sichere und kurze Landetechnik. Ein Gerät mit gutem Handling ist einem anderen mit schlechtem Handling und geringfügig besserer Gleitzahl vorzuziehen, man verausgabt sich sonst zu sehr, um hoch zu kommen, bzw. man säuft in kritischen Flugperioden ab, das kann u.U.. ein ganzer Gleitzahlpunkt nicht wieder gut machen! Möglichst bequemer Gurt, der auch nach mehreren Flugstunden keine Druckstellen hat.

Vario, Fahrtmesser, Höhenmesser, Karte. Vorhergehendes Kartenstudium: Wie wähle ich voraussichtlich meine Flugroute, welche Bergflanken könnten in der entsprechenden Phase des Fluges tragen, sind voraussichtlich Landemöglichkeiten vorhanden etc.? Keine hohen Windgeschwindigkeiten (diese machen die Thermik meist turbulent und ermüdend). Ausreichend hohe Wolkenuntergrenzen, da das Einfliegen in Wolken verboten ist und ein untragbares Risiko darstellt. Gleichmäßig verteilte Cumuluswolken, keine zu großen Abstände, keine Überentwicklung bzw. Ausbreitung (große Schattenflächen sind mit dem Drachen praktisch nicht zu durchfliegen). Der Pilot muß körperlich fit und Dauerflüge gewöhnt sein. Tagesform: Gut ausgeschlafen, keinen Kater (etwas Liebe am Vorabend ist sicher besser als ein Suff!).

Frage: Du startest oft im Zillertal zu Rekordversuchen. Warum gerade dort?

Denz: Ich starte nicht zu Rekordversuchen, sondern ich mache gerne Streckenflüge, weil sie viel interessanter sind als die lokale Fliegerei und weil mich die sich verändernde Landschaft und Natur jedesmal aufs neue faszinieren. Wenn sich dabei ein Rekordflug ergibt, reiche ich den natürlich ein. Von der Zillertaler Höhenstraße starte ich besonders gern, weil man dort schon frühmorgens wegkommen kann und nach Überqueren des Zillertals in Richtung Zell am See ein hervorragendes Streckenfluggelände vor sich hat.

Frage: Welche anderen Alpenregionen sind Deiner Meinung nach auch für weitere Flüge geeignet?

Denz: Hohe Munde (Richtung Westen), Rhein/Rhône-Tal, Gailtaler Alpen, französische Südalpen (im August normalerweise sehr gut), Valtellina, Alpensüdrand vom Comer See bis zur jugoslawischen Grenze (Frühjahr). Ich kenne vieles noch nicht, die örtlichen Drachenflieger und ein entsprechendes Kartenstudium können da sicher weiterhelfen.

Frage: Du fliegst mit dem MacCready-Ring, um möglichst schnell und weit zu fliegen. Welches Prinzip steckt dahinter?

Denz: Die Polare des Drachens wird entsprechend der Luftbewegung verschoben und die jeweilige Tangente vom Nullpunkt an die Polare gibt die Fluggeschwindigkeit für das beste Gleiten bei einer angezeigten Sinkgeschwindigkeit. Diese Werte werden auf einen Ring übertragen, der am Variometer angebracht ist. Man kann dann die zu jeder Sinkgeschwindigkeit gehörende optimale Fluggeschwindigkeit für bestes Gleiten über Grund ablesen.

Frage: Für Dich ist Drachenfliegen viel schöner als der Segelflug...

Denz: Mit den heutigen Geräten kann man Streckenflüge machen. Man kann sich also ähnliche Aufgaben wie beim Segelflug stellen. Know-how, Flugtechnik und psychische Anforderungen sind ähnlich, man hat aber zusätzlich noch den rein physischen Sport und den direkten Kontakt zur Natur. Man sieht viel intensiver und aus nächster Nähe die Pflanzen, Tiere und Felsen der Bergwelt, über die man im Segelflugzeug meist in großer Entfernung und sehr schnell hinweghuscht. Außerdem hat man viel einfacher die Möglichkeit, immer wieder in anderen Gegenden zu starten. Man kann sich also auch leichter der Wetterlage anpassen, d.h. man fährt dorthin, wo übers Wochenende voraussichtlich gutes Flugwetter ist.

Frage: Deine 192 km sind auch in Europa sicher nicht das letzte Wort. In den USA flog Jim Lee schon 270 km weit. Welche Leistungen hältst Du mit den derzeitigen Drachen der ›Comet-Generation‹ für erreichbar?

Denz: Sicher sind mit Windunterstützung 300 km drin. Bei der Ziel-Rückkehr halte ich nur 200 km für möglich, denn meist hat man in einer Richtung Gegenwind oder – bei Windstille – keine Windunterstützung. Mit Geräteneuentwicklungen wird man natürlich auch über diese Grenzen hinausfliegen können.

Frage: Wie stellst Du Dir den Flügel der Zukunft vor?

Denz: Seitdem ich fliege habe ich hierüber schon recht konkrete Vorstellungen: Es müßte ein selbsttragender und widerstandsarmer Flügel sein – also ohne Turm und Verspannseile. Eine Anströmkante aus GFK sollte das vordere Drittel des Profils bilden, während das restliche Profil aus mit Segellatten verstärktem Segelstoff bestehen könnte.
Mit dem heutigen ›Know-how‹ und den modernen Werkstoffen könnte so ein Gleiter konstruiert werden, der etwa 35 kg wiegt – also laufstartfähig ist. Würde man zusätzlich in der Flügelwurzel und in den jeweiligen Flügelhälften Scharniere einbauen, wäre der ›Supergleiter‹ schnell auf- und abzubauen, sowie auf dem Autodach zu transportieren.

Frage: Wo möchtest Du den Piloten unterbringen?

Denz: Der Pilot müßte im Bereich der Flügelwurzel liegen. Aus aerodynamischen Gründen wäre zwar eine Pilotenverkleidung angebracht – dies lehne ich jedoch ab, weil es den unmittelbaren Fluggenuß beeinträchtigen würde. Außerdem bin ich der Meinung, daß auch ohne ›Pilotenkanzel‹ ein Gleitverhältnis von 15 erreicht werden kann – dies hat ja schon der ›Mitchell-Wing‹ zur Genüge bewiesen.

Frage: Dein ›Traumgleiter‹ kann doch sicher nicht mehr ausschließlich durch Gewichtskraft gesteuert werden?!

Denz: Am liebsten wäre mir natürlich eine reine Gewichtskraftsteuerung, denn diese ist weitaus am sportlichsten. Wahrscheinlich kommen wir aber um eine aerodynamische Steuerung um die Hoch- und Längsachse nicht herum.

Frage: Existiert der Flügel der Zukunft bisher nur in Deiner Phantasie?

Denz: Nein! Zusammen mit unserem unvergessenen Ali Schmid hat der Freiburger Mathematik-Professor Karl Nickel einen vielversprechenden Prototypen entwickelt, bei dem einige dieser Ideen schon verwirklicht sind. Nach dem tragischen Tod von Ali hat er sein Vorhaben (vorerst?) aufgegeben.

Literatur

Desfayes, J.-B.: Delta, Fliegen wie ein Vogel, Bern 75[2]
Georgii, W.: Meteorologische Navigation des Segelfluges, Braunschweig 64
Hesse, F. u. W.: Hesse 4, Der Segelflugzeugführer, Hesse, Breidenbach 75
Hirth, W. (Hrsg.): Handbuch des Segelfliegens, Stuttg. 39[2]
Hocke, W. u. a.: Drachenfliegen, Heyne, München 79
Janssen, P. u. a.: Drachenfliegen für Meister, München 1983
v. Kalckreuth, J.: Segeln über den Alpen, Zug/CH 76[4]
Kassera, W.: Flug ohne Motor, Stuttg. 77[5]
Kreipl, M.: Mit dem Wetter Segelfliegen, Stgt. 76
ders.: Wolken, Wind und Wellenflug, Stgt. 79
Maier, D.: Das Spiel mit dem Aufwind, Stuttg. 82[2]
ders.: Segelfliegen ohne Geheimnisse, Stuttg. 79
ders.: Sportflieger-Lexikon, Stuttg. 78
Markowski, M. A.: The Hanggliders Bible, 1977
Pagen, D.: Flying Conditions, Oneida, 79[2]
ders.: Hang Gliding and Flying Skills, Oneida 77
ders.: Hang Gliding for Advanced Pilots, Oneida 78
Poynter, D.: Handbuch des Drachenfliegers, Steinebach
Reichmann, H.: Segelfliegen, Stuttg. 1980[2]
ders.: Streckensegelflug, Stuttg. 82[5]
Reiser, E.: Drachenfliegen nach dem Wetter, Stuttg. 77
ders.: Sicherheit im Deltaflug, Stuttg. 79
Schiele, M.: Die Schule des Segelfliegens, Stuttg. 77[6]
Scholl, R.: Aerodynamik des Hängegleiters (Ingenieurarbeit), 1981
Thyraud, J.: Der fliegende Mensch, Bern 78
Worthington, G.: In Search of World Records, San Diego, 80
versch. Artikel in: ›Aquilone‹, ›DHV-Info‹, ›Drachenflieger‹, ›Hang Gliding‹, ›Vol Libre‹, ›Flugrevue‹, ›Aerokurier‹.
versch. Hersteller: versch. Betriebsanleitungen

Wichtige Adressen

Deutscher Aeroclub (DAEC), Lyoner Str. 16, D-6000 Frankfurt/M. 71
Deutscher Hängegleiterverband (DHV) Miesbacher Str. 2, D-8184 Gmund